IN THE WAKE OF
THE MONGOLS

The Making of
a New Social Order
in North China 1200-1600

王锦萍 著

陆骐 刘云军 译

蒙古汗服之后

13-17世纪
华北地方社会秩序的变迁

图书在版编目（CIP）数据

蒙古征服之后：13—17世纪华北地方社会秩序的变迁／
王锦萍著；陆骐，刘云军译. —上海：上海古籍出版社，
2023.2

ISBN 978－7－5732－0037－2

Ⅰ.①蒙…　Ⅱ.①王…　②陆…　③刘…　Ⅲ.①社会秩
序—研究—华北地区—13-17世纪　Ⅳ.①D691

中国版本图书馆CIP数据核字（2021）第137618号

*In the Wake of the Mongols: The Making of a New Social Order in North
China, 1200 － 1600*, by Jinping Wang, was first published by the Council on East
Asian Studies, Harvard University, and the Harvard-Yenching Institute in 2018.
Copyright © 2018 by the President and Fellows of Harvard College. Translated
and distributed by premission of the Harvard University Asia Center.

《蒙古征服之后：13—17世纪华北地方社会秩序的变迁》，王锦萍 著，英文
版由哈佛大学亚洲出版中心于2018年出版。版权©2018属于哈佛大学。
中文版的翻译、出版和销售已取得哈佛大学亚洲出版中心授权。

蒙古征服之后

13—17世纪华北地方社会秩序的变迁

王锦萍　著

陆　骐　刘云军　译

上海古籍出版社出版发行

（上海市闵行区号景路159弄1－5号A座5F　邮政编码201101）

（1）网址：www.guji.com.cn

（2）E-mail：guji1@guji.com.cn

（3）易文网网址：www.ewen.co

常熟市人民印刷有限公司印刷

开本890×1240　1/32　印张11.5　插页12　字数289,000
2023年2月第1版　2023年2月第1次印刷
ISBN 978－7－5732－0037－2

K·3031　定价：78.00元

如有质量问题，请与承印公司联系

In the Wake of the Mongols

*The Making of a New Social Order in
North China, 1200–1600*

Jinping Wang

Published by the Harvard University Asia Center
Distributed by Harvard University Press
Cambridge (Massachusetts) and London 2018

原书内封

王锦萍

北京大学历史系学士、硕士，师从邓小南教授；美国耶鲁大学历史系博士，师从韩森（Valerie Hansen）教授。现任教于新加坡国立大学历史系，专研宋至明时期北方中国的社会文化史。

陆 骐

美国北卡罗莱纳大学教堂山分校艺术史博士。现为北京电影学院助理研究员，目前从事辽代美术和器物方面的研究。

刘云军

山东莱州人，北京师范大学历史学博士。现为河北大学宋史研究中心副教授，目前从事宋代文献整理与研究。出版专著《〈宋史〉宰辅列传补正》，点校整理《袁氏世范》《毗陵集》等；译著有《剑桥中国宋代史》《跨越门闾：宋代福建女性的日常生活》《权力关系：宋代中国的家族、地位与国家》等。

谨以此书献给改变我一生的两位恩师：

邓小南和韩森（Valerie Hansen）教授

目　　录

Contents

致　　谢

　　本书是我过去十年研究中国华北地方社会的心血结晶，如果没有师友和同事们的慨然相助与鼎力支持，我可能很难完成这一漫长的研究工作。

　　首先，衷心感谢北京大学的邓小南教授和耶鲁大学的芮乐伟·韩森(Valerie Hansen)教授，她们是我最尊敬的两位老师。在治学和教书育人方面，她们都是我学习的榜样，谨以本书献给她们。邓老师是引导我走上历史研究之路的启蒙恩师。1998 年春，旁听她的中国古代史课程改变了我的人生，从那时起，我就迷上了中国古代历史。从跟邓老师写本科毕业论文时起，邓老师就建议我将研究重点放在华北地区长时段的社会变迁上。在邓老师的指导下，我在北京大学历史系和中国古代史研究中心接受了严格的学术训练，这是我一生的宝贵财富。更重要的是，邓老师以其几十年如一日的言行，让我深刻理解了正直、责任对一个学者的重要意义。

　　韩森老师是我在耶鲁大学求学期间的博士导师，我对她的感激之情难以言表。坦率地说，没有她，本书可能永远都无法完成。韩森老师对学生的无私奉献是我终身学习的榜样。即使在我毕业后，她仍以敏锐而充满感情的方式阅读并评论了本书的每一章。她细致入微的点评，几乎影响了本书的每一页。自 2004 年她自告奋勇担任我的专业英语（包括口语和写作）老师，韩森老师一直不遗余力地纠正我的语法错误，一点一滴地改变我糟糕的写作习惯，耐心地向我解释为何某个词或某种表达效果更佳。2017 年 4 月，我在耶鲁大学宗教系就本书发表演讲。演讲结束后，韩森老师告诉我，她感到既开心又"难过"，因为我的英语已经没有什么需要她改正的地方了。她的评价既是温情的赞赏，也是对我努力的认可。

对我来说，韩森老师不仅仅是我的学术导师，她和耶鲁大学另外两位教授菲利斯·格兰诺夫（Phyllis Granoff）和篠原亨一（Koichi Shinohara）一直是我敬爱的学术上的"父母"。当我在攻读博士、求职、工作以及生活中面临诸多挑战时，都得到了他们毫无保留的支持和引领。这些年来，他们三位教会我人生中真正重要的事，让我学会了高效工作和快乐生活。因为他们，纽黑文成为我心中的第二故乡。

除了最敬爱的导师们，三位最亲密的朋友——布雷克·阿特伍德（Blake Atwood）、饭山知保和郑小威——为我的学术生涯提供了无尽的思想灵感和永远的情感支持。自耶鲁大学毕业后，我人生中最幸运的事之一就是认识了布雷克，他是研究伊朗电影和中东媒体的杰出学者。我们在宾夕法尼亚大学一起工作了两年，都对教书充满热情，并成为彼此最重要的思想交流者。作为出色的作家和敏锐的学者，布雷克校正、润色了全书的英文书写，并提供了许多富有价值的建议。本书写作过程中的几个突破性时刻，都发生于我和布雷克在费城、奥斯丁、新加坡以及吉隆坡进行的多次热烈讨论中。饭山知保也是研究中古华北社会史的学者，他慷慨地与我分享了许多田野考察资料，并以他独有的学识和耐心回答了我的诸多疑问。2014 年，我们一起去山西做田野考察,调查晋北的金元碑刻。我们满怀热情地在本书中提到的许多碑刻的所在地读碑、解碑:这些是我学者生涯中最激动人心、精神上最满足的时刻。我还要感谢小威,作为长达二十年的挚友,她始终信任我并支持我的研究,我们无数次通过电话或 Skype 对话。当我生活和工作中遭遇困难或研究遇到瓶颈时,小威总会为我提供亟需的安慰和鼓励,她对中国近现代转型的见解,也启发我以不同的视角看待中国古代史。

如果没有两家出色的研究机构和诸多优秀同事的支持,本书不可能完成。宾夕法尼亚大学东亚语言与文明系和人文论坛的博士后项目,让我有机会接触更广阔的宗教和思想文化史研究。感谢博士后导师金鹏程(Paul Goldin)在我早期职业生涯中给予的大力支持,他对儒家思想的见解,彻底改变了我对这种富有影响力的中国哲学的看法。还要感谢同事夏南悉(Nancy Steinhardt),她与我分享了大量关于蒙古统治时期华北建筑和庙宇壁画方面的知识。感谢布莱恩·维威耶(Brian Vivier)、加野彩子(Ayako Kano)、琳达·钱斯(Linda H. Chance)、梅维恒(Victor Mair)、大卫·斯帕福德(David Spafford)以及其他许多同事,让我在宾大度过了美好的两年时光。我就职的新加坡国立大学历史系提供了温馨的环境,并对我的工作给予大力支持。非常感谢国大提供的大量研究经费,并慷慨地允许我有两个学期暂停教学工作,使我可以专心撰写书稿。在此,我向历史系和中国学系的同仁们表达最诚挚的谢意。

有几位学者阅读了本书全部或部分文稿,并提出了富有洞察力的修改意见。我欠周绍明(Joseph McDermott)教授良多,他花了无数个小时来帮我修改本书的结语和一篇期刊论文(由第 3 章部分内容修改而成）。2014 年 6 月，我在哈佛大学举行的第一届中古中国会议上第一次见到周绍明。从那时起，通过电子邮件、电话以及共进晚餐，我们进行了多次愉快的交谈，他对中国乡村社会的深刻理解和洞见使我受益匪浅。何复平（Mark Halperin）提出的建设性意见对我修改第 3 章极有助益。此外，蓝克利（Christian Lamouroux）、濮德培（Peter Perdue）和张玲的批判性评价，帮助我完善了第 4 章中关于水利社会的讨论。施珊珊（Sarah Schneewind）和许齐雄（Koh Khee Heong）对本书第 5 章的初稿所做的重要点评，纠正了我对明朝的错误描述。杜博思（Thomas Dubois）阅读了本书的导论和结语初稿，并提出了一些极富价值的修改建议。

世界各地的许多学者、同事和朋友们在本书写作的不同阶段和不同场合为我提供了有价值的反馈和其他形式的帮助，对他们的无私支持我表示衷心感谢：艾骛德（Christopher Atwood）、柏清韵（Bettine Berge）、蒂莫西·巴纳德（Timothy Bernard）、马德伟（Marcus Bingenheimer）、包弼德（Peter Bol）、柏文莉（Beverly Bossler）、包筠雅（Cynthia Brokaw）、海顿·切里（Haydon Cherry）、赵元熙（Wonhee Cho）、魏希德（Hilde De Weerdt）、丁荷生（Kenneth Dean）、迈克尔·费纳（Michael Feener）、费丝言（Siyen Fei）、扬·菲特（Jan Fitter）、葛利尹（Eric Greene）、米娅·李（Mia Lee）、太史文（Steven Teiser）和迈曲·昂敦（Mattrii-Aung Thwin），以及方诚峰、船田善之、高柯立、许雅惠、黄宽重、井黑忍、康鹏、康怡、李怡文、刘晨、刘静贞、鲁西奇、罗新、森田宪司、王昌伟、岸本美绪、刘未、荣新江、吴雅婷、谢湜、徐兰君、许曼、山本明志、易素梅、张俊峰和郑振满。从指导的新加坡国立大学研究生（特别是黄彦杰、吕双和王菲菲）那里我也学到了很多，赵洁敏为本书的插图提供了很多帮助。

感谢《东亚出版与社会》(*East Asian Publishing and Society*)和《国际亚洲研究杂志》(*Journal of International Asian Studies*)的出版商,他们慨允我将发表在这些期刊上的两篇文章的部分内容再次修订出版。本书还受益于哈佛大学亚洲中心两位审稿人的建设性意见以及编辑的出色工作:韩明士(Robert Hymes)的审读报告对我有莫大帮助,衷心感谢他对本书每一章提出的详细评论和热情鼓励;第二位匿名审读者的建议帮助我更准确地阐述结语部分的论点。我还要感谢编辑罗伯特·格雷厄姆(Robert Graham),他始终坚定地支持我,并耐心地回复我发给他的与书稿相关的大量电子邮件。

最后要感谢我亲爱的父亲王惠昌和母亲陈秀云。因为"文革",他们没有机会接受更多教育。但他们一直把我的教育放在首位,为此他们在我的青少年时期作出了巨大的牺牲。尽管父母对我作为历史学者的工作了解甚少,但他们一直对我充满信任,并竭尽全力支持我在事业和生活中作出的所有选择:我希望本书会让他们感到骄傲。

自　序

　　我们遇到了刚结束"早课"的十几位中年短发妇女,她们没有戴任何的珠宝,也没有戴婚戒。当时已过了上午 10 点,她们已经完成了"早课",但还是愿意破例为我们演示日常仪式(见图版 1)。

　　每天早晨和晚上,这些妇女都会聚集在寺庙里诵读佛经,与师父一起举行仪式。在其他时间,大部分人会回家与家人共处,但一小部分人会继续留在寺中。

　　2006 年 8 月 9 日,我和参加历史人类学工作坊的其他同仁一起参观了位于山西省晋城市崔庄的关帝庙。关帝即关羽(160—220),是出生于山西的三国时期的名将,他后来演化为最受人们欢迎的战神和财神,俗称关帝。令我们惊讶的是,这座关帝庙成为了名为觉慧寺的佛教场所。从 2001 年起,崔庄及附近乡村的僧人和妇女会来觉慧寺聚会、念诵佛经。

　　我们参观的那天,正式出家的师父刚好不在,但村妇们很乐意分享她们的故事:她们都是佛门信众,师父是从五台山(佛教四大圣山之一)请来的。师父曾带她们去五台山受戒,她们为此感到十分自豪。

　　这个当代佛教小团体与本书将重点讨论的 13 世纪全真教团存

在许多共通之处。如同这座小庙，全真宫观为当时的弱势妇女提供了一个安身的群居之所。13世纪的女冠以全真宫观为庇护所，躲避蒙古征服带来的暴力和混乱，而这些当代佛门女信众（大多为是中老年妇女，有些是文盲）则每日寻求几个小时的安宁，以远离家庭暴力、离异、贫穷和无尽的孤独（大部分人的孩子都已离开家去城市学习或工作）。其中一位饱受虐待的妇女逃离了家庭来到这座寺庙。就像几个世纪前的全真宫观一样，这个佛教团体填补甚至替代了令这些村妇们失望伤心的家。

师父与部分女弟子在崔庄寺庙中共同生活的现状激怒了许多当地村民，他们认为除非是同族，否则男女不应住在同一个屋檐下。我最初在13世纪的全真教文献中读到这一令人惊讶的相似现象，后来在山西其他地方做田野考察时发现，尽管男女同住充满争议，但在许多寺庙中十分常见。至少从唐代（618—907）开始，佛教和道教中便十分流行僧尼分居的传统，而全真道士允许男女同住，显然打破了这一传统。

与过去相仿的另一特点是，和全真道士一样，崔庄的村妇们依靠官方认可来躲避迫害并缓解社会压力。就像我在本书中将要阐释的，13世纪的全真道士通过不断立圣旨碑等各种碑刻，来记录、宣扬蒙古统治者对他们的支持和优遇。此类碑刻材料使我们得以从普通民众的角度来探讨佛道如何在华北地区兴盛。对于崔庄佛门女信众而言，关帝庙墙上挂着的红色锦旗（位于照片左上方，见图版1）——泽州县佛教协会2005年授予觉慧寺的锦旗——扮演着与昔日碑刻类似的角色，因为该寺"弘法利生，爱国爱教"，所以被认证为先进单位。

佛门教义与国家提倡的爱国主义的融合,为崔庄佛门女信众提供了强有力的思想正当性。在我们参观过程中,当地村民(通常是男性)会抱怨这些佛门女信众不做家务、忽视相夫教子的家庭义务,这些妇女则会用佛教协会颁发的锦旗上面的话来为自己辩护,称她们的修行为家庭和乡村社群带来了更大的益处。

几年后,当我开始撰写 13 世纪全真教团的历史时,与崔庄村妇们邂逅的记忆不断浮现在脑海中。特别是当我沉浸在几个世纪之前的历史文献中,那个炎热的夏日早晨,我在关帝庙的所见所闻,不时提醒我宗教教义与具体实践之间的鸿沟。即使她们的选择使得社会上的其他人感到不悦,我仍然试着去理解人们为度过困境而做出的选择,并对此保持敬意。

同样重要的是,崔庄的经历以及我在山西其他地区实地考察的经历,加深了我在个人和知识层面上对中国地方文化多样性的兴趣。我在江苏省常熟市长江边上的一个乡村长大,我所在的乡村或周边没有古老的庙宇——大多数庙宇在抗日战争和"文革"期间被摧毁了。因此,山西乡村的所见使我震惊,在那里,我看到了数不清的佛寺、道观、祠庙,甚至还有天主教堂(有些地方甚至一个村里就有十多座庙宇),其中许多已经存在了数百年,有些成为旅游场所,有些继续作为宗教场所服务于当地社群,人们在那里聚集进香、祭拜并组织庙会。还有一些(譬如崔庄的关帝庙),成为了当地新兴宗教团体的活动中心。自 20 世纪 80 年代以来,这些新的地方宗教团体在相对自由的宗教环境中如雨后春笋般出现。

在过去十年里,我试图将田野考察中遇到的问题与历史资料中发现的问题结合在一起思考,这些思考的结晶都呈现在本书中。从一定意义上来说,本书讲述了一明一暗两个故事。明线的故事,是13世纪初蒙古入侵造成毁灭性破坏之后,华北地区的人们如何努力通过宗教实践来应对生活中的危机和政治动荡。暗线的故事,则是山西地区如何在历史长河中发展出浓厚的地方宗教文化。

导　　论

　　与金朝(1115—1234)统治下的大部分华北家族的年轻人一样,周献臣(1188—1262)自幼便努力读书,希望追随兄长的脚步科举中第。周献臣幼年就读于家乡——晋北的定襄县,定襄位于长城主要关口之一的雁门关以南,长城的另一侧是蒙古草原。金章宗泰和六年(1206),成吉思汗(约 1162—1227)成为了草原上游牧部落的首领,并建立了强大的部落联盟,这些游牧群体就是日后名震整个亚欧世界的蒙古人。作为一个二十多岁的年轻人,周献臣对当时草原上发生的事情所知甚少,他继续为应举而读书。

　　十年后,金贞祐(1213—1217)年间,蒙古大军破雁门关,直逼定襄。周献臣放弃科举入仕的希望,先是组织地方民兵武装对抗蒙古人,以保护邻里乡亲。但蒙古军队战马精良、武器威力巨大,难以抵挡。蒙古人使用当时世界上最先进的精准度极高的连弩,还有火炮等大型攻城武器,攻破了防守严密的城镇城墙。[1] 周献臣和同乡们投降了。武艺高强的周献臣改变了立场,加入了蒙古军队。蒙古人在1234 年征服了整个华北地区。为蒙古人效力疆场使周献臣获得了极高的"汉人世侯"地位,周献臣及其子孙在随后数十年间独揽定襄县

$\frac{1}{2}$

1　Morgan, *The Mongols*, 80.

部分地方的统治权。短短数年内，周献臣从应试举子转变为地方军阀，其家族也从士人家族变成了武人家族。

这些转变不仅仅是因为运气和军事实力，就像蒙古军事统治下许多汉人军阀一样，周献臣在地方治理的过程中选择了与全真道士合作。[1]全真教是当时华北地区最强大的宗教门派，周献臣与全真道士们合力重建战后的社会秩序，他也因此巩固了家族的新势力。在晋南的一次军事行动中，周献臣在沁源县遇到了以诚心奉道知名的全真女冠郭守微（长春真人丘处机门下清平大师张志安的弟子）。周献臣再三诚挚相邀，最终说服郭守微搬迁到定襄县南王里——他的家族所在地。周献臣家族资助郭守微在南王里创建玄元观，通过香火祭祀聚集徒众，重建社群凝聚力，以帮助乡里百姓战后重生。

两则碑铭记录了周献臣与郭守微的生活。20世纪初，定襄学者牛诚修（1878—1954）搜集了包括这两则铭文在内的当地碑刻，在1932年出版了《定襄金石考》。[2]其中立于周献臣墓前的石碑由其家人所立，保存至今，记载了周献臣的生平。周献臣兄弟在玄元观树立的另一块石碑今已不存，但碑文保存在《定襄金石考》中，记录了郭守微如何修建玄元观以及与当地村民共事的情况。这两则铭文保存了关于周献臣与这位全真女冠合作的重要信息，这种地方军阀

1　学者经常将"真"翻译为 perfect、perfection、authenticity，或者 realization。见 Marsone，"Accounts of the Foundation of the Quanzhen Movement，" 95–96；Komjathy，Cultivating Perfection，9–17. 然而，在全真道教义中，"真"是否有单一的含义，这个问题依然悬而未决。"真"——指 perfect、realization 或 authenticity——在不同的语境中有不同的含义。我认为 Complete Realization Daoism 这个名字最能捕捉到"全真"的含义。

2　王利用《故左副元帅权四州都元帅宣授征行千户周侯神道碑》，《定襄金石考》卷 2，40a—45a；周柔中《玄元观记》，《定襄金石考》卷 2，13b—15b.

与全真教的合作在当时的华北地区十分典型。类似碑刻在华北各地都有，保存下来的就数以百计。这些碑刻铭文描述了蒙古征服期间处于乱世中的华北地区发生的相似故事，以及征服之后形成的"新世界"。

本书旨在探讨、阐释这个"新世界"。在这个世界中，像周献臣和郭守微这样的人物掌握了地方社会的权力。本书讲述了许多像周献臣和郭守微这样的华北汉人的故事，他们在蒙古统治下放弃了原本的人生道路，有意识地选择了一种新的生活，尤其是宗教生活。

在中国历史中，北方民族多次南下，造成毁灭性的破坏，但是没有一次像13世纪初蒙古征服华北那样具有灾难性。金卫绍王大安三年（1211），蒙古人发动第一次金蒙战争，在之后仅仅二十年内，蒙古军队系统性地蹂躏了每一座拒绝投降的城镇和村庄，残忍地杀害了无数居民。金章宗泰和七年（1207），在蒙古人入侵之前，金朝（1115—1234）户籍上登记着境内大约有5 300万人；金哀宗天兴三年（1234）战争结束时，这个数字已经下降了三分之二。[1]超过半数的人丧生，大量的农村和城市遭到破坏，蒙古人的入侵导致了旧社会秩序的瓦解。

本书提出两个核心问题：在蒙古征服造成毁灭性破坏之后，华

1　关于蒙古占领期间华北地区的死亡率，没有精确的记录或学术研究，但现有的统计数据能够说明一定问题。依据《金史》和《元史》的记载，1207年，金朝政府做了最后一次全国人口普查，登记了7 618 438户和53 532 151人。该年的人口数达到了金朝华北地区的人口高峰（《金史》卷46《食货志一》，第1036页）。1235年和1236年，蒙古政府在河北、山西和山东地区登记了约200万户。尽管有未登记的家庭、家庭平均人口数的变化和地区差异，但金蒙战争期间，显而易见人口急剧减少。关于家庭类别和这些数据的问题，见宫松男《蒙古人政權下的漢地における版籍の問題》，《東洋史學論集》卷4：212—259；吴松弟《中国人口史》，第379—384页；张博泉、武玉环《金代的人口》。

北地区的人们如何重建他们的社会？他们的努力如何改变、影响随后几个世纪的社会和经济力量？这些问题凸显了蒙古征服对华北地区短期和长期的影响。所幸,数量惊人的类似于周献臣和郭守微的碑刻资料(很多至今还无人问津)保存了下来,为回答这两个问题提供了充足的资料。

基于这些丰富的地方资料,本书讲述了一个相当不寻常但尚未引起足够注意的故事:蒙古征服下,华北地方社会中的男男女女如何顽强地适应前所未有的环境,并在以佛道为主的宗教组织领导下创建全新的社会秩序。在这个新的社会秩序中,全真教和佛教引导华北地区的人们组建了新的社会群体,使他们能够在蒙古入侵期间幸存下来,并在战后和其他灾难后重建社区。令人印象更深刻的是,在华北社会中,这两种宗教团体都催生了新的资源和财富的流通、分配网络。全真教和佛教吸收了动机各异的人群加入教团,将他们安排到各种教育、宗教、社会和经济事务中。僧道在地方层面扮演着社会精英甚至政治精英的角色,他们灵活运用蒙古统治者和蒙古帝国的政策法规,使之服务于地方利益。

本书记录了蒙古统治时期这种独特社会秩序在山西地区的形成,以及元朝灭亡后这种社会秩序的消失过程。本书强调蒙古征服导致华北历史进程的根本性断裂,并演绎出一条独特的以僧道积极行动为特色的社会转型之路。蒙古时期并不是中国历史上唯一一个僧道发挥重要影响力的时期,[1] 然而,组织性宗教在重构直至乡村一

---

1 元代之前,中国历史上富有影响力的宗教团体包括汉朝(前206—220)的天师道运动,6世纪寇谦之在国家支持下创立的新天师道,以及唐朝(618—907)的佛教团体。

级的社会秩序中发挥制度性的稳定作用，这是 11 世纪之后唯一的一次。

本书关注的北方地区特指"华北"，包括今天的山东省、山西省、河北省、河南省以及北京和天津地区。12 至 17 世纪之间，北方社会经历了四次朝代更迭，北方民族和中原汉人交替统治。女真人最初居住在今天东北地区的山林中，1115 年建立金朝，1127 年击败北宋（960—1127），统治华北地区。蒙古人则在 1234 年打败了金朝。早期的蒙古大汗将华北地区作为大蒙古国（Yeke Monggol Ulus）的一部分进行统治。1271 年，成吉思汗的孙子忽必烈汗（1260—1294 年在位）打破蒙古帝国的传统，借鉴汉人传统建立了王朝，取国号"元"。"元"的含义源自儒家经典《易经》。[1] 1368 年，元朝结束了对中国的统治。出身农民、做过和尚的汉人朱元璋（1328—1398）率领军队将蒙古人逐出北京，建立了明朝（1368—1644）。17 世纪，北方民族再次夺取了对中国的统治权，女真人的后裔满族人打败了明朝，开始了长达 300 多年的清朝统治（1644—1911）。

如果将元朝与金朝和清朝相比，我们就能更好地理解元朝的独特之处。女真人和满人在很大程度上保留甚至巩固了北宋时期建立并完善的中国社会秩序模式。士／士大夫（多指 scholar-officials）作为致力于学问的社会群体，是开创、阐释这种模式的先锋。在这种模式下，考查儒家经典知识的科举考试是进入官场的最主要制度性途径，进入仕途的资格因此很大程度上取决于个人的文学技巧和学问。北宋时期，文官统治稳固了这种以士人为中心的社会秩序，政

---

1 在此过程中，蒙古人开创了一个新的传统，随后的朝代选择反映其基本特点的名字为国号，而不是开国家族的姓氏或出身。

治权力依赖皇帝和士大夫主导的官僚机构的结盟。¹金朝和清朝在统治汉人社会时基本上延续了这种社会秩序模式，²但蒙古人却没有这样做：他们引入了与草原传统密切相关的新统治体系，规避了许多儒家政治规范，导致了中国社会的结构性变化。蒙古人创造了一个独特的权力分散的政治秩序，其统治模式与北宋—金朝模式相距甚远。这个独特的政治秩序是北方新社会秩序形成的直接历史背景。

蒙古统治下的政治秩序转型

要理解北方社会变化的独特性，我们必须先理解蒙古统治的深刻变革性质。13 世纪初的蒙古入侵极具破坏性，但这种破坏同时也是变革的开端。随后近六代北方人将生活在一个从未经历过的政治和社会体制之下，并努力适应这种新的体制。

首先，元朝政权建立了一个全新的社会等级体系，将臣民依照蒙古人定义的"民族"和职业身份进行分类。蒙古人将所有的人分为四个"等级"，其法律地位由高到低依次是蒙古人、色目人（"各类"中亚

和西亚人）、汉人和南人。汉人主要指的是过去金朝领土上的居民，与他们被征服前实际是什么民族身份无关。同样地，南人指的是原先南宋（1127—1279）领土内的居民。除了重新定义族群身份，蒙古

1　如同邓小南充分论证的那样，这种文官政治秩序的建立，也是统治集体长期意识形态演化的产物，这种意识形态造就了被称为"祖宗之法"的强大的宋朝政治文化，这种文化原本由宋代士大夫群体塑造，并经常被皇帝和官员们用来稳定政治秩序。见邓小南《祖宗之法：北宋前期政治述略》。

2　新清史研究表明，满族人在汉人并非主要人口的帝国边疆地区运用了不同的统治方法。见 Elliot, *The Manchu Way*.

人还建立了一个复杂的户籍制度,将臣民划分为83种世袭人户。[1]四等人制从根本上是政治阶层化的形式,通常在政府授予官职和其他荣誉时发挥作用。户籍制度则是严格的社会阶层化形式,对人们的社会和经济生活有更大的影响。

同时,与前人不同的是,蒙古人的统治模式并非只建立在前朝传统之上,他们自由地借鉴了包括草原游牧民族、伊斯兰和中亚政权以及中原王朝制度等多种历史模式和传统,其结果是元朝建立了多个合法的政治权力中心,并创造了通往这些权力中心的各种体制性和非体制性的路径。许多新的权力中心和路径对宋朝乃至金朝的士大夫而言都是陌生的。

首先,蒙古统治者实行根植于草原家产制和黄金氏族共权原则的分封制,将属于皇帝的特权扩大到整个皇室,因而形成了由蒙古诸王、皇太后、驸马甚至名将掌握的其他政治权力中心。正如彼得·杰克生(Peter Jackson)所指,蒙古人认为他们征服的成果"并非皇帝或大汗独有,而是包括那些女性成员在内的整个皇室的共同财产",[2]因此必须分享给所有皇室成员。从唐、宋以来,汉人统治者的做法是将大部分宗室安置在都城中,让他们安享荣华富贵,但几乎没有独立的政治权力。[3]相比之下,蒙古统治者延续着游牧民族世袭制的传统,授予诸王、贵戚、功臣封地。

蒙古人的封地有两种基本类型:"兀鲁思"(ulus 是蒙古词,意思是"统治者的封地、人民")和"投下"(汉语意思是"人口、土地和战利

---

1 蒙古统治下特有的户籍制度,见黄清连《元代户籍制度研究》。

2 Jackson, "From Ulus to Khanate: The Making of the Mongol State *c.* 1220 – *c.* 1290," 12.

3 Chaffee, *Branches of Heaven*, 8.

品的份额"),前者主要分布在草原地区,后者主要分布在定居地区。兀鲁思所有者拥有直接控制土地和人民的权力,而投下主则拥有间接控制权。理论上,对大汗负责的官员们管理投下,但投下控制权往往充满争议。窝阔台汗(元太宗,1229—1241 年在位)于丙申八年(1236)在华北地区首次进行投下分封,将中原民户分赐诸王、贵戚、功臣等。此后蒙古贵族们在其投下任命了达鲁花赤(darughachi)和扎鲁忽赤(jarghuchi),有些蒙古贵族甚至让其私人代表直接收税。投下主在中央政府中有自己的代表,他们利用政府资源来奖励家臣(蒙语中称 kesig,汉文文献中称"怯薛")或护持宗教场所。[1] 作为皇帝,忽必烈汗创造了一种特殊的投下,称为"宗王镇戍区":出镇宗王及其后代充任其封地(通常是边疆重镇)内最高军事统帅,并与当地文官政府共享行政权力。[2] 蒙古分封制度使得元朝政治结构更具多样性。在传统帝制中国,统治权力集中在皇帝及其官僚手中。而在蒙古统治下,皇帝与整个皇室成员共享统治权力。

尽管蒙古统治者借鉴了汉人制度模式来建立官僚机构,但元朝政府从根本上是基于重要的蒙古传统:任用官员偏向世袭制。[3] 众多拥有"根脚(Huja'ur)"身份的家族几乎垄断了所有的高级官职。[4] 根脚代表着个人关系、家族背景和资历。在蒙古政治语境中,根脚特指个人或家族与成吉思汗及其后代的历史渊源。根脚家族的效忠将蒙

---

1 Endicott-West, *Mongolian Rule in China*, 73 – 79; Atwood, *Encyclopedia of Mongolia*, 18 – 19; 李治安《元代分封制度研究》,第 53—154、247—251 页。

2 李治安《元代分封制度研究》,第 183—205 页。

3 成吉思汗首次制定了一项政策以保证 90—120 位千户长官都获得政府权力和收入的世袭权,该世袭传统很快发展到各个政府级别。见 Atwood, "Mongols," 242 and 245.

4 船田善之《色目人与元代制度、社会:重新探讨蒙古、色目、汉人、南人划分的位置》,第 166 页。

古统治者与其臣民紧密相连,他们因而备受信任。后来的蒙古统治者任命文武官员时,会优先考虑来自根脚家族之人。这种关系建立得愈早,家族声望愈隆,其成员获得的职位级别就越高。[1]

尽管大部分根脚家族是蒙古或色目人,但也有 20 多个汉人家族获得了根脚身份——这些是势力强大的汉人世侯家族,他们管辖着数十个州县,统领着数万名士兵。[2] 几乎所有的根脚家族都有参与早期蒙古大汗征服战事的军事统帅——就像开篇故事中的周献臣。这些军事精英的后人继承了祖先的特权地位,构成了蒙古政权中的中上层精英。蒙古政权建立了一个拥有法律特权和官位世袭特权的群体,在某种程度上恢复了基于贵族制的统治形式。在汉人社会,这种贵族制的统治形式在 10 世纪时已经烟消云散。[3]

蒙古人的世代继承传统,解释了早期蒙古统治者对汉人科举制度——自北宋以来奠定了中国作为儒家国家的精英选任制度——的漠不关心。此外,由于蒙古人传统上更看重技术人员而不是学者,早期蒙古统治者对任用士人并无兴趣。[4] 虽然忽必烈汗及其继承者们将儒家文化遗产看作是强化其统治汉地合法性的手段,但直到元仁宗延祐元年(1314)才宣布恢复三年一度的开科举士,[5] 然而,他们只是从法定的四个族群中各选拔了 25 名进士(中国历朝科举考试中

1　萧启庆《元代四大蒙古家族》,收入氏著《内北国而外中国:蒙元史研究》,第 511 页。

2　萧启庆《元代几个汉军世家的仕宦与婚姻》,收入氏著《内北国而外中国:蒙元史研究》,第 278 页。

3　关于唐宋转型期间世家大族的消失,见 Tackett, *Destruction.*

4　正如伊丽莎白·恩迪科特-韦斯特(Elizabeth Endicott-West)指出的那样,蒙古人轻视儒士,与其说源自敌视儒学传统,不如说是因为蒙古人更认可实用性技能(例如记账和军事技能)(*Mongolian Rule in China*, 113)。

5　蒙古政权延续着在孔庙祭孔的传统,尊奉孔子为万世师表,同时为适应儒户的需要,也支持建设从京师到州县的各级庙学。

的最高等级），这意味着元朝统治者在每次科举中最多选拔 50 名成年汉人，而宋、金时期每三年都会选拔数百人。此外，科举中第之人也从未获得元朝统治者的重视，在元朝统治的最后五十年里，进士仅占全部官员总数的 4.3%。进士的政治地位不仅低于来自根脚家族之人，甚至低于那些通过胥吏进入官场的人。而由胥吏入仕在宋、金时期是为士人群体所鄙视的。[1] 蒙古政坛因此将士人边缘化了。

　　对于华北地区的汉人来说，工作表现和人脉关系取代了文学素养和儒学知识，成为进入蒙古政权官场和晋升的主要条件。正如饭山知保所指出的，蒙古人依据工作表现选拔人才，军人、胥吏、特色户计和高僧大德四类职业群体从这一选拔标准中获益最多。许多华北地区的汉人被吸引从军，是因为从军不仅拥有快速晋升的前景，还享有将官职传给后人的特殊权力，而这种特权很少授予文官。另一方面，因为胥吏有晋升为官员的可能性，许多受过教育的人对胥吏职位趋之若鹜。[2] 但是，对于胥吏来说，进入官场的道路漫长而艰辛：他们必须从无品级或低品级的吏做起，才能获得有品级、有薪水的地方官职位。吏员要在州府衙门任职三十年以上，才可能获得七品官职，跻身官场。当胥吏成为地方官的时候，大部分人已经青春不在。只有很少一部分人可以在退休前获得高级官职，而这些人往往得到蒙古王侯或其他贵族的庇护。[3] 因此，尽管蒙古政权为汉人进入官场开辟了一些制度上的途径，但收效甚微。

1　萧启庆《元代科举与菁英流动：以元统元年进士为中心》，收入氏著《内北国而外中国：蒙元史研究》，第 187—190 页。

2　Iiyama, "Genealogical Steles in North China," 164.

3　有关的例子，见 Iiyama, "A Career between Two Cultures."

从汉人的标准来看,最特殊且最符合时势的仕途就是充特色户计和出家成为高僧大德。在复杂的户籍制度中,特色户计是精通特殊技能(例如手工艺、医学知识、占卜或饲养动物)的人户。元朝政府成立了专门的官僚机构,将特色户计与"民户"分开管理,同时还把特色户计分配给兀鲁思所有者和投下主以承担终生服务工作,且服务世代承袭。兀鲁思和投下设有私属机构来监督管理特色户计。如果蒙古统治者认定特色户计拥有非凡的技能,可以将其晋升为特定地区的业内领导,从而获得成为这些机构官员的机会。[1]由于兀鲁思所有者和投下主可以直接任命私属机构的官吏,因此人脉关系对于特色户计的晋升十分关键。通过这些途径,特色户计第一次在中国社会中获得官职。

另一方面,得到蒙古统治者认可的宗教,其领袖则通过一个相对独立的官僚体制获得政治权力。[2]这些宗教官僚机构通过"约会"这个富有争议的体制来获得部分民事管辖权,该制度使得他们的代表可以与其他当局一起处理涉及宗教团体的法律案件。[3]由于佛教和道教作为两种本土宗教在中国具有压倒性的影响力,在汉语文献中,蒙古统治时期的宗教行政机构通常被称为"僧道衙门"。

11
12

在僧道衙门中,佛教官僚机构最有权势。忽必烈于中统元年

1　李治安《元代分封制度研究》,第 162—182 页;Iiyama , "Genealogical Steles in North China," 164 – 165.

2　蒙古人认可佛教、道教、伊斯兰教和也里可温四个主要宗教。13 世纪 80 年代,元政权创建了三个不同的朝廷官僚机构来管理宗教群体:管理佛教的宣政院、管理道教的集贤院、管理也里可温的崇福司(《元史》卷 87《百官志三》,第 2192—2194 页和卷 89《百官志五》,第 3273 页)。尽管伊斯兰教是蒙古人认可的四个宗教之一,但元朝并没有一个穆斯林管理中枢,这有可能与忽必烈统治时期伊斯兰教的失势有关。见 Atwood , "Buddhism as Natives."

3　Cho , "Beyond Tolerance."

（1260）成为蒙古帝国大汗后，将藏传佛教确立为国教，皇室崇佛贯穿整个元朝，佛教徒因此成为元朝势力最强大的宗教团体。[1]与文官机构从中央朝廷到地方政府的体制并行不悖，僧官机构也形成了从中央到地方的半自治权力中心，蒙古统治者甚至像对待文官一样授予僧官官职和头衔。简言之，蒙古人使宗教服务成为进入官场的重要通道，开辟了获得权力、地位和财富的新途径。

　　早在中统元年（1260）之前，蒙古人就已经授予了僧道非比寻常的社会和经济特权。如艾骛德（Christopher Atwood）所言，蒙古人信奉一种独特的政治神学，认为受蒙古人青睐的宗教（包括佛教和道教）都是向同一位神（长生天）祷告，这位神祇保佑成吉思汗在战争中获胜，并通过回应人间祈福者的方式庇护成吉思汗及其后人的帝国。被蒙古统治者认可的宗教领袖，承担着向这位最高神祈福的重要责任。为了获得神祇的祝福，蒙古人给予其支持的宗教豁免赋役等各种特权和优遇。早期蒙古统治者不向宗教团体征收任何赋税，而忽必烈及其继承者试图通过向宗教团体征收地税和商税来限制其特权，但他们的这些努力往往半途而废。[2]蒙古人给予整个僧道免税特权和自治权的情况，在中国历史上，特别是唐宋以后，是空前绝后的。全真道士们因为其宗师丘处机与成吉思汗的私人关系，成为最早受益于这项政策的汉人宗教团体，佛教徒则紧随其后。

　　总而言之，蒙古政权的政治体制是对北宋以来的精英文官治理模式的根本性背离。金朝虽然将军事力量集中在女真人手中，但一

1　Franke, *From Tribal Chieftain to Universal Emperor*, 58.
2　Atwood, "Validation by Holiness or Sovereignty," 252.

定程度上仍继承了宋朝的传统,始终通过科举考试将汉族士人纳入文官体制中。相反,蒙古政权则采取了强硬的权力分散和草原式贵族政策。蒙古统治者将政治权力分配给常规官僚机构以外的多个中心,并允许臣民或由制度性的途径,或与蒙古王侯、政府高官的人际关系进入这些权力中心。蒙古统治者还创建了一个身份世袭的贵族群体,这个群体的成员构成了大部分中上层统治精英群体。在选拔各级官员时,虽然存在其他选任标准,但蒙古统治者始终倾向于任用那些有私人关系或者世袭职位的人。

蒙古统治下这种新奇的政治环境为华北地区孕育了新的社会环境。许多汉人和家族重新调整了职业规划,千方百计与拥有权势之人建立各种私人联系,以从中获益。在四类最得益于蒙古统治的职业选择中,军职、胥吏以及匠户很大程度上都依靠政府体制;只有宗教路径不仅更易得到权贵的大力扶持,而且还更可能获得政府以外的信仰和组织性的影响力。在前所未有的政治、社会和经济力量的支持下,佛教和道教团体在华北的几乎每一座城镇和乡村都建立了寺观庙宇。僧道以及他们所在的寺观是华北基层组织与蒙古政权进行协商的重要代理人,他们为北方汉人提供了一种全新但有效的生存发展策略,以应对蒙古统治下的种种困境和不确定性。

对宗教机构和僧道的关注,引出了本书探讨的两个相辅相成的主题:主导地方社会的社会组织机制(social institutions),以及运作这些组织机制的社会精英(social elites)。这些社会组织机制和精英往往在朝代更迭、政治变革和自然灾害引起的社会重组中发挥着十分重要的作用。反过来,社会重组的过程揭示出社会组织、群体和个人争夺政治影响力、社会地位和物质财富的权力格局的重大变化。目前关于中古时期精英及其社会组织机制的研究大多关注南方,这些研究为本书提供了直接相关的学术语境。本书重点关注北方地区,并致力于揭示与南方社会迥异的地方社会运行方式。

中古中国的社会变迁

以南方为中心的叙事

在传统儒家思想中,家族为统治精英管理社会、统治国家提供了一个永恒的范式。儒学四书之一的《大学》中有一段文字明确表达了儒家关于自身、家、国和天下之关系的理念:"古之欲明明德于天下者,先治其国。欲治其国者,先齐其家。欲齐其家者,先修其身。"[1]这个政治统治和社会管理的儒家理想,如余国藩(Anthony Yu)所言,强调基于家和国的伦理和政治存在本质上的联系。[2]在儒家的理想秩序中,家是社会的基本单位,在家和国之间的社会空间中不存在中间性的其他社会组织机制。

因此,对于统治精英而言,早期儒家学说除了以德"齐家"和"治国"外,几乎没有提供关于如何在社会建立领导地位的指导。相比之下,汉代以后,道教和佛教变得愈发重要,它们在中国历史上第一次提供了将家、社会和国家联系起来的中间机制。道教虽率先向儒家思想提出了挑战,但仍承认家族的重要性。而佛教早期则排斥汉人的家族制度,倡导僧侣的禁欲主义。佛寺道观在魏晋南北朝时期兴

---

1 *The Four Books*, 4-5.
2 A. Yu, *State and Religion in China*, 96.

起,在 10 世纪之前已成为重要的社会组织机制,为各个社会群体提供非官方的公共空间、教育机会和社群组织。[1]

14/15

10 世纪晚期,北宋开启了中古社会变革的新时代,成就了新的精英群体和新的社会组织机制。一方面,如韩明士所述,宋代由于宗教市场商业化的发展而呈现出强烈的"宗教世俗化"的新趋势。宗教领域的主动权从僧道转向了俗众,俗众提出需求,僧道则为了报酬而提供宗教服务,以迎合俗众的需要。[2]另一方面,随着俗众和出家人关系的调整,儒家思想得到了全面复兴。北宋建立的科举制度赋予士人入仕机会和法律特权。受益于他们的精英地位,士人群体基于亲属关系创造了以士人为中心的宗族组织。在更大的范围内,他们还形成了基于社会关系和士人身份认同的人际网络。通过这些人际网络,宋代士人利用师友、同年、同乡等关系组成诗社及其他士人社群。[3]这一时期,南北方都发生了以士人为中心的社会转型。

1127 年是中古历史的分水岭。在接下来的一个世纪中,女真人征服了北宋,中国被分成了南宋统治下的南方和金人统治下的北方。20 世纪 80 年代,郝若贝(Robert Hartwell)和韩明士提出 1127 年之后"士人精英地方化"的假设,认为南宋士人发展了以地方主义为导向的家族策略、自我认同以及精英生活和精英与国家关系的新模式,这种转向在南方社会一直持续到清朝。[4]在过去几十年里,中古史学者

1 Gernet, *Buddhism in Chinese Society*; Dien, *Six Dynasties Civilization*, 387–423.
2 Hymes, "Sung Society and Social Change," 596.
3 同上,631—632。
4 Hartwell, "Demographic, Political, and Social Transformation of China"; Hymes, *Statesmen and Gentlemen*.

导 论　15

积极回应这个富有影响力的假设。柏文莉在对南北宋精英家族的比较研究中指出,南宋士人仍然重视在科举和官场上的成就。她虽然承认宋代精英呈现出地方化的趋势,但强调这种变化是渐进的,南北宋之间存在更多的延续性而非断裂。[1] 在近期出版的《剑桥中国史·宋代卷》中,韩明士强调了南宋名门望族的后代——无论是尚未考取功名还是已经获得高官厚禄——都采用这种地方主义的策略,但是他提醒我们不要将"地方主义策略"理解为"南宋精英与朝廷相分离,或是完全放弃国家层面的抱负"。[2]

思想史学者强调士人精英地方化趋势与当时由朱熹(1130—1200)领导的道学思想运动的联系。包弼德(Peter Bol)强调地方主义和基于个人道德动机的自愿主义是南宋道学运动的两个主要特征,他认为这一运动适用于那些相对独立于朝廷且不总担任官职的社会精英阶层。作为独立社会力量的南方士人的崛起,也见证了道学思想发展为士人意识形态的历史过程。[3]

2003年出版的《中国历史中的宋元明转型》(The Song-Yuan-Ming Transition in Chinese History)中,学者们提出江南地区是蒙古人在元世祖至元十六年(1279)征服南方后唯一延续过去社会转型趋势的地区,特别是在士人精英地方化的层面。尽管过于强调江南地区这点值得商榷,但这些学者的研究说明了一个很重要的问题,即以地方士

---

1 见 Bossler, *Powerful Relations*. 黄宽重对多个精英家族的个案研究进一步证实了柏文莉的论断。黄宽重揭示了北宋和南宋精英家族的人际网络都是基于地方社会,目标都是针对仕途与朝廷(《宋代的家族与社会》)。

2 Hymes, "Sung Society and Social Change," 631, 亦见第 627—658 页。

3 Bol, *Neo-Confucianism in History*. 韩明士虽然大体上接受包弼德的观点,但认为道学运动反映了他所论述的"士人本位文化(shih-oriented culture)",更是"对士人本位文化深思熟虑后的批判性回应"("Sung Society and Social Change," 658)。

人为中心的南宋社会秩序模式延续到了元朝。[1]

在南方,宋元时期的地方士人精英的确创造了一系列士人主导的社会组织机制,如具有包容性的宗族。[2]此外,道学群体还创建书院,作为建构士人群体人际网络的组织基础。为了抗衡佛道团体对平民的巨大影响力,士人精英们创建了义仓以及乡约。他们希望通过这些组织机制,士人家族可以领导非士人群体重建地方社会的秩序。[3]与此同时,通过扶持佛寺道观以及地方祠庙,南方士人家族也将他们的影响力拓展到宗教领域。[4]

正如韩明士所言,士人主导的社会组织机制在南方地区的影响力逐渐增加,进一步推进了蒙古统治时期持续的宗教世俗化。[5]南方的俗众比过去掌握更多的权力,出家人则更倾向于迁就俗众的利益,这种现象远远超出了精英阶层,甚至波及普罗大众。以田海(Barend ter Haar)对宋元时期白莲教等世俗信仰社会关系的创新性研究为例,这些社会关系通常没有僧道领导,它们显示了俗众取得宗教成就的能力。[6]

这些以南方为基础的叙事,代表了中古史领域讨论国家与社会关系的主流方法:几乎只关注士人阶层。这种方法对于研究南方地区是必要的。在 11 世纪以后,南方地区形成了中国最强盛的士人文

---

1 Smith and von Glahn, eds., *The Song-Yuan-Ming Transition.* 特别参见导论、第 1 章和第 7 章。蓝克利(Christian Lamouroux)提出研究其他地区的必要性,不要过早下结论,尤其关于江南代表晚期帝制中国其他地区历史发展轨迹的假设(*The Song-Yuan-Ming Transition* 的书评)。

2 See Clark, *Portrait of a Community*; Hymes, "Sung Society and Social Change," 656 – 657.

3 Bol, *Neo-Confucianism in History*, 229 – 256.

4 Hymes, *Way and Byway*, chapter 5, and "Sung Society and Social Change," 600.

5 Hymes, "Sung Society and Social Change", 618 – 621.

6 Ter Haar, *The White Lotus Teachings*, 1 – 113.

化;12 世纪以后,影响深远的道学运动同样崛起于南方。然而,就像本书将会呈现的,对于 1127 年后经历了两百年以上外族统治的北方地区而言,这种模式并不适用。[1] 知名的宋元史学者萧启庆、李治安和韩明士都提醒我们关注 1127 年以后南北方在经济、文化和政治传统方面的区域差异。[2] 北方和南方,特别是在回应蒙古统治方面,确实遵循着截然不同的社会转型之路。

不同的道路

宗教组织机制的社会主导地位

大量的地方材料说明宗教性的社会组织机制在华北地区发挥了关键性的作用,而北方士人及其组织机制相较南方要薄弱许多。即使在 1279 年蒙古人重新统一了南北方后,士人作为特殊的社会群体也仅在南方维持较为强盛的状态。蒙古政府将汉族士人归在"儒户"这个类别下,同佛道出家人一样,免除他们的劳役。但不同于僧道,儒户不享有免税的特权,因为蒙古统治者并不将儒学看作宗教。[3] 此外,尽管儒户的男性成员继续在官学学习儒家经典,但掌握这些经典并不能因此进入官场。在很大程度上,蒙古人将南北方的士人都排除在政治权力之外。不过,南方士人受蒙古

---

1 两项研究成果讨论了华北,但仍然只关注士人阶层。见 Ong, *Men of Letters*; Koh, *A Northern Alternative*.

2 萧启庆《中国近世前期南北发展的歧异与统合:以南宋金元时期的经济社会文化为中心》,收入氏著《元代族群文化》,第 1—22 页;李治安《两个南北朝与中古以来的发展线索》;Hymes, "Sung Society and Social Change," 658-661.

3 忽必烈在 1284 年和 1285 年发布了两则法令,明确了儒户可以免除劳役,但不能免除地税和商业税。《元典章》卷 2,第 1090—1091 页。

入侵的影响远远弱于北方士人,南方士人的社会组织机制仍然保持得相对完整。元世祖至元十六年(1279)之后,南方大多数前宋的士人家族依然繁荣兴旺,他们控制着书院和官学中的职位,发展宗族组织,并在地方武力、治水、救灾甚至是宗教事务中发挥着领导作用。[1]

相反,北方士人的影响力几乎可以被忽略不计。北方儒户占华北总人口数的 0.167%,南方儒户所占比例则接近 1%。[2] 因为北方很少有南方式的书院,北方儒户的子弟通常在官学学习或教书。在担任官学教授或政府胥吏数十年后,只有极幸运的情况,他们才有可能获得低级官职。此外,南方 80% 以上的县城都有官学,而只有 10%—25% 的北方县城有官学。[3]

北方精英包括那些获得各类官职的精英家族,这些家族的成员在正规的行政、军队、独立的诸色户计管理部门或蒙古贵族的投下任职。事实上,正如韩明士猜测的那样,北方精英比南方精英更依赖官职和国家。[4] 在北方精英中,诸如将领周献臣等世侯拥有最高的威望。[5] 这些家族对地方社会影响巨大,世侯通常会在祖茔中树立刻着家谱的先茔碑,以确定其血缘关系,巩固精英社会地位, 他们也与其

1　万安玲《宋元转变的汉人精英家庭:儒户身份、家学传统与书院》;苏力《元代地方精英与基层社会:以江南地区为中心》。
2　依据萧启庆的估计,1276 年,北方儒户的总数为 3 890 户,占军事和平民总人口(232 万)的 0.61%。李修生曾指出萧启庆的计算错误,他认为正确的比例应当是 0.167% 左右。见萧启庆《元代的儒户:儒士地位演进史上的一章》,收入氏著《元代史新探》,第 15 页;李修生《元代的儒户》,第 2—7 页。
3　Chaffee, *The Thorny Gates of Learning*, 136–137.
4　Hymes, "Sung Society and Social Change," 659.
5　关于蒙古统治时期世侯的学术研究成果非常丰富,其中以日文和中文研究成果最为丰富。相关研究综述和最新研究,见符海潮《元代汉人世侯群体》;英文研究成果,见 De Rachewiltz, "Personnel and Personalities."

他有权势的家族通婚。但如饭山知保的研究所示,某些世侯的影响并不广泛,例如定襄县周献臣家族的势力基础仅限于他们所在的村庄以及几个邻村的居民之中。[1] 此外,蒙古统治时期北方精英家族的发展策略不同于南方的士人家族,除了在大蒙古国时期形成极大军阀势力的少数世侯家族,北方精英家族大多仅着眼于本族,很少将非亲缘关系的人纳入其人际网络中。

相比之下,宗教性的组织机制则将北方社会中的不同人群凝聚在一起。就像将领周献臣与女冠郭守微的关系所说明的,北方精英家族也必须依赖势力强大的宗教团体来帮助他们创造并巩固社区的凝聚气氛。在一个饱受战争蹂躏的社会中,来自不同家族、不同地方的人聚于一处,宗教是培养社区意识的最有效手段。

当蒙古征服战争摧毁了无数的乡村,对北方普通人特别是无权无势的农民而言,重建家园万分艰难。许多人向佛寺道观寻求庇护,因为后者不仅拥有大量土地,而且因享有免税特权而积累了大量财富。僧道积极参与农业生产和公共设施的建设,在此过程中帮助重建了战后的乡村社会。如同周献臣邀请郭守微担任住持,北方的村民也常常邀请僧道到乡村担任地方寺庙的住持。村民也会建立隶属于这些寺庙的信众组织。为了免交地税,许多村民会将其农田"捐献"给大寺庙,并作为"承租人"依附于这些寺庙。

总体而言,蒙古统治时期佛道机构比儒学机构更为强盛。在蒙古人独特的户籍制度中,佛道团体成为家与国之间的重要纽带。在蒙古统治下,儒户、僧户、道户分别对应中国传统中的儒、释、道三教。整个蒙古帝国的僧道户超过了儒户,士人因此忧心忡忡。元世祖至

1　Iiyama, "Sonkōryō hikokugun," 157–159.

元八年(1271),一位叫魏初的士人奏请忽必烈准许将翰林院作为管理儒户事务的政府机构。魏初指出,僧道户甚至连乐户都有专门的管理部门,因而亟待设立一个类似部门来管理儒户。[1]像魏初这样的元朝士人显然明白,相比佛教和道教,儒学极为弱势,缺乏有影响力的官方机构来建立其与信众的联系。

僧道充分利用其物质财富、寺院组织、功德主网络和宗教行政机构,获得了不容小觑的政治和社会影响力。遍及全国城镇、乡村数以千计的寺庙,形成了令人印象深刻的寺观网络,为佛道徒们(包括出家人和俗世信众)建立了广泛的关系网络,这是士人们所不能企及的。蒙古统治初期,佛教和道教教团成为重建和稳定战后社会的主导性社会组织机制。这个重要角色在明朝彻底消失,但并非在王朝更迭和国家政策改变之后一蹴而就的,而是在长期性的社会结构和秩序重组过程中完成的。

区域背景、史料和章节大纲

本书着重关注山西,因为该省为探索华北长时段的社会变迁提供了完美的区域背景。自古以来,山西就是一个连贯的地理单元,南邻黄河,北靠阴山和草原,东面以太行山为界,西面吕梁山和黄河是陕西和山西之间的天然屏障。山西省在历史上有两个名字(山西、河东),"山西"意为太行山以西,"河东"意为黄河以东。山西省三分之二位于黄土高原东部,东西部均为山地,中间是沿着许多河流形成的一串盆地,汾河是其中最大的河流。

---

1 魏初《请以翰林管儒户》,《元代奏议集录》卷1,第117页。

山西的行政结构在13世纪之后在很大程度上保持了延续性。山西省包含了从北到南的三个主要政区：大同、太原和平阳（地图1）。元朝时，这三个地区在历史上第一次被整合成一个行政单元，被称为河东山西道宣慰司，直接隶属于中央行政机构——中书省。明朝时，这三个地区构成了山西省。本书主要关注太原和平阳地区——从北宋开始它们被统称为河东。[1]大同政区延续了辽朝（907—1123）而不是北宋的文化和人口。此外，与太原和平阳不同，大同是金朝女真贵族的聚集地，他们在那里拥有大量的土地。[2]本书聚焦原隶属北宋疆域的汉人农耕社会在金元时期的变迁，故将大同政区排除在外。1127年北宋灭亡后，由于战争、游牧民族的入侵和自然灾害等原因，太原和平阳政区的地方社会遭遇了多次大规模的社会动荡，这是华北地区的共同经历。地方社会频繁的分崩离析，导致地方权力结构的不断重组。

本书侧重山西，还因为该省拥有大量关于宗教性组织机制的珍贵地方史料。有史以来，山西地区发展出浓厚的宗教信仰和习俗传统。缺水导致求雨仪式和水神崇拜盛行。经常被看作是中国古代文明摇篮的山西，拥有丰富的神话传说和历史人物，许多人物变成了守护一方的雨神或水神。同时山西还有许多佛教和道教圣地。位于晋北的五台山，早在8世纪时就已经成为文殊菩萨道场的佛教圣地；而位于晋南的全真教永乐宫，在13世纪发展成为全国性道教中心。

---

1 金、元和明朝时，太原政区分别被称为河东北路、太原路（1305年后被称为冀宁路）和太原府；平阳政区则分别被称为河东南路、平阳路（在1305年后被称为晋宁路）和平阳府。
2 刘浦江《辽金史论》，第219页。

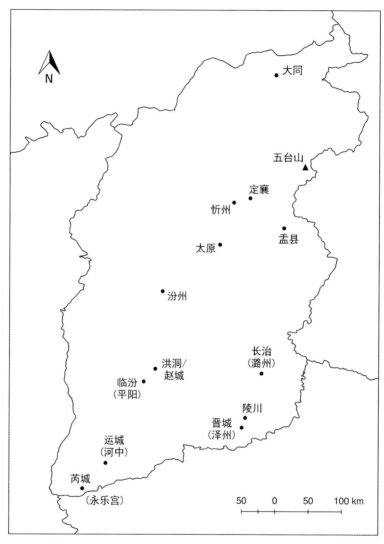

地图 1　本书提及的山西省地点。地图采用"Provinces of China（Circa 1997）"，来自 https：//worldmap.harvard.edu/data/geonode：Provinces_1997. Harvard CHGIS.

11 世纪以来,山西的村民们成立了称为"社"的信仰组织,定期在不同地方神的祠庙里举行以赛社演剧为特色的祭祀活动。这一做法持续了上千年。即使在 20 世纪初,传统的"社"依旧在举行宗教仪式、雇佣戏班演戏。在新中国早期,此类宗教活动消失了,但改革开放之后它们又重新出现了。地理上的隔绝和宗教传统的强大,使得山西的许多寺庙和碑刻得以在抗战和"文革"中幸存,而其他省份类似的材料都遭到了大量损毁。

这些材料使得本书的研究成为可能。最近出版的一些著作和山西大量的考古发掘为本书提供了一批新的一手资料,如碑刻、寺院壁画、水利碑刻文书、墓志碑铭等等,涉及 17 世纪之前北方基层社会生活的方方面面。[1] 本书的主要材料是碑刻。2006 年至 2014 年,我在山西做田野考察期间,搜集到百余则未曾发表的金、元、明时期的碑刻,特别是碑阴上记载的功德主姓名、职业和村落。许多碑刻还保存在原初的寺观神祠内,有一些仍躺在农田里,还有一些则被移送到当地文管所和博物馆中。我在本书中使用了许多抄录的未发表的碑铭(附录 1)。除了碑刻资料,本书还使用了大量其他史料,特别是地方志和文集。

现存地方资料的性质,也反映了 1200 年至 1600 年间南北方的差异。在雕版印刷繁荣的南方地区,文集、家谱、契约和杂记等大量纸质材料以手稿和印刷品的形式保存下来。社会史学者们因而得以深入探析江南、华南和福建等区域的社会变迁。[2] 相比之下,北方刊

1　本书研究极大受益于过去十余年间的山西省大型出版项目《三晋石刻大全》,该系列丛书收录了山西所有县市的现存碑刻。这套丛书现在已经出版了 40 余册,还在继续出版。遗憾的是,书中许多碑刻并没有附上碑阴铭文的内容。

2　Szonyi, *Practicing Kinships*; D. Faure, *Emperor and Ancestor*; Dean and Zheng, *Ritual Alliances of the Putian Plain*; McDermott, *The Making of a New Rural Order*.

刻书籍——特别是私刻和商业性的民间刻书——远不如南方普及,书面的文化表达也不如南方重要。和北方其他地区一样,山西最独特的地方资料是碑刻。本书将阐明,华北碑刻异常丰富,特别是在蒙古统治时期,而这个现象绝非偶然。碑刻是北方个人和机构表达其社会权力最常见的方式。因此,不仅碑刻铭文是文本史料,碑刻本身也是重要的物质文化的原始资料,揭示出形形色色的参与者(包括立碑人、刻碑人以及读碑人)围绕碑刻进行的各种社会活动的本质。

按时序和主题,本书主体部分由五章组成,聚焦蒙古统治时期的同时也涉及金朝和明朝。金朝汉人社会中最有威望的群体是士人,他们在官学中接受儒学教育,并通过科举考试进入官场。第一章追溯了知名学者元好问(1190—1257)的人生经历(他见证了基于科举的儒家社会秩序最繁荣的时代),以说明蒙古征服前华北地区的社会面貌,并提供蒙古统治时期根本性社会变迁的参考基准。

接下来的三章从社会、政治和经济三个面向,考察宗教性社会组织机制及其成员如何在蒙古统治时期的北方领导创建一种独特的社会秩序。全真教团首当其冲,在金朝灭亡的1234年至元世祖至元十八年(1281)间承担了类似政府的角色,组织了战后基层社会的重建(第二章)。全真教团接纳了穷困潦倒的前金士人,为年轻一代提供了儒学以外的教育机会,促进了妇女在家庭之外的活动,利用全真教义帮助城乡居民将分崩离析的地方社群重新联结在一起。第三章探讨了元代以五台山为中心的强大的新佛教团体。五台山的僧侣精英们创造性地利用他们与蒙古统治者的关系,以及他们在势力强大的僧官机构中任官职,为其俗世家族谋取财富并树立威望。新的佛教团体同时挑战了传统的家族规范:人们开始将僧侣看作孝子和可靠的丈夫。第四章聚焦乡村水利社会,讨论了僧道教团如何将其影响力拓展到寺观之外,在地方社会建立广泛的社会经济纽带。水利组织负责水资源的管理分配,是山西乡村社会中势力强大的排他性地方组织。蒙古统治时期,僧道不仅积极参与水利工程建设,而且频繁担任地方水利组织的负责人,特别是在元成宗大德七年(1303)毁灭性大地震后,僧道以水利组织负责人的身份领导地方社会的灾后重建,恢复乡村基础设施,重整水利秩序。

1368年,汉人推翻了蒙古人的统治,朱元璋登上皇位,建立明朝。明朝恢复了科举考试,并压制佛教和道教。在山西,蒙古统治下形成的宗教色彩浓烈的社会秩序随之发生变化,但其完全消失则经历了明初至明中叶近200年的时间。正如第五章所述,这段旧秩序消解的漫长历史,揭示了蒙古统治对明清社会影响之深远。

简言之,相比于前一波女真人的征服浪潮,蒙古统治对地方社会有着更深远的影响。自1127年女真人征服华北后的三十年里,金朝政府借鉴北宋制度来宣扬儒学,并通过科举考试选拔汉族士人担任文官。女真统治时期,北方士人保持了他们在政治和社会上的精英地位。国家政策的支持,再加上没有南方士人与其竞争,华北地区考取功名的人数空前。

然而,蒙古人改变了北方的政治和社会秩序,绝大部分士人被排除在仕途之外,而之前被边缘化的社会群体则在蒙古人的支持下崛起,成为新的政治、社会精英。与此同时,华北社会中的汉人——包括士人和非士人,男人和女人——在面对外族统治的突发危机时表现出极大的适应性和创造性,他们并未完全遵循士人精英的理念行事,而是发展出各种创造性的策略和因应措施,在蒙古统治下的陌生世界努力生存,寻求发展机会。在这个历史过程中,最值得注意的是,宗教为他们提供了极富活力的思想和组织资源。蒙古统治时期在宗教性组织机制的主导下形成的地方社会秩序,成为北方区别于同时期南方的一个重要因素。

本书虽聚焦山西,但并非以山西代表整个华北地区,河北、山东、河南、陕西等其他省份的基层社会在蒙古统治时代的变动各有不同的区域特色(比如在河北和山东,某些世侯家族的势力圈要远大于山西的世侯)。本书所勾勒出来的是一种有特色的新的社会秩序("a new social order",而非"the new social order"),但我们在北方其他区域的碑刻中同样能观察到类似的围绕宗教性组织机制展开的基层社会面貌。而这种跨区域社会面貌的趋同性,很大程度上源自蒙古统治时代全真教和佛教教团自身的跨区域性乃至全国性。如前文所述,后者是宗教和政治机构合力的产物:教团自身遍布各省州县的寺观组织,及蒙古统治中成为政治权力中心之一的独立行政机构——僧道衙门。除了北方社会内部的异同,本书也特别关注南北方社会变迁轨迹的差异。1279 年元朝征服南宋,在政治上统一了中国,促进了北方和南方的交流,但华北依旧与南方存在着显著的差异。这种差异在 1368 年蒙古统治崩溃后也长期存在。此后很长一段时间内北方和南方社会仍然沿着不同的历史轨迹持续演进,部分原因正在于它们在蒙古统治时期的迥异经历。

1

元好问和金代"功名社会"

金章宗泰和三年(1203),元格带着14岁的嗣子元好问来到山西陵川县。[1]随后的五年时间里,元好问跟随养父为其精心挑选的县学老师郝天挺(1161—1217)求学问道。郝天挺是陵川当地人,已经考取了功名。元格在金中都(今北京)待阙时,曾访亲问友,为爱子读书应举寻觅良师。那些被询问的人都向元格推荐了泽州(今山西晋城,自北宋以来就以培养出许多优秀学者而闻名)。为了儿子的教育,元格选择担任泽州属县陵川的县令。

三十年后,元好问在为老师郝天挺撰写的墓志中讲述了这件事。元格处心积虑为儿子觅师应举的故事,揭示了北宋以后以科举制度和文化为核心的中国传统社会的运行方式。科举制是这个社会中儒生入仕最主要的机制,而对国家而言,士人身份最重要的标志,就是参与科举考试。元好问亲身经历了金代中叶科举在北方社会的繁荣兴旺,又在1211年蒙古入侵开始之后,目睹其一点一点土崩瓦解。

作为金朝士人的元好问,其人生因为蒙古人在13世纪初的征服

1 元好问的生父是元格的兄长元德明,元德明将元好问过继给没有子嗣的元格。

战争而发生巨变，[1]他是我们最好的历史见证人，他的经历和著述揭示了金元鼎革之际华北社会（尤其是对于士人而言）天翻地覆的变化。首先，作为生活在金朝末年和蒙古统治初期的著名士人，元好问走南闯北，交友广泛（无论士人还是非士人）（地图2）。其次，元好问留下了关于金元之际士人、政治和社会极为丰富的文字资料。1234年金朝灭亡后，元好问决定撰写关于金朝和金人的历史著作，其余生即致力于这个庞大的修史工程。他的部分书稿散佚于历史长河中，但大部分论著仍保留至今。[2]为修史，元好问在家乡秀容县韩岩村（位于今山西忻州）的祖茔旁建造了一座"野史亭"。元氏家族墓园保存至今，现在是忻州知名的历史遗址（见图版2），世人仍拜访并瞻仰墓地中元好问的现代雕像（图1.1）。

本章聚焦元好问，描述了围绕科举考试展开的金代中后期的社会面貌，为后面几章论述蒙古统治时期华北社会的深刻变革奠定基础。金朝士人——尤其是科举中第之人——是汉人群体中的政治和社会精英。[3]北宋时期，华北地区已初步形成以士人为中心的社会秩序。从金朝第三任皇帝金熙宗（1135—1150年在位）开始，金朝统治者将军事权力控制在由猛安谋克军户中选拔出来的女真精英手中，

1　元好问字裕之，号遗山。

2　元好问撰写的关于开封被围的著作《壬辰杂编》已佚，现代学者将其他现存的著作整理编纂成《元好问全集》。《元好问全集》包含了《遗山集》《中州集》和《续夷坚志》，附录包括了多篇《遗山集》的序言、元好问同时代人撰写的关于元好问的原始史料和现代学者缪钺整理的元好问年谱。因为《元好问全集》省略了原本收录在《中州集》中金代士人的诗作，征引这些诗作时，本书会引用《中州集》全本。

3　现代中日学者的大量研究成果，让我们更深入地认识到金代士人在金朝的政治角色、文学成就和思想文化。见刘浦江《二十世纪辽金史论著目录》，第242—260页和第323—324页。

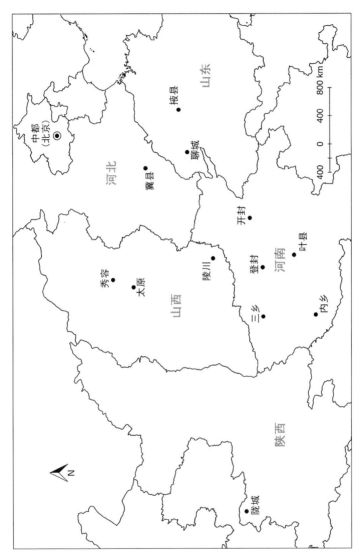

地图 2　元好问 1190—1234 年去过的华北各地。地图采自 "Provinces of China（Circa 1997），" 下载自 https: // worldmap.harvard.edu / data / geonode: Provinces_1997. Harvard CHGIS.

图 1.1　山西省忻州元氏家族墓园中的元好问雕像。这座雕像大约制作于 20 世纪八九十年代，元好问被塑造为一手执笔、一手捧书的学者形象。元好问的著作是研究金、元时期华北地区的重要资料。照片由作者拍摄。

将行政系统的管理权交给通过科举考试选拔出来的汉人儒学精英，并确保军事权力高于文官权力。[1]女真统治时期，科举考试是汉族士人家族维持社会地位的主要途径，也是非士人家族抬升社会地位的阶梯。考取功名和未考取功名之间的区别，等同于精英和非精英之间的差异，这意味着金代士人精英很大程度上主要依靠国家。从这个意义上来说，金代以科举为基础的社会可以被更形象地描述为"功名社会"，在

1　Schneider, "The Jin Revisited," 369–372.

这个"功名社会"中，那些科举中第的士人主宰着汉人中的精英阶层。

如下文所述，金代中叶科举制度的迅速发展以及女真皇室对汉族士人文化支持力度的增强，极大地巩固了以士人为中心的华北社会秩序。国家资助的官学成为士人学习、应举的主要教育机构。这些官学同时也为士人们提供了交流政治和社会信息的社交空间，并在此建立起诸如通婚、友谊等各种人际关系网络。更重要的是，金朝政府为供养师生拨给官学的田地享有免税权，这标志着女真统治下汉族士人享有崇高的社会地位。

举子、官学师生和士大夫们构成了士人社会群体，其中士大夫的社会地位在女真人统治下的汉人中最为显赫，这些人因为应举的共同经历而彼此认同；对于那些考取功名、进入仕途的人来说，他们还有同朝为官的共同经历。元好问出生在金代士人的最好时代，青少年时期的元好问（从1196年至1211年），目睹了华北地区繁荣的"功名社会"并参与其中。成年后的元好问（从1211年到1234年），随着蒙古人的第一次入侵，又亲历了这个"功名社会"逐渐解体的过程。在人生的最后二十年里，元好问努力适应着完全不同的世界：一个摈弃了科举考试，并将他和士人同仁们边缘化的世界。

蒙古入侵前"功名社会"中的元好问

1127年，北宋亡于女真人建立的金朝，大量北方士人举族南迁，众多地方学校遭到破坏。不过金朝政府一直任用汉族士人，故而汉族士人仍作为一个独特的社会群体继续活跃于华北地区。元好问经常提及成为士人的三个重要条件，他在一篇文章中解释道：

予尝论敬之：士之有所立，必借国家教养、父兄渊源、师友讲习，三者备而后可。喻如世之美妇，多出于膏腴甲族薰酿含浸之下。间阎间非无名色，一旦作公夫人，则举步羞涩，曾大家婢不如。其理然也。故作新人材，言教育也；独学无友，言讲习也；生长见闻，言父兄也。[1]

值得注意的是，元好问在"父兄渊源"中看到的价值并非显赫的出身，而是学习如何成为士人君子的家学传统。在这种方式下，家族出身绝对与"国家教养"和"师友讲习"同等重要，而将这三者结合在一起的关键因素是科举考试。

与北宋政府通过科举考试选任大多数官员不同，金朝政府通过科举选用汉人，但通过荫补、世袭和军功入仕等方式来选拔女真人和包括契丹人、渤海人、奚人在内的其他非汉人群体。此外，金朝政府一直将那些最重要的军职和高级文官职位留给女真人。[2]大定十年（1170），金世宗（1161—1189年在位）设立女真进士科，一些女真人（尤其是贫穷的平民百姓）也应举以求提升社会阶层。[3]

从理论上讲，汉人士大夫可以被任命为朝廷高官，甚至拜相封爵，但他们实现这一切之前，比女真人需要更多的历练。大部分科举中第的汉人官员从县级起步，在地方上蹉跎一生。[4]例如，元好问的养父元格于明昌五年（1194）担任县官，大安二年（1210）去世时依然只是县令。[5]

1　元好问《溪南诗老辛愿》，《元好问全集》卷41，第957页。
2　刘浦江《辽金史论》，第77—82页。
3　饭山知保《金元时代の华北社会と科举制度》，第140—144页。
4　陶晋生《金代的政治结构》和"Political Recruitment in the Chin Dynasty."
5　关于金代科举制的发展和应举的汉人儒士，见三上次男《金の科举制度とその政治的侧面》，收入氏著《金史研究三》，第268—320页。

金世宗和金章宗（1190—1208 年在位）时期,朝廷大力支持繁荣的文官文化,推动了"功名社会"在金朝中期的兴旺发达,这一切都映入了年轻的元好问的眼帘。包弼德提出,世宗和章宗都认为,汉族士人在思想上和行动上孜孜以求的文官秩序具有普世价值,有益于金朝的统治。[1] 文欣也指出,世宗和章宗推动女真字学和女真进士科,反映出女真人身份向士人文化方向的发展,并非历史学者传统上认为的"女真文化复兴运动"。[2] 世宗和章宗对汉文化表露出极大的兴趣,增加了汉人进士录取的配额,更重要的是,他们倾向于选任科举中第之人为官。

世宗朝和章宗朝可以说是北方汉族士人的黄金时代。元好问曾言:"若仕进之路,则以词赋、明经取士。豫此选者,多至公卿达官。捷径所在,人争走之。文治既洽,乡校、家塾弦诵之音相闻。"[3] 皇帝支持士人,显然极大地激发了士人学习和教育的热情。金朝的北方士人不仅因为没有了南方士人的竞争而更易中举,甚至比宋朝的南方士人有更高的中举儿率。在章宗朝,每年的举子人数稳定在三四万人,其中约有五分之一的举子能够通过府试,参加省试者每三四人中就有一人能中进士第。相比之下,北宋末,一年仅有一两万名华北举子应试,[4] 而且宋朝省试的平均中第率仅有十分之一到十四

1　Bol, "Seeking Common Ground," 491–492.

2　Wen, "The Road to Literary Culture." 关于历史学者就金世宗复兴女真文化问题争论的综述,见 Schneider, "The Jin Revisited," 342–362. 施耐德（Julia Schneider）同样反驳了金世宗发起"女真文化复兴运动"的论断,她强调金世宗仅仅是试图加强女真人在金朝政治和社会方面的力量,从而巩固金朝政府统治的合法性（第 393 页,亦见第 382—395 页）。

3　元好问《寿阳县学记》,《元好问全集》卷 32,第 674 页。

4　饭山知夫《金元时代の华北社会と科举制度》,第 158—161 页。需要指出的是,北宋时,北方举子已经比南方举子有更多中第机会,因为宋朝政府为北方举子设置了更低的标准,以保证一定数量的北方人可以通过科举入仕。

分之一。[1]

1190 年,元好问出生;同年,金章宗登基称帝。元好问认为对士人而言,章宗朝(即他长大成人阶段)是最好的时代:"承安、泰和间,文治熠然勃兴,士生于其时,蒙被其父兄之业,由子弟之学而为名卿材大夫者,尝十分天下寒士之九。"[2]元好问在这里再次强调了家族出身和教育对士人成功的重要性。这则叙述又暗示,相比以前,更多中第的举子是家中无人仕宦的寒门士人子弟。然根据《中州集》(元好问在 1233 年以后编辑的金代士人传记和诗歌集)的粗略统计,金中后期接受教育或中进士第的士人大多出自士人家族。《中州集》中列举了 63 位官员和进士及第者的家族背景,其中只有 3 人出自布衣或贫寒之家,仅有 1 人出自胥吏家族。

士人精英家族维持其显赫地位的能力,表明科举中第对于金朝北方汉人的重要性。华北地区许多旧精英家族放弃了军功入仕的途径,转而走上了科举入仕的道路。[3]例如,元好问的曾祖父在北宋末曾任武官,在科举考试几乎成为金代汉人入仕的唯一途径后,元氏家族开始尝试从武人精英转向士人精英。元好问的祖父于正隆二年(1157)中进士第,在金朝地方政府任职。从他开始,元氏家族的三代子弟中都有人应举,中举、落第者兼有之。大约在章宗朝

---

1 荒木敏一《宋代科举制度研究》,第 102—137 页和第 223—235 页。北宋和南宋每次科举中第的举子平均人数分别是 457.8 人和 446.4 人,而金朝 1167—1187 年间中第举子人数是平均 500 人, 1188—1199 年间是 677.7 人。见陶晋生 "Political Recruitment in the Chin Dynasty," 28 - 29.
2 元好问《张君墓志铭》,《元好问全集》卷 24,第 537 页。
3 饭山知保考证了金代晋北有 91 人中进士第,五代和北宋时仅有 17 人中第。(见《金元时代の华北社会と科举制度》,第 107—126 页,特别是第 113 页和第 118—119 页。)

初期,元好问的养父元格中进士第。元好问后来提及,约在明昌五年(1194),年幼的他随同养父前往掖县(今山东莱州市)上任。[1] 元好问的伯父、生父和兄长都在府试中失利,最终回到老家韩岩村务农或教书。[2] 元好问的叔父元升是家族中唯一坚持追求武职的人,但是因为缺少高级将领的推荐而无法获得军职。[3] 元升的经历说明当时汉人很难获得军职,军职大多为女真和其他民族之人所垄断。因此,大多数汉人精英家族都努力培养子弟成为儒学士人,走科举入仕之路。

元好问的早期教育来自家人,母亲张夫人是他的启蒙老师。在为金朝著名士大夫王黄华撰写的墓志铭中,元好问提及:"自初学语,先夫人教诵公[指王黄华]五言。"[4] 7 岁入小学后,元好问从《孝经》开始学习儒家经典。[5] 后来在诗中,他生动地描述了自己学习《孝经》的经历:

> 我昔入小学,首读仲尼居。
> 百读百不晓,但有唾成珠。[6]

尽管元好问自讽读不懂《孝经》,但毫无疑问从儿时起他就展现出了学习的天赋。元好问在后来为元氏族谱撰写的引言中曾说:"予

---

1 元好问《济南行纪》,《元好问全集》卷 34,第 713 页。

2 《元好问全集》卷 37《南冠录引》,第 775 页;卷 39《故物谱》,第 823 页;卷 41《先大夫诗》,第 967 页和卷 53《大德碑本遗山先生墓铭》,第 1263 页。

3 元好问《承奉河南元公墓铭》,《元好问全集》卷 25,第 539 页。

4 元好问《王黄华墓碑》,《元好问全集》卷 16,第 395 页。

5 元好问《古意二首》,《元好问全集》卷 1,第 12 页;《曲阜纪行十首》,《元好问全集》卷 2,第 45 页。

6 元好问《曲阜纪行十首》,《元好问全集》卷 2,第 45 页。

自四岁读书,八岁学作诗。"[1] 当时,元好问的生父元德明教书乡里,尤其喜爱诗歌,元好问与其兄长元好古(比元好问年长 4 岁)很可能一起跟随元德明读书作诗。[2]

然而,即使在同一个士人家族中,年轻人接受良好教育的机会也是不同的,这取决于小家庭的富裕程度甚至是长幼顺序。可能因为元德明没有足够的财力供元好古外出求学,元好古从未离开过家乡。元好问在生父的小传中曾提及,元德明继承的遗产微薄,本人又不太在意谋生,再加上"累举不第,放浪山水间",因而只能"布衣蔬食",过着简朴的生活。[3] 元好古除了跟随父亲学习外,似乎也只与一些当地士人朋友来往。而元好问在陪同养父到各地赴任时,有机会向不同的士人求学问道。承安五年(1200)元格移官冀州(今河北冀县)时,当地知名的士大夫路铎就曾教过 11 岁的元好问习文。[4]

女真统治下的华北地区,官学是培养学生应举的主要机构。值得注意的是,北方并没有像南方的书院那样的私学。南方的书院一方面帮助学生应举,另一方面又坚持倡导不以入仕为目的的教育。[5] 金世宗朝和章宗朝,因为科举制的发达,北方的官学系统得到了极大的发展,世宗和章宗建立了一个与行政体系平行的全国官学网络,官学因此遍布都城和主要的地方城市。章宗明昌元年(1190)时,国子

---

1 元好问《南冠录引》,《元好问全集》卷 37,第 774 页。
2 元好问《先大夫诗》,《元好问全集》卷 41,第 967 页。
3 元好问《先大夫诗》,《元好问全集》卷 41,第 967 页。
4 郝经《遗山先生墓铭》,《元好问全集》卷 53,第 1263 页。
5 关于南宋的书院运动,见 Chaffee,"Chu-hsi and the Revival";陈雯怡,《由官学到书院:从制度与理念的互动看宋代教育的演变》。

监、太学等6所京城官学中共有795名学生,此外,24所府学和60所州学(大约占金朝174个州府的半数)中大约有1 800名学生。每所学校专设一位教授,这些教授遴选自5次应举(落第)或是年龄超过55岁的中举者(因年龄过大无法入仕)。[1]金朝政府通过控制经费、教职、入学配额来管理官学,说明国家与士人教育之间有着十分紧密的联系。金朝683个县中,至少有三分之二设有官学。[2]因为这些官学结合了学校与孔庙,所以通常被称为庙学,它们是金朝士人和举子开展教育、文化活动的主要机构。[3]一些地方官学因培养出大批士大夫而闻名。例如,太原府学因为在明昌二年(1191)有7名举子中进士第(其中还有1位状元)从而在金朝士人圈中享有盛誉。[4]

所有官学生都被免除劳役,还能获得政府定期发放的津贴,官学因此对于金朝士人颇有吸引力。[5]据泰和元年(1201)朝廷颁布的《赡学养士法》,每名地方官学的生员每年可以从佃农耕种的60亩(大约4万平方米)官田中获得30石(大约60公斤)粮食,而每名太学生可以获得分配给他的108亩(大约7万平方米)田地中的全部收入。[6]

此外,一些地方官学还获得了当地有权势的士人家族的资助。据元好问所述,寡妇傅夫人(其亡夫路铎曾是冀州高官)斥巨资购得2 000

1　府学学生人数限制在20至60人,州学人数限制在10至30人。见《金史》卷10《章宗纪二》,第229页和卷51《选举志一》,第1132—1133页。亦见Tao,"Public Schools in the Chin Dynasty."根据陶晋生的研究,《金史》中关于官学体系的记载是可靠的。

2　Tao,"Public Schools in the Chin Dynasty," 54;《金史》卷24《地理志上》,第550页。

3　大部分地方官学都与孔庙结合,但并不是所有的地方孔庙都和学校结合在一起。见张帆《金代地方官学略论》,第87—88页。

4　赵渢《太原府学文庙碑》,《全辽金文》2:第1755—1756页;元好问《张代州大节》,《元好问全集》卷41,第911页。

5　关于金代的劳役政策,见Chan,"Organization and Utilization of Labor Service."

6　《金史》卷11《章宗纪三》,第257页。

亩(大约 133 万平方米)良田,捐给冀州州学以资助州学生。[1] 金代官学的学田可以免税,傅夫人提供给冀州州学的田地可以资助 300 多名学生。

不论在地方社会还是在全国士人圈中,资助官学是士人家族提高声望的有效途径。冀州通判很快向朝廷汇报了傅夫人捐田给州学一事。金世宗听说后,下诏加封傅夫人"成德夫人"。自北宋以来,淑女的形象很大程度上基于她们对男性亲属教育方面的帮助,[2] 这个形象继续影响着金代士人对精英家族女性社会价值的评判。

由于官学在物质和教育资源方面都有极大优势,元格或许曾希望元好问可以就读冀州州学,甚至希望他在太学念书(元格在泰和三年时曾至都城待阙)。但严格的入学条件使得元好问无法进入州学,更遑论太学了。官学优先考虑六品及以上官员的家族成员,作为金朝县令,元格仅是从七品官。依据官方政策,府学和州学也会为低级官员的子孙保留三分之一的名额(最多为 20 名),但必须获得府荐并通过入学考试。[3] 元好问当时年纪尚小,还未开始为应举做准备,即使他参加入学考试,或许也无法通过。

元格退而求其次,选择送元好问去县学读书。县学是半官方半地方性质的,要求较为宽松,金章宗曾明确表示政府不拨款给县学,但鼓励地方官和当地人集资共建县学。[4] 由于缺乏经费,许多县令与地方士人或有钱有势的家族合作以筹钱办学。因此,县学的教育质

---

1 元好问《路冀州仲显》,《元好问全集》卷 41,第 910 页。
2 Bossler, *Powerful Relations*, 12－24.
3 《金史》卷 51《选举志一》,第 1131 页。
4 赵秉文《郏县文庙创建讲堂记》,《金文最》卷 14,第 133 页。

量反映了该地区的文化水平,这就是为何元格一心要为元好问寻找最佳的学习场所。

元格在都城的亲戚和士人朋友们都向他推荐了泽州。在金代的文化地理中,山西是拥有最佳教育资源的地区之一。正如元好问后来自豪地谈道:"万古文章有至公,百年奎璧照河东。"[1] 在章宗朝,晋南和晋北的士人都在科举考试中取得佳绩。[2] 陵川县在泽州境内教育声誉尤佳,因为当地多个显赫的士人家族在殿试中夺魁。事实上,其中两个士人家族共培育出 5 名状元。在金朝,泽州总共有 80 人中进士第,其中大约 32 人来自陵川。[3] 这些地方士人的顺利中第激发了当地的教育热情,同时也吸引了大量慕名而来的外地学生。

泰和三年(1203)元格带着元好问来到陵川赴任,当时郝天挺(元好问未来的老师)正在县学教书。郝氏家族的历史反映了士人家族如何主导陵川当地的士人教育。北宋末年,郝氏家族从太原迁居泽州。郝天挺的叔父郝震曾就读太学,后来回到村里教书,郝氏因此成为泽州有名的士人家族。郝氏制定了家规以防止家族(整个家族大概有 100 多人)分崩离析。家规规定,郝氏的后人按个人才能或务农,或经商,或成为士人,从事不同的工作。当整个家族财产足够丰

1　元好问《题李庭训所藏雅集图二首》,《元好问全集》卷 12,第 303 页。

2　饭山知保对于金代中进士第者的地域分布做了详细的研究,其研究结果表明,金朝前 40 年,晋北只有 18 人中进士第,晋南有 11 人中进士第。金世宗朝,晋北有 3 人中进士第,晋南有 14 人中进士第。金章宗朝,晋北有 25 人中进士第,晋南有 49 人中进士第。见饭山知保《金元时代の華北社会と科挙制度》,第 75 页。

3　根据地方志记载,武明甫在贞元二年(1154)以词赋科状元及第。45 年后的承安四年(1199),武明甫的侄子武天佑同样以词赋科状元及第。赵氏家族的赵安荣和赵安时分别在天眷三年(1140)和正隆五年(1160)同样以词赋科状元及第。泰和三年(1203)武天佑的弟弟武天和以经义科状元及第,武家还有一人中进士第。见《陵川县志(1779)》卷 21.7b 和 10a—12b。

裕后，则资助更多的家族成员成为士人。郝天挺曾为太学生，和弟郝天祺、从弟郝天祐、犹子郝思忠以及两个侄子郝舆和郝辇都曾应举，"有声场屋"，但都落第。郝天挺的兄长郝源成为一家之长后，制定了新的家规，要求弟弟或侄子中必须有一人在县学教书，也就是说，当时郝氏家族已垄断了县学的教职。[1]

有能力支持县学，显示了家族在当地社会中的领导地位。因为县学教授没有政府发放的稳定薪酬，只有像郝氏子弟这样能够从自己的亲族中获得坚实经济支持的士人，才能在县学教书。新上任的陵川县令经常拜访郝氏家族，元格在担任陵川县令期间，也与郝氏关系密切。元好问与同龄的郝思温（郝天挺的儿子）在县学一起跟随郝天挺学习。泰和六年（1206）元格卸任离开陵川时，将元好问的教育完全托付给了郝氏家族。

元格期望郝天挺可以帮助元好问应举，但郝天挺认为真正的学者不应该只为应举而学习，他因此教授元好问作诗，而这是与应举无关的技能。有人批评郝天挺不助县令的儿子应举，他回应道："正欲渠不为举子耳。"[2] 陵川县学半官半私的性质和民间资助的形式与南方书院具有一定的相似性，即主管教授决定书院学习的内容，且通常要比应举更加宽泛。尽管如此，大部分学生依旧将应举看作他们学习的主要原因。元好问就从未放弃考取功名的想法，泰和五年（1205），16 岁的元好问前往太原参加府试，结果落第。元好问显然从郝天挺那里学会了诗词创作，在旅途中，他听说一只野雁因伴侣被猎杀而自尽，元好问从猎人那里买来了那两只雁，立雁丘将其埋葬，并写下了

1 郝经《先伯大父墓铭》，《全元文》第 4 册，第 446—447 页。
2 元好问《郝先生墓铭》，《元好问全集》卷 23，第 518 页。

中国古典文学史上一首流传千古的关于浪漫爱情的抒情词。[1]

郝氏家族的学者声称，他们的教学理念是直接继承自北宋道学家程颢（1032—1085）的追随者。程颢曾任泽州晋城县（与陵川相邻）县令，并教授当地学者。因为金朝的科举考试并不考有关道学的知识，郝天挺是否教授过元好问有关程颢的学问情况不详，但郝天挺确实将程颢的学问教授给儿子郝思温，郝思温后来又将其传授给儿子郝经（1223—1275），郝经（也是元好问的学生）成为了蒙古统治时期北方知名的道学家。[2]至于元好问，他接受郝天挺的诗学，但始终不喜欢道学。

从泰和三年至八年（1203—1208），元好问在陵川县的五年时光是安静祥和的，这也是他在金代士人圈中开始建立并拓展个人社会关系网络的时期。除了学习以外，元好问开始与县学同学以及其他士人一起饮酒赋诗、赏游当地美景。泰和五年（1205）清明节的前三天，元好问与五六个士人朋友一起游览了二仙庙——二仙是当地流行的神祇。他们参观了寺庙，游览了当地的溪流并赋诗。元好问的诗刻在二仙庙的墙壁上，题诗下有小序，写道："看千岩之竞秀，增两目之双明，志飘飘然而足知所之。"[3]此外，元好问也与当地士人家族秦氏交游，和父执辈的秦略成为忘年交，常在一起饮酒赋诗。

也是在这个时期，元好问与家乡秀容县有钱有势的士大夫家族张氏缔定了婚约，这样的联姻非常有利于金代士人强化人脉网络。泰和

---

1 元好问《摸鱼儿（恨人间，情是何物）》："恨人间、情是何物？直教生死相许！天南地北双飞客，老翅几回寒暑。欢乐趣，离别苦，是中更有痴儿女。君应有语，渺万里层云，千山暮景，只影为谁去？　横汾路，寂寞当年箫鼓，荒烟依旧平楚。招魂楚些何嗟及，山鬼自啼风雨。天也妒，未信与、莺儿燕子俱黄土。千秋万古，为留待骚人，狂歌痛饮，来访雁丘处。"《元好问全集》卷42，第987页。
2 郝经《先曾叔大父东轩老人墓铭》，《全元文》第4册，第444—445页。
3 元好问《西溪二仙庙留题》，《元好问全集》卷14，第372页。

七年（1207），18岁的元好问暂时回到家乡秀容县，与同乡高官张翰之女完婚。张家比元家在当地社会地位更显赫：张翰于大定二十八年（1188）中进士第，泰和八年（1208）成为户部侍郎（从六品）。张翰的弟弟张翛于承安五年（1200）中进士第，后官至同知河东北路兵马都总管事（从四品）。[1]与张家联姻使得元好问拥有了更强大的精英家族背景。元好问筹备婚礼时，元格"教之民政"，为元好问日后担任县令这样的官职做准备。[2]为了养子能在士人圈和官场取得成功，元格做了一切必要的事情，但元好问必须中进士第才能问鼎金代的"功名社会"。

元好问婚后回到陵川，继续跟随郝天挺完成学业。泰和八年（1208），元好问离开陵川，跟随时任陇城县令的养父迁居陕西陇城县，继续与其他士人交游并专心应举。大安二年（1210）春，元格因鬓疽在陇城病逝。元好问的生活由此发生了变化：21岁的元好问结束了十年游学的日子，护送养父的灵柩回到韩岩村祖茔埋葬。

元格死后，元好问一边依靠养父留下的遗产与母亲和妻女（他的长女元真出生于1209年）在家乡过着舒适的生活，一边继续苦学应举。[3]贞祐元年（1213）春，元好问前往都城参加省试（说明他必定在前一年秋通过了府试）。在元好问生活的时代，举子需要参加三年一度的府试、省试和殿试三轮考试。府试通常是在秋天举行的地区性考试，后两轮考试都是次年春在都城举行。[4]金朝政府对那些通过府试但省试落第的举子有一些优待政策。省试落第后，元好问依照这

---

1 后来，1212年，张翰的侄子张天翼中进士第，儿子张天任担任近侍局副使官职（从六品）。见元好问《张户部翰》，《元好问全集》卷41，第916页。
2 元好问《南冠录引》，《元好问全集》卷37，第775页。
3 关于元真出生年份的考察，见施国祁《元遗山年谱》，第40页。
4 1213年举行过全国性考试。见薛瑞兆《金代科举》，第185—188页。

些政策免试进入了府学,于是整个夏天元好问都待在太原府学。[1]

元好问在太原府学的经历,揭示出官学非常有利于金朝士人建立助益其发展的社会关系网络。官学为学生提供食宿,让他们每天聚在一起学习,随着时间推移,彼此之间相识相交,甚至亦敌亦友,这些都会影响到他们日后的思想和政治生活。在太原府学,元好问与来自山西交城的两名同寝室学生一起组织了"夏课"。[2] 夏课是士人特别是举子特殊的社交方式。正如饭山知保所述,由于金初书籍匮乏,许多夏课起初是为了便于学生互相借书。[3] 同一夏课的学生也会一起集会宴饮。元好问曾经记载了一个鬼故事:一批举子们组织了夏课,其成员每十天会一起聚餐,后来有一成员亡故。在一次聚餐中,举子们为死者保留了座位以纪念他。饭菜摆好后,死者座位前的勺子和筷子竟升到半空中,仿佛死者在用餐。在场的每个人都忍不住失声痛哭,以至于无法进食。[4] 元好问将这则轶事收录在志怪小说《续夷坚志》中,此书是撰写本章的重要史料之一。[5]

---

1 《金史》卷51《选举志一》,第1131页。
2 元好问《十七史蒙求序》,《元好问全集》卷36,第754—755页。
3 饭山知保《金元时代の华北社会と科举制度》,第79页。
4 元好问《旬会之异》,《元好问全集》卷48,第1147页。
5 在1238年为道士子紫虚撰写的墓志铭中,元好问提到一些不识字的人却能够写出构思精巧的诗歌,他将这些诗收录到《续夷坚志》中(《元好问全集》卷31《紫虚大师于公墓碑》,第645页)。元好问显然至少从1238年便开始撰写《续夷坚志》,该书提到的最晚时间是1251年,说明元好问晚年完成此书。撰写《续夷坚志》的时间段与1234年金朝灭亡后元好问撰写史书的时期相吻合,说明《续夷坚志》可能是元好问撰写金代历史和人物的大型史书工程的一部分。《续夷坚志》的书名和文学体裁都遵循了南宋学者洪迈(1123—1202)撰写的《夷坚志》的模式。就像洪迈一样,元好问从各种史料中搜集故事:有些是元好问亲眼所见所闻,有些是从亲戚朋友、同事和其他人那里听来的。大部分消息来源是士人,《续夷坚志》207个故事中,大概有五分之一是元好问社交圈中的人。关于洪迈的《夷坚志》,见Hansen, *Changing Gods in Medieval China*, 17-23, and Ter Haar, "Newly Recovered Anecdotes."

除了文人雅集外,官学也为金代举子提供了空间,让其共同想象一个反映自己生活和士人文化的独特精神世界。例如,元好问从太原府学学正马持正那里听说过一个故事:大定年间(1161—1189),几个学生夜间住在太原庙学中。半夜三更,一个学生突然听到窗外有人走过的声音。一个女鬼悄然进入卧室,一边轻拍那些睡着的人,一边低声细语道:"此人及第,此人不及第。"根据故事记载,这个女鬼是埋在庙学附近的北宋某提刑官的妾,那三个被她轻拍的学生后来在科举考试中的表现与她的预言一般无二。[1]

构建、传播和记录这些轶事,是金代士人应举以外的社会文化生活的一部分。元好问在《续夷坚志》中搜集到许多关于金代士人的轶事,这些轶事与宋代社会流行的大量关于科举中第的征兆、预言和梦兆的故事十分相似。[2]元好问能够搜集到这么多关于举子的轶事,本身就证明了这些信息在金代士人社交网络中到处传播。

在太原府学,元好问和士人朋友们一定也讨论过重要的朝政和时闻,特别是关于蒙古人入侵的消息。成吉思汗的军队从大安三年(1211)开始对金朝边境发动猛烈攻势,在随后两年时间,金朝的边境形势日趋严峻。元好问可能很早就对此事有所耳闻:他的老家忻州(下辖秀容县和定襄县)邻近金、蒙交界,首当其冲受到蒙古入侵的威胁,早在大安元年(1209),忻州当地人已经有传言称北方游牧民族可能会入侵,[3]不过当地士人似乎没有意识到蒙古入侵的严重性。即

1 元好问《玉儿》,《元好问全集》卷48,第1133页。
2 关于宋代的科举考试故事,见 Chaffee, *The Thorny Gates of Learning*, 177 – 181.
3 元好问在《续夷坚志》中提到,早在1209年,一些忻州本地人因为听说北方游牧民族入侵金朝边境从而逃到太原。1213年,地方家族开始诵读佛教摩利支天咒,以求在即将降临的灾难中获得庇佑。见元好问《王万钟》和《摩利支天咒》,《元好问全集》卷41,第898页和卷49,第1162页。

使到了贞祐元年(1213)八月,蒙古人已经占领了金朝西京(今山西大同)的情况下,从未离开过家乡的元好古(元好问的亲哥)依旧与忻州士人朋友一起,如往常一样共度中秋佳节、饮酒作诗。直到贞祐二年(1214)初,当地士人生活仍然未受蒙古入侵的影响。[1]

黄河以北地区的沦陷

贞祐二年(1214)是元好问生命中的重大转折点。生长于富裕的士大夫家族,早年的元好问过着衣食无忧的生活,但这种优游岁月的生活在贞祐二年戛然而止,元好问开始了漂泊不定的两年战争难民生活。贞祐二年春,蒙古军队出现在山西的许多州县,摧毁了他们经过的每一个城镇村庄,杀害了无数居民。这种毁灭性破坏是史无前例的,李俊民(1176—1260)描述了几成废墟的泽州:"贞祐甲戌二月初一日丙申,郡城失守,虐焰燎空,雉堞毁圮,室庐扫地,市井成墟,千里萧条,阒其无人。"[2]四月十四日忻州城破后,蒙古人屠杀了10余万居民,[3]元好问29岁的兄长元好古死于这场屠杀中。元好问和家人一起躲在当地的山岭中,得以幸免于难。[4]

战争导致了许多人流离失所,大批士人和平民百姓惨遭荼毒,学校受损严重,科举考试被迫停止,并最终导致了华北地区士人活动的瓦解。包括李俊民、郝天挺在内的许多泽州学者,为了躲避战争而逃离家乡。在毁灭性的人口骤减中,十年前还十分活跃的地方士人群

1　元好问《敏之兄诗谶》,《元好问全集》卷48,第1131页。
2　李俊民《泽州图记》,《全元文》第1册,第51页。
3　元好问《王万钟》,《元好问全集》卷41,第898页。
4　元好问《避兵阳曲北山之羊谷题石龛》,《元好问全集》卷14,第345页。

体如今烟消云散,[1]地方学校也被大量废弃。元好问后来悲叹道:
"庙学之存亡,亦付之无可奈何而已……当路者多武弁,漫不加省,上
雨旁风,日就颓压。"[2]

贞祐二年(1214)夏,金宣宗(1213—1224 年在位)放弃中都
(今北京),渡过黄河,将朝廷迁到了南京(今河南开封),当时的士
人委婉地称此事为"贞祐南渡"。从那时起,科举考试大多只在黄
河以南地区举行——特别是在河南和陕西(这是贞祐二年以后金朝
政府仅有的两个完全控制的地区)。举子们被免除了府试,可以直接
在南京参加省试。当年大约九千人应举,最后大约十分之一的举子
中第。[3]虽然仍在山西避难,元好问还是想方设法前往开封应举,但
他再次落第。

士人生活不再、官学废弃以及科举考试停止,这些都标志着贞祐
二年以前支撑金代华北"功名社会"的重要社会机制开始解体。在这
样的动荡环境中,元好问一家需要决定是留在晋北还是逃亡,他们从
贞祐二年春开始便四处奔波。贞祐四年(1216),蒙古军队再次袭击
了忻州。元好问一家匆忙将家藏的书画珍本藏于墙壁中,然后再次
逃到附近的山中。蒙古军队撤兵后,由于晋北经常遭袭,元好问一家
决定加入三四百万人的华北移民大军,迁到起码当时还在金朝政府
统治下的黄河以南地区。[4]他们将一部分藏品托付给太原的亲旧,将

---

1 李俊民后来提及 1235 年金蒙战争结束时泽州人口降至 973 户(李俊民《泽州图
记》,《全元文》第 1 册,第 51 页)。另外,我们从一则写于 1209 年的记文中得知,
蒙古征服前夕,仅晋南的襄陵县就有 2 万多户。可见当时人口流失之剧。见孔
天监《襄陵县创修庙学记》,《全辽金文》中册,第 1932 页。
2 元好问《赵州学记》,《元好问全集》卷 32,第 673 页。
3 《金史》卷 51《选举志一》,第 1139—1140 页。
4 吴松弟《中国人口史》,第 383 页。

三枚珍藏的砚台埋在乡下的别墅中,希望将来有一天能够回来取回
这些珍贵的家产。[1] 元好问一家带着精心挑选的两车物品前往南方,
这些物品包括千余先人手抄的书稿、书法写本等,以及百余画轴。

　　并非所有的士人家族都选择南逃,像本书开篇提及的周献臣这样
的家族选择了留守。许多人从维持士人身份转变为参与军事活动。即
使在同一个家族中,每个人的选择也会截然不同。元好问的好友周鼎
臣就选择了一条与弟弟周献臣不同的道路。根据元好问为周鼎臣所写
的墓志记载,贞祐二年(1214)夏,周鼎臣与元好问在南京参加省试时
相遇,元好问落榜而周鼎臣中进士第,并被任命为山西五台县主簿。
贞祐四年(1216),木华黎率领蒙古军队大举入侵晋北,周献臣前往邻
近定襄县的阳曲县,与时任阳曲县令的兄长商议该如何应对即将到
来的灾难。周鼎臣告诉弟弟要尽一切可能保护家人和定襄百姓的安
危,但自己身为朝廷命官,忠心许国,决定和妻儿一起以身殉国。两
兄弟做了各自的选择:周献臣向蒙古人投降,转而为蒙古帝国效力,
通过其自身的军功,周献臣成功地让周氏家族获得了世侯地位;周鼎
臣则为旧政权殉难,保持了自己作为忠臣不事二主的士大夫节操。[2]

躬耕河南
元好问艰难的新生活

　　贞祐四年(1216)夏,元好问一家人终于到达河南,他发现许多士
人都聚集在那里,包括两位老友:陵川县的刘昂霄和定襄县的赵元。

1　元好问《故物谱》,《元好问全集》卷39,第823页。
2　元好问《阳曲令周君墓表》,《元好问全集》卷22,第497—498页。

元好问与赵元是儿时好友,十年前在太原参加府试时元好问又结识了刘昂霄。[1]在刘昂霄和赵元帮助下,元好问暂住在三乡县(今河南宜阳县),他很快便加入到当地士人群体中。例如,元好问认识了学者辛愿,此人务农为生,不仅生活困窘,还饱受地方胥吏欺侮。[2]在三乡县,元好问刘昂霄、赵元和辛愿偶尔会结伴同去当地的寺庙,吟诗唱和,结识新的朋友——比如洛西宝应寺擅长作诗的僧人英禅师。英禅师原是辽东举子,贞祐元年(1213)移居到河南。[3]与其他学者交游,意味着这些人士人生活的延续。如同赵元曾在诗中向元好问解释道:"满眼交游即故乡。"[4]

然而,士人们的生活不复从前,仓促逃难往往伴随着巨大的财富损失。许多贞祐二年(1214)以后移居到河南的士人家族财产荡然无存,生活陷入贫困。元好问曾表述自己的境遇:"是岁寓居三乡。其十月,北兵破潼关,避于女几之三潭。比下山,则焚荡之余,盖无几矣。"[5]在这个过程中,元好问损失了大部分好不容易带到河南的书画古玩。除了有形财产的损失,避难他乡的士人还失去了重要的无形资源:根植于宗族、乡里的社会支持体系。元好问的老师郝天挺携妻带子迁居河南时,他们失去了家族网络的极大助力——包括物质支持、工作机会以及社会声望。在没有任何外人帮助的情况下,郝天挺贫病交加,最终撒手人寰。[6]

士人群体在河南的境遇发生了天翻地覆的变化,许多像元好问

1 元好问《愚轩居士赵元》,《元好问全集》卷41,第878—879页。
2 元好问《溪南诗老辛愿》,《元好问全集》卷41,第956—957页。
3 元好问《木庵诗集序》,《元好问全集》卷37,第773页。
4 赵元《寄裕之二首》,《元好问全集》卷54,第1275页。
5 元好问《故物谱》,《元好问全集》卷39,第823页。
6 元好问《郝先生墓铭》,《元好问全集》卷23,第518页。

这样的士人家庭不得不考虑如何谋生糊口。[1] 养家的重任现在落到了元好问的肩上,他需要养活母亲、妻子和三个年幼的女儿。元好问的长女元真生于大安元年(1209),次女元严出生时间不详,三女阿秀生于兴定三年(1219)。出于安全考虑,元好问在兴定二年(1218)将家迁到了登封县,该县位于中岳嵩山南麓,位置偏僻。为了解决食物紧缺问题,元好问开始种地。据他所言,许多昔日的名宦之家移居到河南后也是如此。[2]

务农生活对于元好问这样不事稼穑的人来说备感艰苦。同样务农的赵元对元好问说:"西畴将有事,老农真吾师。"[3] 两人都从经验丰富的农民那里获得农业知识。在登封县生活了一年后,元好问意识到这里并非理想的农耕区:当地常年干旱,干旱过后则猛降暴雨,毁掉了大部分庄稼,秋天的收成常常不足以养活全家。[4] 元好问因此决定去别处寻找更佳的农田。

兴定二年(1218)冬,身着单衣的元好问独自行走在寻田的路上,在凛冽的北风中冻得瑟瑟发抖。次年他终于在昆阳(今河南省叶县)找到了合适的田地。元好问十分满意昆阳的农田,说道:"邻墙有竹山更好,下田宜秫稻亦良。已开长沟掩乌芋,稍学老圃分红姜。"[5] 元好问在这块田地旁盖了一间小屋,为离开登封的家来这里种地时居住。因此,元好问不得不经常往返于相距150公里的登封和昆阳两地之间。

---

1 元好问一家刚到河南的时候,为了谋生,元好问的叔父元升(曾是务农养家的人)凭借兄长元格的荫补谋得官职,但他为官后不久便病故了。见元好问《承奉河南元公墓铭》,《元好问全集》卷25,第539页。
2 元好问《高门关》,《元好问全集》卷4,第78页。
3 赵元《书怀寄元弟裕之韵四首》,《元好问全集》卷54,第1274页。
4 元好问《寄赵宜之》,《元好问全集》卷5,第101页。
5 元好问《雪后招邻舍王赞子襄饮》,《元好问全集》卷3,第65—66页。

在陌生的地方，元好问自然先与士人交往，而后才逐渐与不熟悉的当地农民打交道。元好问的友邻是位隐居的学者，同样热爱作诗，显然很乐意元好问相陪，他甚至劝说元好问举家都迁到昆阳来。元好问以病马为由，解释为何自己不把家搬过来。其实这只是借口，真实原因是昆阳的田地并不属于元好问，或许耗尽全家的积蓄在昆阳建一个新家太过冒险，又或许他只是无力承担再度搬家的费用。几年后，元好问与"田主"交往的经历证实，他无钱买地或雇工。在《麦叹》一诗中，元好问解释道：

> 借地乞麦种，徼幸今年秋。
>
> 乞种尚云可，无丁复无牛。
>
> 田主好事人，百色副所求。[1]

元好问依赖"田主"，表明了因务农耗时耗力，士人因而与农民建立起了一种新型的士农关系。这种新关系表明，支持士人生活物质基础的经济来源急剧减少，同时用于学习和与同仁社交的闲暇时间也消失殆尽。

与此同时，与农民的交往也让士人对社会问题有了新的认识，对社会习俗有了不同于以往书本知识的体察。日常的务农生活，让士人能够理解农民对于天气的焦虑。在接下来的诗中，元好问以"旱母"为喻，诉说自己因为严重旱灾而遭遇的不幸：

> 四月草不青，吾种良漫投。

---

1 元好问《麦叹》，《元好问全集》卷1，第18页。

田间一太息，此岁何时周。

向见田父言，此田本良畴。

三岁废不治，种则当倍收。

如何落吾手，羊年变鸡猴。

身自是旱母，咄咄将谁尤。[1]

"旱母"的比喻很可能来自元好问从当地农民那里听到的故事，他后来将其记录在《续夷坚志》中。根据元好问所言，贞祐初洛阳地区发生了严重的旱灾，登封当地人谣传是旱魃造成了旱灾，他们相信旱魃出现常常伴随着火光。一天晚上，有户农民家着火，当地人让年轻人用大棓击打火焰来驱赶旱魃。[2]

务农的亲身经历，让像元好问这样的士人真正体会到农民的艰辛。元好问在诗中描述他在雨中开心地在昆阳田地上耕作，并把这种喜悦归功于降雨的龙神。[3]元好问后来担任河南内乡县县令，当时旱灾持续了三个多月，他接受了当地人的要求向龙公求雨。农民后来为龙公盖了一座新庙，以感谢它降雨。元好问在记述这件事情时，没有将农民们的行为描述为异端，也没有将他们未经官方认可的神祇贴上"淫祀"的标签；相反，元好问十分理解雨水和龙神崇拜对农民的重要意义。[4]

农民文化和乡村习俗成为聚集在河南的金末士人的新话题。在

---

1 元好问《麦叹》，《元好问全集》卷1，第18—19页。
2 元好问《告成旱魃》，《元好问全集》卷48，第1132页。
3 元好问《叶县雨中》，《元好问全集》卷8，第168页。
4 元好问《长庆泉新庙记》，《元好问全集》卷32，第679页。关于淫祀的讨论，见Hansen, *Changing Gods in Medieval China*, 84–95.

《续夷坚志》中，元好问记录了许多发生在河南的此类话题故事。来自平舆县南函头村的三则轶事，描述了村民对禁忌、冥间、转世轮回的信仰以及村民的诉讼案件。[1] 在这些故事中，有些是元好问直接从当事人那里听闻的，有些是从当地官员和士人那里道听途说的。

更重要的是，务农经历反映了金末士人的政治和社会经济地位在急剧下降。例如，元好问的朋友赵元，从士大夫阶层跌落成平民百姓。在《学稼》诗中，赵元描述了自己在乡村的务农生活：

> 不堪炊煮一箱书，十口东西若可糊。
>
> 食禄已惭中隐吏，垦山聊作下农夫。
>
> 稿遗场圃无多积，子入官仓困远输。
>
> 近日愚轩睡眠少，打门时复有追胥。[2]

赵元曾担任县主簿，失明后不得已致仕。他对自己薪俸的评论，说明金代下层士大夫的收入十分微薄，政治地位低下，甚至低于那些掌控文官实权的吏员。事实上，贞祐二年（1214）之后，在地方和中央层面，吏员都拥有相当大的权力，而且常常比进士升迁得更快。[3] 在当地胥吏看来，致仕后的赵元开始务农，与其他农民并无区别。

赵元一家社会地位衰落、经济地位下降，影响了下一代人的职业

---

1 元好问《郑叟犯土禁》《张童入冥》《范元质决牛讼》，《元好问全集》卷 48，第 1122—1123 页和第 1165 页。

2 赵元《学稼》，《中州集》卷 5，第 268 页。

3 Tillman, "An Overview of Chin History and Institutions," 37.

选择。赵元告诉元好问:"有子罢读书,勤种山间田。"[1] 元好问后来提到赵元的儿子赵顗时(在赵元的传记中),他并没有讨论赵顗在诗歌或学问上的成就,只说赵顗是一位正直的隐士,这暗示赵顗未曾接受过士人教育。

元好问这一代士人如今不仅要努力适应河南艰苦的新生活,还要尽力保持自己的士人身份。务农并非他们所愿,而是因为没有其他路可走。著名诗人陶潜(365—427,更常被称作陶渊明)宣扬隐居务农的闲适生活,汉族士人经常以陶渊明为榜样,将"耕读"看作一种理想的生活方式。[2] 然而,在为山西沁州好友韩锡的"耕读轩"题写的诗中,元好问否定了陶渊明的田园生活范式:

> 读书与躬耕,兀兀送残年。
>
> 渊明不可作,尚友乃为贤。
>
> 田家岂不苦,岁功聊可观。
>
> 读书有何味?有味不得言。[3]

亲身经历贫民生活的元好问非常清楚务农并非田园牧歌,日常生活充满了艰难困苦和焦虑不安。尽管元好问反问读书的意义,但读书对于他及其同仁而言是士人身份的象征,是他们区别于平民百姓的地方。

---

1 赵元《书怀寄元弟裕之韵四首》,《元好问全集》卷 54,第 1274 页。
2 晚明著名文人张岱是模仿陶渊明耕读模式的典型例子。出生仕宦家族、前半生衣食无忧的张岱在四十九岁遭逢人生重大转折。明亡后,以遗民自居的张岱还归龙山,务农为生,余生致力于修史。关于张岱耕读的研究,见 Spence, *Returning to Dragon Mountain*, 156 – 157 and 224 – 227.
3 元好问《寄题沁州韩君锡耕读轩》,《元好问全集》卷 2,第 56—57 页。

元好问的仕途与金朝的灭亡

因为金朝政府继续通过科举考试选拔汉人官员,像元好问一样,许多生活在黄河以南地区的士人继续尝试入仕。元好问迁居河南后,除了交往当地的士人朋友,他还努力在都城士人圈扬名,积极结交如当时金朝知识界的领袖人物赵秉文(1159—1232)那样富有成就的士大夫。[1] 兴定元年(1217),元好问拜访赵秉文并呈献了自己写的两首诗。赵秉文高度赞扬了元好问的诗,并将他介绍给杨云翼(1170—1228)等成就斐然的士大夫。元好问很快获得了"元才子"的美名,在开封的士人圈里崭露头角。元好问后来将赵秉文和杨云翼看作他在学识和仕途上的模范。兴定五年(1221),赵秉文担任科场主考官,元好问在经历了从 16 岁起的 6 次落第后,终于在 32 岁进士及第,不过元好问被指责与考官赵秉文、杨云翼、雷渊(1186—1231)以及李献能(1192—1232)等人有不正当关系——元好问确实常与这些士大夫来往。[2] 这一事件的背后是金末朝廷中进士及第的士大夫与胥吏出身的官员之间的激烈斗争。[3] 元好问对这一指控满腔悲愤,拒绝任官并返回登封县。

在随后的三年里,元好问继续在昆阳务农以养家,同时他也致力于写诗、交往士人,与志同道合者一起努力探寻中国文化传统中的永恒价值,从而让金代士人可以把握、继承这一传统。这些金末士人以

----

1 Bol, "Chao Ping-wen" and "Seeking Common Ground," 502 – 512.

2 元好问《赵闲闲真赞》,《元好问全集》卷 38,第 798 页。

3 高桥文治《元遗山と党争》。

北宋士人苏轼作为士人学问的典范,在赵秉文的引领下,他们强调文学创作——尤其是诗歌创作——是掌握文化传统的重要手段。[1] 在与新旧士友的频繁聚会中,元好问创作了许多优秀的诗歌,充分体现了这一思想。元好问的诗在当时的士人圈中通过书信或是口耳相传得到了广泛传播。受教于元好问并为老师撰写墓志铭的郝经曾说,元好问的诗在当时非常流行,以至于乡村里巷和道途之人都会背诵他的诗句。郝经在墓志铭中以北宋著名诗人苏轼与黄庭坚比拟元好问的诗歌成就:"振笔便入苏黄室。"[2]

　　元好问在文学造诣上的盛名,又一次为他在政府中谋得一席之地提供了机会。然而,金朝末年日渐恶化的政治环境,使得坚守儒家节操的士大夫们愈发难以在官场坚持下去。正大元年(1224),元好问中宏辞科,获得了人生第一个官职——国史院编修。然而,次年六月,元好问辞职,再度返回登封县。在离开京城时所写的诗中,元好问解释说,他无法忍受嘈杂的城市生活和官场的压力。[3] 给元好问带来压力的原因,很可能是腐败的朝政和错综复杂的政局。金朝末代皇帝金哀宗(1224—1234 年在位)为人性格软弱且优柔寡断,总是偏听偏信奸佞之言,并为手握重兵的女真将领所左右。与此同时,尽管蒙古人的威胁越来越大,但金朝廷不仅陷入了武将与文官之间激烈

1　Bol, "Seeking Common Ground," 492 - 520. 在对金末思想运动的再研究中,邱轶浩指出包弼德错误地认为共同的文学追求将女真统治者和汉族士人联合在了一起,视"斯文"为其共同的基础——这是对包弼德论点的误解。不过邱轶浩认为金末知识复兴不仅是对士人文化发展的回应,也是对儒、释、道三教互动的回应,这一看法是有见地的。具体而言,通过建立士人在儒学中的文化身份并联合佛教徒,士人以此来制衡新道教教派的影响力。见邱轶浩《吾道:三教背景下的金代儒学》,第 87—88 页。
2　郝经《大德碑本遗山先生墓铭》,《元好问全集》卷 53,第 1263 页。
3　元好问《出京》,《元好问全集》卷 1,第 9 页。

的权力斗争,而且各方势力的政治斗争持续不断。[1] 在元好问看来,官场崩溃的同时,儒学的没落更是毁灭性的。在正大三年(1226)写的诗中,元好问哀叹道:"圣教难为功。"[2]

目睹了朝政衰败、儒学堕落后,从正大三年至正大五年期间(1226—1228),元好问先后担任了三任县令。他发现只能眼睁睁地看着地方社会同样濒临崩溃,自己却无能为力。元好问看到的景象令人生畏:官吏暴虐、赋税沉重、兵赋滥征、地方暴乱频仍,这些都将农民推入了绝境。除了前文提及的接受当地百姓向龙公求雨的祈求外,元好问无法做任何事来减轻农民的痛苦。在写于正大四年(1227)的诗中,元好问叙述了他与当地百姓的一段对话,表达了他力不从心的哀伤。如其所述,元好问可以阻止胥吏骚扰百姓,但他无法减轻繁重的军税,唯有告诉百姓不要逃税,否则他们可能会遭受笞刑甚至死刑。[3] 然而,元好问知道,已经被日益繁重的地税和劳役压得喘不过气的农民,根本无法再提供更多的兵粮。元好问从哪里可以筹集到足够的粮食来完成本县的税额? 在静谧的夜晚,元好问独坐书斋,为他无法征收到税款又帮不了百姓而忧心忡忡,他再次想到了致仕。[4]

对金代士人而言,当时政治和社会环境日益恶化。正大五年(1228),元好问因母亲去世而丁内艰离职,他拒绝了邓州帅移剌瑗的征辟;后来他接受了移剌瑗的征辟,但很快又辞官。元好问的反复辞官表明,他和当时许多士大夫一样对官场极度失望,同时又对

59
60

---

1 Chan, "From Tribal Chieftain to Sinitic Emperor," 128–131.

2 元好问《饮酒五首》,《元好问全集》卷1,第15—16页。

3 元好问《宿菊潭》,《元好问全集》卷1,第23页。

4 元好问《内乡县斋书事》,《元好问全集》卷8,第173页。

自己无力改变现状而心灰意冷。在元好问看来，重"私欲"已经为世人所习惯，任何改变这种习惯的努力都是徒劳，士人只能一开始就拒绝"私欲"，然后以"善人君子"的言行来影响他人。[1] 现实生活中，士人甚至无法在这个凶残暴虐的世界中保全自我。随着战争的演进，军阀武人垄断了朝廷和地方政府的实权。一些士人在地方军阀麾下为官，这些军阀往往对其下属拥有生杀予夺之权。元好问的朋友李汾向势力强大的武将武仙自荐，武仙让其担任行尚书省讲议官，最后却将其杀害。[2]

正大八年（1231）元好问再次来到京城开封，在朝廷任尚书省掾。不幸的是，这成为他个人生活更大悲剧的开始。同年四月，蒙古军队攻打开封，坚固的城墙使得蒙古人顿兵城下；经过长达一年的围城之战，蒙古人最终攻克了这座都城，金朝不可逆转地灭亡了。正大八年（1231）年底时，开封城内的情况已变得令人极度绝望。次年三月二十四日，元好问14岁的三女儿阿秀病逝，元好问自己也身患重病。[3] 六七月份，一场毁灭性的瘟疫席卷了整座开封城，夺走了90多万居民的生命。[4] 因为食物短缺，大米的价格飙升至每升2两白银，人民陷入了苦难的深渊。元好问看到有人甚至卖掉妻子以换取一顿饭。[5] 更糟糕的是，根据目击者所述，饥民们开始食人，包括孩子，甚至杀死夜间独行的人然后将其吃掉。[6]

1　元好问《谢邓州帅免从事之辟》《被檄夜赴邓州幕府》《奉直赵君墓碣铭》，《元好问全集》卷8，第177、173页；卷22，第500页。

2　元好问《李讲议汾》，《元好问全集》卷41，第959页。

3　元好问《孝女阿秀墓铭》，《元好问全集》卷25，第546页。

4　《金史》卷17《哀宗纪上》，第387页。

5　元好问《最孝女墓铭》，《元好问全集》卷25，第545页。

6　刘祁《归潜志》卷11，第126页。

天兴二年(1233),开封城的情况再度恶化。正月,金哀宗从开封逃往蔡州(今河南汝南县),一年后自杀殉国。[1]三月初三,奉命守卫开封的4位将领之一的崔立发动了叛乱,诛杀了大批高级文官,拥立梁王完颜从恪为监国,然后向蒙古人投降。崔立及其跟随者杀死了所有不肯配合的朝廷官员。夏初,开封城终于沦陷。[2]对于元好问而言,他参与了为崔立建造臭名昭著的功德碑一事,此事危及元好问在士人群体中的声誉,成为其人生中可悲的一幕。[3]蒙古人接管了开封城,几天后,他们将包括元好问在内的前金朝官员送至山东聊城县,置于蒙古军队及汉人世侯的监管之下。

天兴二年(1233)六月初一,即开封沦陷两天后,元好问给耶律楚材(1189—1243)写了一封信。耶律楚材时任蒙古政权的中书令,负责华北征服地区的行政事务。元好问在信中请求耶律楚材保护华北的汉族士人。他列出了54位金代士人,称他们是"天民之秀"。元好问表示这些人对蒙古新政权会有所帮助,但他们目前都身处险境。[4]关于元好问写这封信的目的,后世文人和当代学者一直都有争议:他是想利用这封信向蒙古政权毛遂自荐?还是试图保护传统汉人文化?元好问的行为是否表明他缺乏个人气节?[5]无论如何,这封信的作用微乎其微,蒙古政府只征召了名单上开列的少数学者。[6]贞祐南渡以后,元好问信中列举的54人都聚集在河南,并在蒙古人包围开

1 《金史》卷18《哀宗纪下》,第395—403页。
2 元好问《聂元吉墓志铭》,《元好问全集》卷21,第491页。
3 杨庆辰《依违之间:崔立功德碑事件中的元好问》。
4 元好问《寄中书耶律公书》,《元好问全集》卷39,第804—805页。
5 关于学界对元好问意图的争论,见姚从吾《金元之际元好问对于保全中原传统文化的贡献》、韩志远《元好问在金元之际的政治活动》。
6 De Rachewiltz, "Ye-lü Chu-ts'ai," 205.

封之前逃往黄河以北地区。元好问能够列出这些士人的名字和故里,显示出他交友广泛。在这 54 名士人中,19 人来自山西,不过元好问的好友都没有出现在这份名单上,因为他们当时都已经去世了。

在金政权的最后四年(1231—1234)间,政治暴虐和社会动荡使得整个士人阶层几乎消亡。正如元好问后来悲叹道:"重侯参将之族糜灭,所存曾不能十之一,然且狼狈于道路,汩没于奴隶,寒饥不能自存者,不可胜数也。"[1]大批北方士人惨遭杀害,无数士人家族烟消云散,大部分学校被废弃,更重要的是,科举考试也停止了。至此,支撑华北"功名社会"的全部机制土崩瓦解。

少数幸存的士人,例如元好问本人和名单中的 54 名士人,很大程度上依赖蒙古统治者和新统治精英们的仁慈。元好问指望耶律楚材能够帮助这 54 名士人,而他自己则因数位军阀(即包括周献臣在内的汉人世侯)的保护而安度余生。许多其他金代士人则从全真教那里获得了庇护。汉人世侯和全真高道成为蒙古统治时期华北新出现的政治和社会精英。全真道士们与蒙古统治者以及蒙古政权下的中央和地方官员合作,登上了历史的舞台,担负起空前的领导角色,重整 1234 年以后已饱受战争摧残的华北社会。

62
63

1　元好问《龙山赵氏新茔之碑》,《元好问全集》卷30,第627页。

2

全真教与 1234—1281 年
战后社会重建

窝阔台汗六年（1234），蒙古人彻底征服了金朝，战争终于结束了。次年春，被羁管于山东聊城的元好问移居冠氏县，在县令赵天锡的资助下建房安居。当年秋，赵天锡为其老母修葺一新的紫微观落成，请元好问为这座全真道观撰写记文。在整个华北地区，全真教将包括前金士人在内的诸多社会群体联合起来，组织重建金蒙战争后支离破碎的地方社会。这些社会群体上至统治阶层的蒙古人和各级官僚，下至底层社会的农民和工匠。最引人注意的是，许多妇女（比如曾跟随高道研修全真教义的赵天锡母亲）也加入了新兴的全真教。金元之际，全真教迅速崛起并掌控了华北地区国家与家族之间的社会空间。元好问曾感到困惑的是，全真教在当时为何能吸引如此众多不同社会地位之人？在为赵天锡母亲撰写的《紫微观记》中，元好问试图解释全真教成功的原因：

₆₃
₆₄

贞元、正隆以来，又有全真家之教。咸阳人王中孚倡之，谭、

马、丘、刘诸人和之。[1] 本于渊静之说,而无黄冠襐襘之妄;参以禅定之习,而无头陀[2]缚律之苦。耕田凿井,从身以自养,推有余以及之人。视世间扰扰者,差若省便然,故堕窳之人翕然从之。

南际淮,北至朔漠,西向秦,东向海;山林城市,庐舍相望,什百为偶,甲乙授受,牢不可破。

上之人亦尝惧其有张角斗米之变,著令以止绝之。当时将相大臣有为主张者,故已绝而复存,稍微而更炽。

五七十年以来,盖不可复动矣。贞祐丧乱之后,荡然无纪纲文章,蚩蚩之民,靡所趣向,为之教者,独是家而已。今河朔之人,什二为所陷没。[3]

在《紫微观记》中,元好问将全真教描绘成一种新宗教,它在教义上简单易懂、在经济上自力更生且倡行慈善,对于弱势群体特别具有吸引力。元好问的解释表明,严重的社会大萧条使全真教得以在 13 世纪上半叶深入北方汉人社会。当时无论统治者还是亲族都未能提供让人们免受暴力和苦难的保护,只有全真教能够提供必要的社会服务。[4] 像元好问这样的士人,承认全真教取代了儒家思想成为当时道德和文化权威的提供者,这是非比寻常的,但在当时的情况下也是合情合理的。然而全真教提供的远不止这些,作为一个有组

64/65

---

1 "谭、马、丘、刘"指的是王喆的四大弟子:谭处端(1112—1185)、马钰(也称作马丹阳,1122—1183)、丘处机(1148—1227)和刘处玄(1146—1203)。

2 关于全真教和佛教头陀宗的关系,见 Marsone, "Daoism under the Jurchen Jin Dynasty," 1138–1140.

3 元好问《紫微观记》,《元好问全集》卷35,第740—741页。

4 元好问关于全真教教义流行的叙述与13世纪其他士人撰写的大量碑刻铭文相呼应。例如《通玄观记》(出自元初官员宋道之手),《金元全真教石刻新编》,第132—133页。

织的宗教,它在金元之际北方社会的巨变中呈现出非凡的制度力量和创新性。

全真教的制度力量和创新

全真教融合诸派教义,以一种全新的社会生活方式,吸引了金元之际无数的北方人。全真教的创始人王重阳(原名王喆,曾是落第举子)敦促其信众除了阅读《道德经》外,还要研读儒家的《孝经》和佛教的《心经》。12世纪60年代末(金大定年间),王重阳在山东建立了"三教七宝会""三教平等会"等多个教化一般信众的组织。王重阳用"三教"一词来命名这些信仰组织,强调其教义融合了儒、释、道三教。王重阳教导弟子们追求简朴的生活方式,包括禁欲、素食和冥想,以此来获得健康长寿和静心,并最终达到长生不老的修道目的。王重阳有7个知名弟子,被称作"七真"或"全真七子",他们(特别是丘处机)进一步强调修建宫观的重要性。[1] 全真高道们借鉴佛教,鼓励追随者们尽可能多地建造全真宫观来帮助教内教外的信众度过社会动荡时期。这一点在当时具有重要的现实意义,因为金蒙战争期间,约三分之一的北方人在战乱中家破人亡,沦为居无定所的流民。[2]

更显著的是,全真教跨越了传统的性别鸿沟,吸引了大量女性成

---

1 关于王重阳和"七真"的主要研究,见蜂屋邦夫《金代道教の研究:王重陽と馬丹陽》和《金元時代の道教:七真研究》。马颂仁(Pierre Marsone)认为"七真"的传统是由"七真"之一的王处一(1142—1217)建构的("Accounts of the Foundation of the Quanzhen Movement," 96)。
2 陈高华《元代的流民问题》。

为女冠和功德主。全真教团从一开始便接受女弟子，"七真"中就包括了女冠孙不二（1119—1182），她曾是马钰的妻子，在成为王重阳的弟子后，这对夫妻成为修道同门，孙不二最终成为所有全真女冠的模范。[1] 在金元之际动荡的社会环境下，无数女孩和寡妇失去了家族，一无所依，儒家思想又完全没有为她们提供如何在这种困境下生存的指导意见。无数失去丈夫或家人的女子在全真教团中找到了庇护所。一些全真宫观是专为女子设立的，收容了大量无家可归的寡妇和孤女。此外，全真教中的女子可以和异性自由来往。

除了拥有富有吸引力的教义、能满足社会诉求外，全真宫观组织的快速发展还主要得益于蒙古皇室的扶植。蒙古入侵之前，金朝廷在一定程度上支持全真教，但对其严格监管，而全真教也缺乏强有力的组织机制。全真教早期高道们以禁欲的方式来吸引追随者。金蒙战争中，作为宗教领袖的丘处机成功压制了山东地区的民变，并参与赈济工作，这为他赢得了当地的民心。丘处机一呼百应的能力使全真教团同时受到南宋、金朝和蒙古三方政权的关注。蒙古太祖十四年（1219），金朝、南宋和蒙古竞相征聘丘处机访问，以争夺对山东地区的控制权。[2] 在经过一番政治权衡后，丘处机选择了蒙古。已 70 高龄的他和 18 名弟子横跨蒙古草原，跋山涉水，用了整整三年时间（1220—1222），才最终抵达大雪山（今阿富汗境内的兴都库什山），见到了正在中亚作战的成吉思汗。[3]

---

1 关于孙不二的更多研究，见 Komjathy, "Sun Buer."
2 金宣宗（1213—1223 年在位）在贞祐四年（1216），宋宁宗（1195—1224 在位）在嘉定十二年（1219）分别试图召见丘处机。成吉思汗在 1219 年派遣使者召见丘处机前往他在中亚的行在。
3 De Rachewiltz and Russell, "Ch'iu Ch'u-chi."

丘处机的西域之行虽然艰苦万分，但得到的回报十分可观：成吉思汗尊丘处机为"丘神仙"，赐予一等贵臣所用的金虎符，并发布了两道诏书，任命丘处机掌管天下道教，蠲免全真教门下差役和赋税。[1]成吉思汗给丘处机的诏书，不仅认可了丘处机作为中原汉地宗教领袖的地位，而且保证，只要是丘处机的弟子，不仅不会受到蒙古军队的骚扰，而且会受其保护。当时，蒙古军队俘虏了大批华北汉人，回到燕京（今北京）后，丘处机派遣弟子向战俘们发放度牒，在燕京地区就从蒙古人手中赎回了 2 万余名汉人。[2]确实，全真教还从早期的蒙古统治者那里获得了自主发放度牒和道观庙额的特权。自唐宋以来，发放度牒和寺观庙额是政府控制宗教的主要手段，是政府的特权，绝不会轻易下放给宗教组织。比如北宋和金朝都规定，所有的宗教社群都需要从政府那里获得寺观庙额以取得合法身份，与之不同的是，蒙古统治者则给予全真教领袖颁发道观庙额的特权。[3]获得这些非同寻常的权力对于全真教而言是重大转折，随着丘处机迅速制定"立观度人"的新发展策略，全真教的性质也发生了根本转变，从一个半自治的以禁欲苦行为宗旨的地方性宗教组织，变成了一个体制化的全国性的宗教组织。[4]

金朝灭亡三十年间，社会的无政府状态和政局动荡仍在持续，这促使全真教在华北地区迅速传播。窝阔台汗六年至世祖忽必烈中统

---

1 Tao-chung Yao, "Ch'iu Ch'u-chi and Chiinggis Khan."

2 姚燧《长春宫碑铭》，《道家金石略》，第 720—721 页。

3 官方颁发寺观庙额和度牒是宋、金两朝政府管理组织性宗教的两种重要策略。金代朝廷有时会出售佛寺道观的庙额来弥补军费。早期全真高道们会购买庙额以保护其道观免受政府镇压。见桂華淳祥《金代の寺観名額發賣について：山西の石刻資料を手がかりに》，Tao-chung Yao, "Buddhism and Taoism under the Chin," 158‑167.

4 Komjathy, *Cultivating Perfection*, 33‑62.

元年（1234—1260）间，蒙古帝国的都城是位于蒙古草原上的哈拉和林，蒙古人全部精力都投入到仍在进行的征服战争中。刚开始统治中原地区时，蒙古大汗很乐意将重要的行政权下放给他们认为既有能力又可靠的地方势力或组织。当时华北各州县实际上处于许多汉人世侯的分散统治之下，这些世侯在政治上隶属于总部设在燕京的蒙古国行政机构（燕京等处三断事官，时汉文史料也称之为行尚书省或行台），但他们在自己掌管的州县拥有高度自治权。为了有效统治各自的势力范围，几乎所有权势显赫的世侯都向全真教高道们寻求合作和帮助。

例如，金蒙战争结束后，山西各地的世侯都竞相邀请丘处机的弟子、当时的全真掌教尹志平（1169—1251）去他们统治的州县举行醮仪，以安抚当地死于战乱的亡魂，稳定其所辖的战后地方社会。醮仪成为当时连结地方官和全真道士的最主要的宗教仪式。[1]窝阔台汗七年至九年（1235—1237）期间，尹志平与多位山西世侯和地方官会面，作为回报，他们将当地许多主要的道教宫观献给尹志平，这些宫观由此成为全真宫观，其名下的土地等资产也为全真教团所有。[2]正如我们将看到的，由蒙古政权授权并由地方世侯认可的全真教，在战后的社会重建过程中承担了诸多政府职能，包括组织救济工作和基础设施建设。

13世纪北方的社会和政治环境都有利于全真教的发展，此外，正如高万桑（Vincent Goossaert）所论，全真教的组织发展和制度创新在

1　到12世纪末，醮仪被看作是可以有效驱邪、恢复人类世界秩序的方法。见S. Huang, "Summoning the Gods."

2　藤島建樹《全真教の展開：モンゴル政権下の河東の場合》。

许多方面都是史无前例的。首先,过去华北大多数宗教机构都控制在世俗组织(比如地方家族和地区会社)手中,僧道的权力相对有限,但是全真教组织完全由道士掌控。其次,与同时期华北其他新兴宗教运动相比,尽管后者也得到蒙古人支持,但它们建立的宫观网络往往仅局限于一小部分州县或地区,而全真教则在整个华北地区生根发芽,拥有数千座宫观。[1]第三,全真教创造了多种身份建构机制,如禁欲生活传统、象征性的名字体系、云游和集会等具有特色的宗教实践,这些机制将全真道士和女冠们凝聚在一起,同时也引导俗众认可全真教团。[2]

此外,全真宫观系统与全真教宗派(或宗门)紧密相连,使得全真教作为一个全国性的宗教组织,依托体系化的宫观网络和宗派隶属关系,建立起了一套严密的自上而下、等级化的组织机制。全真道士们建立的跨区域宫观网络十分密集,每个网络都围绕一个核心的大宫观,如陕西终南山的重阳宫、山西芮城县的纯阳宫、河南洛阳的朝元宫,以及山东的东华宫等。这些大宫观往往是全真教史内具有特殊意义的地点,也是全真教主要宗派的发展据点。这些宗派通过与"七真"的师徒身份来确定自身的派系属性。比如重阳宫为王重阳最早修行的地方,后来多由马丹阳一系控制。这些大宫观内还会建立祭祀宗派祖师的祠堂,或有该祖师的墓地。门下弟子每年从全国各地来到祖师祠堂和墓地进行祭祀活动。全真各宗派道士们还会在总部宫观内立碑,列出该宗派下属宫观和门众的详细名录。例如《披云

1　其他新兴宗教运动包括太一教和真大道。关于这些运动的研究,见陈垣《南宋初河北新道教考》、陈智超《金元真大道教史补》。

2　Goossaert, "The Invention of an Order."

真人门下法派名氏之图》记载了宋德方门下遍布山东、陕西、河南、河北、山西、大都等 242 座全真宫观。[1] 所有这些区域性的大宫观向下不断扩展,吸收遍布城乡的基层全真道观庵堂;向上又整合在一个以燕京长春宫为总部、以掌教(有时也称"教主")为最高领袖的全国性教团组织中。蒙古统治者认可并任命长春宫的全真掌教为全真派的宗教领袖。[2]

　　全真道士的人数规模,也证明了全真教非同凡响的组织力量。元好问估计,约五分之一的华北人成为全真信众,这并非夸大。高万桑估算蒙古统治时期有 2 万多华北人成为登记在册的全真道士和女冠。[3] 但元代士人胡祗遹声称,至元二十三年(1286)时,华北地区的全真道士有 30 万人,人数的差异,很可能是因为存在大量没有度牒的全真弟子。[4] 蒙古统治时期道士人数高于中国古代其他任何朝代。[5]

　　全真教凭借极富吸引力的教义、强大的政治关系以及有效的集权领导,在金元之际的北方积聚起非凡的组织实力,并运用这种实力去践行一项史无前例的社会使命:重建受战争重创的地方社会。我们可以从 1234 年金蒙战争结束后山西的例子中,看到全真教在战后社会重建过程中的重要性。战后的山西百姓面临着这样的现状:旱蝗灾害肆虐、尸横遍野、家园毁灭、蒙古军队凶残暴虐以及蒙古贵族和世侯们横征暴敛。这些天灾人祸给那些无权无势之人带来了难以言喻的苦难。

1　Goossaert, "The Invention of an Order." 115 – 116.
2　关于全真掌教体制和蒙古统治下 14 任全真掌教的继承,见张广保《金元全真教史新研究》,第 112—172 页。
3　Goossaert, "The Invention of an Order," 112.
4　胡祗遹《集真观碑》,《道家金石略》,第 328—332 页。
5　关于中国历史上道士人数的统计,见白文固《历代僧道人数考论》,第 1—6 页。

正如本章将呈现的那样,在这一困难时期,新兴的全真教团将来自不同社会群体的人们组织在一起,去做一些之前没人认为可能的事。这些事包括招募前金士人编纂道藏,提供替代性的全真学校教育,鼓励全真女冠建立庵堂(甚至深入到村一级)以收容无家可归的妇女儿童,以及与地方百姓在共建宗教圣地的过程中一起重建城乡基层社会。这些功能将重建战后社区的社会事业与全真教团组织扩张的宗教事业结合在一起。全真教的道士女冠们,在当时既有强大的组织能力去有效地调动大量人力物力资源,又有创造性的策略来巩固自己作为蒙古统治下新兴社会精英的地位和权力。

接纳前金士人

中国历史上大部分时间里,作为统治阶级的士人群体一直是包括佛教和道教在内的宗教人士的外护或功德主。士大夫在怀才不遇或面临政治危机时,逃禅隐道乃至出家,历朝多有。然金元鼎革之际,士人群体丧失了统治阶级的社会地位,出家从个别现象上升为群体选择,士人与教团之间的庇护与被庇护关系发生了倒置,当时是全真道士为穷困潦倒且无家可归的前金士人提供避难所。晋南士人段成己记载,蒙古入侵金朝后,成千上万的士大夫和士人家族子弟成为蒙古士兵的奴隶,其中许多人选择加入全真教以重获自由,并豁免了赋税和劳役。[1] 更重要的是,全真教团为他们创造了诸如撰文写作、编纂道藏和在宫观玄学授课等独特的工作岗位,以此吸引了一大批士人入教。全真教团中的士人们在日常教育和生活中也试图化解儒

---

1 段成己《创修栖云观记》,《金元全真教石刻新编》,第 134 页。

学和全真教思想之间的张力。

早在 13 世纪的前十年,金朝的政治动荡和社会混乱曾促使一些士人加入全真教。例如,元好问在河南时的挚友孙伯英,在饱受政治迫害后于金宣宗贞祐五年(1217)选择成为全真道士。[1]士人入教的第二次高潮发生在 13 世纪 30 年代初,蒙古人发动了决定性战役,以征服陕西和河南这两块金朝最后统治的地区。与十几年前的"贞祐南渡"相反,这一次,许多身处河南的士人北渡黄河,逃难到已经属于大蒙古国的地区,并在这个过程中皈依了全真教。

作为坚定的儒家士大夫,元好问没有加入全真教,但他的社交圈内有许多全真弟子,比如成为全真道士、女冠的亲友,以及那些请他撰写宫观记文的人。[2]金哀宗正大七年(1230),元好问的次女元严在丈夫去世后就成了全真女冠。[3]蒙古乃马真后二年(1243),元好问在为道观撰写的记文中坦言:"予[1233]北渡后,从炼师游既久。"[4]事实上,元好问大部分关于全真教的文章都完成于 1234 年金朝灭亡之后。

蒙古太宗十年(1238)秋,在赵天锡与上司严实(1182—1240)(当时山东最有权势的世侯之一)的资助下,元好问偕同家人启程返回晋北老家,途经王屋山时见到了他的亲戚明道。明道成为全真道士后居住于此地,他将当地道士袁守素介绍给了元好问。袁守素遂拜托元好问为其住持的通仙观撰写记文。[5]尽管元好问从未明言,但

---

1 元好问《孙伯英墓铭》,《元好问全集》卷 31,第 642 页。
2 早在蒙古太宗六年(1234),当时元好问还处于蒙古人的羁押下,从河南云游到山东的全真道士房志起请他为道观撰写记文。见元好问《清真观记》,《元好问全集》卷 35,第 743—744 页。
3 李素平《女冠元严考》。
4 元好问《太古观记》,《元好问全集》卷 35,第 739 页。
5 元好问《通仙观记》,《元好问全集》卷 35,第 744—746 页。

他闲居乡村的时候,经常往来山西、河北和山东之间,为他人撰写墓志记文,这成为他重要的收入来源。而请他撰写这些墓志记文的,主要就是各地世侯家族以及全真教道士。[1]

元好问在老家秀容县乡居期间,与当地全真道士也有来往。乃马真后三年(1244),元好问因事前往崞县(秀容临县),顺便拜访当地的神清观,前金朝官员王纯甫弃官后在那里修道。4 天时间里,元好问与王纯甫及其友人攀登了 2 座山,在 3 座道观留宿,和朋友们一起开怀畅饮,元好问还从一位年过八旬的道士孙守真那里听说了当地关于全真教五祖之一刘海蟾的一些传奇故事。元好问怀疑这些故事的真实性,但他同时承认,由于蒙古征服期间大量书籍散佚,只有健在的人才了解山中道教社群的历史。[2]

元好问与山西同乡秦志安(1188—1244)代表了大蒙古国时期前金士人与全真教的两种不同的关系模式。元好问与众多全真道士多有往从,秦志安是其挚友。两人相识于金章宗泰和年间(1201—1208),当时元好问正向陵川郝天挺求学,并与当地颇有名望的士人家族秦氏有来往。秦志安原名秦彦容,是元好问的忘年交秦略的长子。贞祐之乱后,秦、元两家都逃难至河南,定居于嵩山附近。元好问与秦志安诗酒往来,一起备试科举。元好问最终中第,成为士大夫官僚;而秦志安则三试不举,产生厌世情绪,个人兴趣遂逐渐转向佛道,最终加入了全真教。作为全真教的局外人和局内人,元好问和秦志安

---

1 关于元好问在蒙古太宗六年(1234)以后起草的其他全真教碑刻铭文,见《元好问全集》卷 31《天庆王尊师墓表》,第 646—647 页;卷 31《圆明李先生墓表》,649—650 页;卷 31《通玄大师李君墓碑》,第 651—652 页;卷 35《忻州天庆观重建功德记》,第 736—738 页;卷 35《朝元观记》,第 741—742 页;卷 35《明阳观记》,第 746—747 页。

2 元好问《两山行记》,《元好问全集》卷 34,第 719—722 页。

以其个人经历和著述，清晰勾画了金元之际全真教中积极而重要的士人形象。

蒙古太宗五年（1233），秦志安为了躲避河南的战乱，返回泽州老家，在那里他遇到了全真高道宋德方（1183—1247），并成为其弟子。从此，45岁的秦志安开始了他作为"士人道士"（literati Daoist）的新生活，余生都致力于全真教事业。[1] 秦志安首先从宋德方那里修习了道教符箓和醮仪，之后在1234年至1237年期间，协助师父宋德方在太原附近的龙山开凿道教石窟（图2.1和2.2）。[2]

图2.1　龙山道教石窟，位于山西省城太原市西南约20公里。这是中国现存最大规模的道教石窟群。蒙古太宗六年（1234），宋德方到访此地，发现了2个石窟，他又开凿了5个石窟用以放置道教神像，其中一个石窟是为宋德方本人所建（见图2.2）。该石窟群的规模反映了全真教在13世纪的极大成就。照片由作者拍摄。

1　本书使用"士人道士"这个词指代加入全真教前曾是儒士的那批人。
2　Jing, "The Longshan Daoist Cave."

图 2.2　宋德方洞窟。宋德方的雕像位于中央祭坛之上,身旁还有两位侍者(并没有出现在这张照片中)的雕像——宋德方的两大弟子秦志安和李志全。石窟中有秦志安和李志全题于蒙古太宗十年(1238)和十一年(1239)的铭文。这些雕像的头部在1920年以后被盗走,切割的痕迹依旧可见,说明切割头部时十分小心(可能是为了保护雕塑头部在艺术品市场上的价值)。照片由作者拍摄。

　　蒙古太宗九年(1237),在结束龙山石窟的开凿后,宋德方和秦志安师徒受平阳府(今山西临汾)行省长官胡天禄邀请主持醮事。平阳府自北宋以来一直是华北地区印刷业的中心。[1]在平阳,宋德方决定刊刻一部新的道藏,后来被称作《玄都宝藏》。[2]因为秦志安才识渊博,宋德方将总领刊印道藏的重任托付于他,并将这一浩大工程的总部设在平阳玄都观(也称为长春观)。秦志安将余生倾注

1　张秀民《中国印刷史》,第174页,第200—201页。

2　道教学者已经详细讨论过《玄都宝藏》的编辑、刊刻以及参考书目的变化。见陈国符《道藏源流考》,第161—174页;Schipper and Verellen, *Taoist Canon*, 1131–1133.《玄都宝藏》残存的部分包括《云笈七签》和《太清风露经》两本道教文献的部分章节,这些残稿现藏于北京的国家图书馆。

于《玄都宝藏》的编纂和刊刻工作中，其间他也为全真高道们撰写传记。[1] 刊刻《玄都宝藏》也成为宋德方和秦志安在晋南拓展全真教团和招募前金士人的重要方式。《玄都宝藏》完成后不久，秦志安于乃马真后三年（1244）羽化登仙，弟子们请元好问为其撰写墓志铭。[2]

《通真子墓碣铭》描述了秦志安在《玄都宝藏》刊刻中所起的关键作用，以及秦志安和宋德方为支持《玄都宝藏》刊刻而建立的独特组织网络。元好问写道：

> ［秦志安］且求道藏书纵观之。披云为言："丧乱之后，图籍散落无几，独管州者（今山西静乐县）仅存。[3] 吾欲力绍绝业，镂木宣布，有可成之资，第未有任其责者耳。独善一身，曷若与天下共之？"通真子再拜曰："受教。"乃立局二十有七，役工五百有奇，通校书平阳玄都以总之。其于"三洞""四辅"万八千余篇，补完订正，出于其手者为多。[4]

75
76

秦志安的身份转变，代表着当时许多士人的经历，他们经历了从为应举学习经史，向学习道教仪式，编纂道藏，撰写全真教史及全真碑记的转变。1234 年之前，许多像秦志安这样的前金士人，最有可能

1　侯慧明《元刊〈玄都宝藏〉刻局与玄都观考》。
2　元好问《通真子墓碣铭》，《元好问全集》卷 31，第 647—648 页。
3　此处提到的道藏指的是金章宗明昌元年（1190）金朝政府刊刻的《大金玄都宝藏》。宋德方可能从师兄尹志平那里得到了这部书。尹志平的墓志铭中提到蒙古太宗六年（1234）窝阔台汗的皇后赐予尹志平一部道藏，有可能就是此处所说的管州本。见戈毂《玄门掌教清和妙道广化真人尹宗师碑铭并序》，《道家金石略》，第 568 页。
4　元好问《通真子墓碣铭》，《元好问全集》卷 31，第 647—648 页。

通过科举入仕或在儒家学校教书；1234 年以后科举被废，两条获取社会名望的传统路径或被堵死，或前途渺茫。对于许多贫穷的士人而言，加入全真教并致力于编纂《玄都宝藏》，成为一个不错的选择。

除了平阳总局外，宋德方和秦志安还在各地的全真宫观中先后设立了 27 个分局，其中 9 个分局在陕西，5 个分局在河南，余下 13 个分局全在山西（平阳地区设 4 局，晋东南的泽州和潞州各设 1 局，太原地区 7 局）。以山西为核心的道藏刊刻工程大大加快了全真教在山西的扩张。[1] 每个分局都任用教团内的士人负责搜集按道藏分类的文本，并以之为底本开展校勘和刊刻工作。比如，宋德方命弟子何志渊（前朝举子）监督太原的 7 个分局，负责编纂《均天》部分。[2]

秦志安和宋德方招募了许多前金士人来参与《玄都宝藏》的刊刻工作。特别是在蒙古太宗九年、十年（1237—1238）间，耶律楚材主持下的蒙古政府在华北为确定"儒户"举办了一场专门考试，史称"戊戌选试"（1238 年为戊戌年）。所有前金士人，包括那些在战争中被蒙古士兵俘虏后成为奴隶的人，都获准参加考试。中选者可以在衙门担任胥吏，并像僧道一样获得免差役的福利。[3] 戊戌选试的考场之一在平阳，这成为宋德方在山西地区招募士人入道的重

---

1 山西分局在宋德方宗派的直接领导之下，而其他分局则由宋德方宗派和其他河南、陕西的全真教宗派合作管理。见 Jinping Wang, "A Social History of the *Treasured Canon*," 12－16。

2 杜思问《重修水谷乐全观记》，《道家金石略》，第 652 页。

3 相比前代士人通过科举入仕为官的职业，获得儒户身份的士人在蒙古统治下往往靠务农、教书乡里或在衙门担任低级吏员来辛苦谋生。例如，陵川县士人李平应试中选后获得了儒户身份，因此得到免除差役的特权。此后，他通过务农以维持生计，同时教授儿子读书。李平的儿子后来在官学教书。见李庭实《李尚书追封陇西郡侯神道碑》，《陵川县志（1779）》卷 25.23b—27a。

要契机。根据牧野修二的研究，通过考试正式获得儒户身份的四千名士人中，至少有四分之一曾是战俘或奴隶。他们获得自由的条件是他们需要缴纳一笔赎金以换取人身自由，[1] 但并不是所有被俘的士人都有亲友为他们交赎金。相比之下，成为全真道士可以保证立即获得自由，这是成吉思汗颁发给丘处机的诏书中给予全真教的特权。因此，许多考中者（如何志渊）并没有选择儒户身份，而是成为了全真道士。[2]

即使在获得了儒户身份之后，一些前金士人出于个人安全考虑，依然加入了全真教。例如著名的"士人道士"李道谦（1219—1296），在参加戊戌选试后也获得了儒户身份。李道谦家境富裕，没有像许多前金士人那样遭遇经济困境。然而，宋元战争期间，华北社会依旧动荡不安，他最终选择出家成为道士。李道谦以学问知名，许多全真高道都争相收他为徒，他后来也参加了陕西分局的道藏校勘工作。[3] 李道谦的例子说明，在当时，全真教比富裕家境或儒户身份更能保护个人免受战乱的伤害。更重要的是，没有了官学和科举等政府体制为士人提供实现其知识价值的途径，取而代之的是全真教。

另一位加入《玄都宝藏》编纂工作的是宋德方的重要弟子李志全（1191—1261）。[4] 作为前金进士之子，李志全曾努力读书应举。在 13 世纪 20 年代蒙古征服金朝的动乱期间，李志全拜访了全真掌教丘处

---

1 Makino, "Transformation of the *Shi-jēn*."
2 一部分获得儒户资格的士人如元好问的好友麻革，选择就职于耶律楚材于 1236 年在平阳设立的经籍所，这个政府机构在官方资助下负责编辑和出版经政府审查的文献书籍。见麻革《游龙山记》，《归潜志》附录，第 151 页。
3 宋渤《玄明文靖天乐真人李公道行铭序》，《道家金石略》，第 714 页。
4 李蔚《大朝故讲师李君墓志铭》，《道家金石略》，第 581 页。

机,然后成为了全真道士。宋德方招募李志全加入刊刻《玄都宝藏》时,李志全正在晋北的山中修道。[1]

具体有多少士人参与了《玄都宝藏》的编纂与刊刻已不可知,但考虑到约八千卷道教文献的庞大编纂工作量,以及27局在地域上的分散性,人数应该不少。还有那些从事体力劳动的人,包括运输木材、造纸、雕版、印刷、装裱等工匠,他们的人数显然多于编纂文字者。元好问在秦志安墓志铭中说"役工五百有奇",这个数字可能是参与校雠工作的人数。另一则碑铭记载有3 000多人参与其中,可能包括所有参与刊印道藏工作的人员。[2]

宋德方与门下弟子通过多种渠道为刊印道藏筹集资金。在华北各地搜寻道教典籍和寻找功德主的云游途中,宋德方修缮并建造了数百座宫观,同时招收了数以千计的弟子。[3]一则关于宋德方的碑刻铭文,称赞他向参与《玄都宝藏》的刊刻者提供所需的衣食和其他日用品的行为。[4]宋德方通过多种途径获得这些物资:利用个人关系向蒙古贵族和地方世侯募集捐款,派遣门下弟子去乞求布施,以及从其主管的道教宫观中获取资源。[5]《玄都宝藏》刊刻工作开始时,宋德方从主持平阳行省事务的胡天禄那里获得了1 500两白银,并派遣门下非士人出身的道士筹集物资。如澄阳子,入道前曾业农、参军,入道后遇见宋德方,受宋德方派遣"化缘金莲局,雕造三洞

1　其他资料提到李志全受亲戚李志田的影响成为全真道士,李志田在成为全真道士前曾是农民。见《三老同宫碑》(作者未知),《道家金石略》,第560—561页。

2　李鼎《玄都至道披云真人宋天师祠堂碑铭并引》,《道家金石略》,第547页。

3　商挺《玄都至道崇文明化真人道行之碑》,《道家金石略》,第614页;李鼎《玄都至道披云真人宋天师祠堂碑铭并引》,《道家金石略》,第547页。

4　李鼎《玄都至道披云真人宋天师祠堂碑铭并引》,《道家金石略》,第547页。

5　《三老同宫碑》,《道家金石略》,第560—561页。

藏经"。[1] 宋德方宗派掌控着山西、陕西、河南、河北、山东和甘肃各地
200多座宫观,[2] 在这些地方道观中,宋德方的弟子们通过种田、经营
水磨和商铺,积累了巨额财富。[3] 其中济源十方龙祥万寿宫的道士们
资金雄厚,负责制造刊印藏经所需的"上品精洁复纸",这也说明一些
全真宫观有造纸作坊,活跃在印刷出版行业中。[4] 显然,作为一种新
的财富生产和再分配机制,全真教的社会和宫观关系网络为士人谋
生提供了新的手段。

得益于全真教团的支持,像秦志安、何志渊、李志全这样的士人
没有遭遇太多动乱和贫穷之苦。更重要的是,他们能够专注于读书
写作——这是士人向往的生活方式。但他们并非与世隔绝,他们在
全真教团内通过师徒关系和其他社会关系网络建立起新的社会支持
体系。比如,蒙古定宗三年(1248),秦志安的6名弟子和其他曾参与
道藏编纂的人聚集在秦志安的墓前,为他立碑(碑上刻着元好问为秦
志安撰写的墓志铭)。[5]

《玄都宝藏》的刊刻同样吸引了其他士人的注意,这些士人没有
加入全真教,但他们与道士们有来往,并为《玄都宝藏》或那些参与编
纂《玄都宝藏》的人撰文。如前所见,元好问为秦志安写过墓志铭。
元好问的挚友李冶(1192—1279)(金元时期的知名士人和数学家)

---

1 李鼎《玄都至道披云真人宋天师祠堂碑铭并引》,《道家金石略》,第547页;《三
   老同宫碑》,《道家金石略》,第560—561页。
2 据景安宁研究,全真第三代大师中,宋德方及其门人所建宫观数量最多。宋德方
   亲自参与修建的宫观有近四十座,属于宋德方系并有正式纪录的有二百二十
   区,加上无正式纪录的附属观庵,总数可能多达五百所。景安宁《道教全真派宫
   观、造像与祖师》,第62、117—124页。
3 阎复《玄都万寿宫碑》,《道家金石略》,第656页。
4 李志全《济源十方龙祥万寿宫记》,《道家金石略》,第507页。
5 元好问《通真子墓碣铭》,《道家金石略》,第487页。

为道藏作过序。[1]可以说，全真教在金元之际直接或间接地影响了几乎华北所有士人。

金蒙战争中，大多数儒家学校遭到毁坏，新出现的道教学校——玄学暂时取代前者，道藏刊刻为"士人道士"在玄学中提供了新的教职。这并非中国历史上第一次建立道教学校，唐玄宗（712—757年在位）最早建立了崇玄学，以宣扬和教授道教；宋徽宗（1101—1125年在位）在政和六年（1116）创建了道学，并在两年后将道学并入地方官学体系。[2]与这些由政府管理的早期道教学校不同，全真道士们对其学校有完全的控制权。

编纂完《玄都宝藏》后，宋德方组织了6个分局刊印了一百二十藏《玄都宝藏》，分置于各地重要的道教宫观中，并在这些宫观中设立了新的讲师之席。宋德方任命包括秦志安和何志渊在内的"士人道士"担任讲师，讲授道教知识和道经中所载圣贤事迹。宋德方的俗家弟子李鼎记录了宋德方的这些安排："故每藏立一知道之士主师席，令讲演经中所载圣贤之所以为圣贤之事……于中或有推而广之，廓圣人有教无类之妙用，[3]无问在玄门不在玄门。"[4]这些讲道也吸引了俗众，因为许多讲师本来就是擅长教书的学者，俗众因此得以在全真玄学接受教育。在为秦志安撰写的墓志铭中，元好问特别强调秦志安作为讲师极为受人欢迎："通真子记诵该洽，篇什敏捷，乐于提诲，不立崖岸，居玄都垂十稔，虽日课校雠，其参玄学，受章句，自远方来者，源源不绝。他主

---

1 李鼎《玄都至道披云真人宋天师祠堂碑铭并引》，《道家金石略》，第547页。
2 Chao, "Daoist Examinations and Daoist Schools."
3 "有教无类"这个词出自《论语·卫灵公》。
4 李鼎《玄都至道披云真人宋天师祠堂碑铭并引》，《道家金石略》，第547页。

师席者,皆窃有望洋之叹焉。"显然如秦志安那样学识渊博的全真讲师,吸引了各地学生专程赶到平阳跟随他学习道教和儒家典籍。[1]

同时期的士人认为宋德方创造的讲师席位,继丘处机后全真第三任掌教李志常(1193—1256)设立的全真玄学体系而制度化,成为入道士人获取社会名望的路径之一,这对乱世中的士人而言不啻天降福音。宋德方的一位高徒李志全的经历非常具有代表性。[2]李志全耗时十年编纂《玄都宝藏》,之后在山西沁州的玄都万寿宫任"三洞讲师",后获得掌教李志常青睐,赴燕京提举大长春宫玄学,并在全真教领袖们那里赢得了饱学之士的美誉。李志全的墓志铭作者李蔚(官学官员)描述了李志全是如何从全真教中获益,从而在同代人中树立起自己的声望的:

> 教主真常宗师奉恩例,赐公纯成大师、提举燕京玄学……士尝论之,以君才学,取一第不为难矣。世方扰攘,河朔尤甚,自保不暇,度日如年。壮志衰谢,甘埋于尘土,谁为知者,泯灭无疑也。一登玄关,蒙师推奖,遂为高士。精微玄妙□□□□盖期与云□为友,鸠蒙正游,识者皆知其远大也。回视埋没于草莱,湮灭无闻者为如何哉?[3]

显然,李志全受到宋德方、李志常等多位名重一时的全真高道提携,

1　元好问《通真子墓碣铭》,《元好问全集》卷31,第648页。
2　见于现存史料中的其他例子,包括宋德方的另一个弟子赵希颜和一位名叫贺志庆的道士。见陈德福《清虚宫碑铭》,《道家金石略》,第790—791页;《栖元真人门众碑》,《金元全真教石刻新编》,第173页。
3　李蔚《大朝故讲师李君墓志铭》,《道家金石略》,第581页。

以讲授道藏闻名当世,"讲师"遂成为他作为全真道士最核心的身份,他的同事也以"鼎臣大讲师"敬称之。李蔚因此感叹,不幸生于乱世的河朔士人,与其埋没于尘土,不如像李志全那样,在玄门中另辟蹊径,扬名当世。全真教确实为金元之际的士人提供了另一条获取名声的道路。走这条道路的士人不像北宋和金朝时的举子那样凭借文学造诣或考取功名,而是通过他们在道教事业中的成就,例如刊刻《玄都宝藏》和讲授道经等获得名望。

类似秦志安、李志全的"士人道士",不仅在山西,在大蒙古国时期的整个华北地区的全真教团特别是在全真教育体系中,其影响力都非常大。任用"士人道士"的全真玄学遍布华北各地。许多参与过道藏刊刻并在玄学中讲授过《玄都宝藏》的"士人道士",后来成为了重要宫观的住持。[1] 全真道士们甚至将他们的教育事业拓展到全真宫观之外。蒙古统治者们任命李志常和教团内的另一领袖冯志亨掌管蒙古国子学,负责培养来自蒙古和汉人政治精英家族的年轻人。冯志亨在国子学担任主讲师,向蒙古学生讲授儒道经典。[2]

"士人道士"在全真教团内占据了许多重要职位,时人甚至有教内儒者出身之人相互提携的传闻。例如,李志常出身儒者,其挚友冯志亨也是举子出身。先是冯志亨力推李志常在尹志平之后继任掌教,后来李志常提拔冯志亨为"教门都道录、权教门事",职权

1　李道谦和同门石志坚是典型的例子,他们都曾在终南山祖庭的玄学讲道。李道谦后来成为代理重阳宫提点以及陕西五路西蜀四川道教提点兼领重阳宫事,石志坚成为了隶属祖庭的宗圣宫提点。见宋渤《玄明文靖天乐真人李公道行铭并序》,《道家金石略》,第714页;李道谦《终南山宗圣宫主石公道行纪》,《道家金石略》,第637页。

2　关于全真道士在蒙古国子学中的作用,见王锦萍《儒家子、道者师:金元之际全真教团中的入道士人》,第70—73页。

之重仅次于掌教，以至于当时"往往有窃议，谓同出身于儒之故"。[1]
此议论并非空穴来风，冯志亨和李志常的确在全真教育中赞成儒、道
融合。

早期全真教宗师们忽视书本知识，"士人道士"日益增长的影响
力与全真教育日趋显现的重要性相辅相成，两者共同促进了全真教
转向重视读书讲经的学道方式。通过编写系统的全真教史和撰写全
真教书籍、碑记，这些"士人道士"的著述使全真教在很大程度上掌握
了书写本派历史的话语权。例如，秦志安不仅撰写了第一部全真教
史《金莲正宗记》（这部书对全真教团的自我宗派认识和道观空间设
置有重要影响），而且在编纂道藏的过程中将这部书编入《玄都宝
藏》。继秦志安之后，李道谦编撰了《终南山祖庭仙真内传》《七真人
年谱》等以终南山重阳宫为核心的全真教史，为陕西的全真教团强调
祖庭的特殊地位提供了重要的文本依据。全真道士们通过积极宣传
这些教史、碑记，塑造了独特的全真教身份，使得全真教在整个华北
地区发扬光大。[2]

同时期的士人感受到旧的教育传统和新的宗教教义之间的张
力，但是他们无法改变后者。元好问见证了蒙学在晋北的衰落。乃
马真后三年（1244），在为全真教明阳观撰写的记文中，元好问提及，
全真教深入晋北的台州，那里大多数人原本都是佛教徒，而现在甚至
连儿童都开始学习全真教，却少有人教授儿童儒学经典。[3]

1　赵著《佐玄寂照大师冯公道行碑铭》，《道家金石略》，第 521—522 页。
2　Katz, "Writing History, Creating Identity"; Jinping Wang, "A Social History of the
　　Treasured Canon," 8－10 and 26－29；王锦萍《儒家子、道者师：金元之际全真教团
　　中的入道士人》，第 74—82 页。
3　元好问《明阳观记》，《元好问全集》卷 35，第 746—747 页。

全真教与儒家思想之间的张力同样出现在日常生活中。与佛教戒律一样,全真教的宫观戒律要求道士禁欲独身,这个要求不可避免地导致道士和俗世家人之间的冲突,特别是当支撑家庭生活的一家之主出家后,他的妻儿不仅失去了丈夫和父亲,而且很可能面临生存危机。蒙古太宗十年(1238),元好问的学生郝经写信指责舅舅许德怀了成为全真道士而抛弃妻儿,从儒家伦理规范的角度长篇累牍地论述佛道破坏纲常人伦的异端之害。读了郝经的来信后,许德怀最终放弃入道,回归家庭。[1]然而,并非所有的家庭都有这样"皆大欢喜"的结局。

许多坚持修道的"士人道士"则担心他们无法按照儒家思想的要求,履行传宗接代的孝道义务:谁来继承香火?谁能照看祖茔?来自晋东南潞州的李子荣即面临着这样的困境。李子荣出身宦族,在金朝时为举子,后虽投降蒙古,因不堪兵乱而入全真教,在潞州漳沁地区传道三十余年,年老时回到家乡过着简单的生活。[2]李子荣的家族成员都死于战火,他是唯一的幸存者。李子荣担心的是,他活着时还可以洒扫祖先坟墓,但他由于入道没有子嗣,死后该怎么办?李子荣最后想出的办法是将祖居改造为道观,命弟子住持,将家产捐给道众,为该道观的道士们提供衣食收入。李子荣还申请了"玉虚观"的庙额使之合法化,以此换来的是守观道众岁时祭祀李氏祖先、洒扫祖坟的承诺。做了这些安排后,李子荣依旧有些不放心。为了落实此项"交易",他写信给好友士人宋子贞,请他撰写碑记。李子荣寄希望于能够永久保存的碑刻,使后代道众知悉玉虚观的起源,并遵守祭祀

---

1 郝经《请舅氏许道士出圜堵书》,《全元文》第 4 册,第 149—152 页。
2 宋子贞《玉虚观记》,《全元文》第 1 册,第 179—180 页。

李氏祖先的承诺。[1]

　　李子荣创造性的解决方案，反映了当时社会新秩序的特点。李子荣委托宗教团体照看祖茔的策略，常见于当时的全真道士和佛门子弟中。[2]通过与更早的北宋功德院和坟寺相比较，我们就能理解这种做法的特殊性。北宋许多高级官僚家族往往迁居开封和都城周边地区，远离家乡，故功德院、坟寺起初是为了照顾这些官僚家乡的祖坟而设置的。由于北宋朝廷只允许一定品级以上的官员建立坟寺，宋代坟寺又有社会地位象征的功能。此外，北宋士大夫家族资助功德院等佛寺的做法，不仅是为了祭祀祖先，也有逃税的目的，因为附属于功德院的土地是免税的。虽邀请僧侣入住并照看功德院，但是北宋士大夫家族对功德院及其名下的地产仍拥有控制权。[3]而李子荣建立道观来维护祖坟和延续祖先祭祀的做法，是因为其没有后裔。李子荣建立的玉虚观及其他家产虽由其直属弟子住持管理，其性质已变成道众共有的公产。因此在全真教的例子中，观产、地产的控制权掌握在道士们手中，他们因为敬仰师父而连带祭祀师父去世的家人。当时有许多亲属群体分崩离析甚至消亡，全真教为解决与祖宗祭祀相关的社会焦虑提供了一种有效的宫观策略。

　　所有加入全真教的北方汉人都面临着他们昔日家庭角色和义务带来的挑战，深深植根于内心的儒家价值观并没有在他们决心加入全真教那一刻烟消云散。女性的情况也是如此。女性是在全真教中

1　宋子贞《玉虚观记》，《全元文》第 1 册，第 179 页。
2　关于佛教的例子，见王利用《宽公庵主托祭祖先功德记》，《三晋石刻大全·临汾市洪洞县卷上》，第 54—55 页。
3　竺沙雅章《中國佛教社會史研究》，第 111—143 页。

留下浓重一笔的另一个重要社会群体,她们同样将俗世生活中的关注带到全真宫观中。

推动女性的社会活动

在儒学支配下的金代社会,女性大部分时间都待在家中履行其作为女儿、妻子、儿媳和母亲的家庭义务。然而在蒙古统治时期,与全真教有关系的女性在家庭以外的社会中扮演着重要的角色。她们能够在公共领域——包括宗教机构、地方社会甚至政府的建造项目中——担任领导者。出身名门的女真女子加入全真教,帮助教团得到地方政府的支持;普通家庭出身的女冠修建庵堂,收容战乱中的寡妇和孤女;有的汉人官宦人家女性(官员的母亲或妻子)成为了全真女冠,享受另一种生活;还有的则在蒙古皇室女性监督下直接负责全真教的大型公共工程。考虑到13世纪全真教团中三分之一的道士为女性,且全真教的教义和实践使男女道众之间的自由交流合理化,可以说全真教在参与、推动战后社区重建的过程中,不仅鼓励女性在社会公共生活中担任积极的领导角色,而且相当重要地重塑了北方社会价值观中有关性别关系和理想女性形象的部分。

在众多加入全真教的华北女性中,少数出身名门的女真女子显得十分突出,不仅因为她们有着鲜明的民族背景,还因为她们在全真教团和全真教女性网络发展中扮演着重要角色。在金朝,出身高贵的女真女子有丈夫去世后出家的传统。她们这样做部分原因是为了逃避女真传统对寡妇的束缚,例如为丈夫殉葬或改嫁给亡夫的兄弟。[1] 全真教宗师们欢迎这些特殊的弟子,她们帮助早期的全真教团吸引金朝皇室的支持,并在金章宗明昌元年(1190)的政府迫害中幸存下来。[2] 金元之际,许多出身显赫的女真女子——不仅有寡妇,还有未婚女子——在整个华北地区云游,宣传全真教义,并与权贵建立社交网络,从而在新的地区发展全真教团。

奥敦妙善(1198—1275)和斡勒守坚(1181—1251)两位女真女冠是绝佳的例子。她们的宗教和社会活动从蒙古贵族以及投靠蒙古人的非汉人官员那里获得了极大的支持。奥敦妙善和斡勒守坚是这两名女子的教名,俗名不详。正如高万桑所指,从13世纪初到元末,全真教徒超过95%的名字符合一个简单的规则:道士名字的第一个字为"志""道"或"德"。类似的,女冠名字的第一个字会从"妙""守"或"慧"中挑选,[3] 名字中的第二个字可以自由选择。

奥敦妙善的经历说明,像男道士一样,一些全真女冠通过禁欲表现来吸引众多追随者。全真教义并未对男女修行提出不同的要求,男道女冠可以自由交流。奥敦妙善的祖父是金初镇国上将军、知密州。父亲曾任怀远大将军、宁海都巡使,在金章宗泰和四年(1204)携妻儿举家入道。奥敦妙善遂随其母居大都清真观,年幼时拜长春真人丘处机为引度师,学习丘处机教授的"修真炼性之诀",并在密州黄县的一间环堵[4]

1　L. Johnson, *Women of the Conquest Dynasties*, 154.这些女性大多数进入佛门,在佛寺中度过余生。一小部分在金末开始对全真教感兴趣,相关例子,见马钰《满庭芳》,《道家金石略》,第435页。

2　张桥贵《道教传播与少数民族对汉文化的认同》,第104—105页。

3　Goossaert, "The Invention of an Order," 130.

4　环堵指修道的场所,字面意思为用环墙围起来的一座小屋,只开小窗用来传递饮食,在环堵中静坐苦修,称为坐环,是全真教内丹修炼的一种主要方式。但早期全真教坐环的修行场所并没有严格的规制,王重阳修炼过的"活死人墓"和全真七子修道所居的山洞,都可以理解为广义的环堵。

中苦修十余年。[1] 出环堵后，她穿纸衣，一日仅食一餐（只吃水果），而且据说几年不休不眠。[2] 除了这些全真乾道也会遵循的常规修行外，奥敦妙善还剃发毁容。此类行为通常是女冠采取的摆脱女性外貌特征的极端做法，也是她们追求了悟真我的重要目标。[3] 时任中山元帅的一位同样姓奥敦的军官听说了奥敦妙善的苦修，深受感动，因而邀请她回到清真观——她童年时居住的地方。像奥敦妙善一样，金元之际许多全真女冠跟随高道苦修。[4] 而有一些女性，如晋南一位马姓女子，由于修炼得道，反过来成为全真男道士们的师父。[5]

奥敦妙善之后获得了蒙古统治者，尤其是蒙古宫廷贵族女性的青睐，她的全真教事业进入了全盛时期。蒙古宪宗五年（1255），女冠薛守元、蒋守崇邀请奥敦妙善担任亳州洞霄宫住持。在住持洞霄宫期间，奥敦妙善名声日盛，蒙哥汗（1251—1259 年在位）命令蒙古官员帖哥火鲁赤为奥敦妙善的"护持功德主"，并赐予奥敦妙善"玄真通明真人"之号。奥敦妙善随后带领徒众大规模扩建洞霄宫，建"大殿七楹，以祀圣母，后为殿五楹，以祀全真祖师"。洞霄宫奉祀的主神"圣母"为老子的母亲。女性神灵对蒙古宫廷女性有着格外的吸引力。

元世祖忽必烈统治初期，后宫诸妃纷纷以各种方式支持洞霄宫的"圣母"信仰，在这个过程中她们与奥敦妙善有了密切的联系。至

---

1 大定二十八年(1188)，金世宗曾召见丘处机，并安排他住在京城一座知名宫观中，奥敦妙善或许是在这段时间见了丘处机并拜其为师。
2 全真教的苦行中包括禁睡眠，见吉川忠夫《脅は席に至らず一全真教と禅をめぐって》；Eskildsen, *The Teachings and Practices*, 39–56.
3 关于全真教中女性独有的修行方式，见 Eskildsen, *The Teachings and Practices*, 83–84.
4 包志宽《创建神清庵记》，《道家金石略》，第 618 页。
5 王凤《修会仙庵碑》，《金元全真教石刻新编》，第 39 页。

元四年至至元七年（1267—1270）期间，奥敦妙善"累奉皇后及贤妃懿旨，赐圣母金冠，云罗法服，兼香信等物"。至元八年（1271），忽必烈汗"赐诏护持宫中事，及中书省禁约榜文"。也就是说，忽必烈直接用皇帝诏书和朝廷最高行政机构——中书省签发的文书为奥敦妙善的洞霄宫保驾护航，而这和奥敦妙善与后宫诸妃的密切关系显然是分不开的。据奥敦妙善的道行碑记载："师与其徒任惠德辈，以淳诚得誉贵近，获入觐禁闱，中宫及诸贤妃皆尝赐召，赐予极优渥。"[1] 通过"圣母"信仰，奥敦妙善成功建立起一个广泛的全真女冠网络，将洞霄宫中的女冠们与势力强大的蒙古皇室女性直接连接在一起。而蒙古皇室的支持，又使洞霄宫的女冠群体获得了足够的财力物力，得以进一步发展壮大她们自己的实力。

斡勒守坚的例子则说明，女冠——尤其是那些出身显赫家族的女性——能够利用她们与权贵的母亲和妻子的关系来帮助全真教获得地方上实际统治者，即世侯家族的支持。斡勒守坚的父亲曾在金朝任节度使。斡勒守坚7岁入道，15岁时在金章宗承安元年（1196）试经中选，正式获得道箓。斡勒守坚早年的信仰情况不详。蒙古太祖十八年（1223），成吉思汗任命当时的全真掌教丘处机掌管天下所有道士。丘处机回到燕京后，斡勒守坚有机会从丘处机"参受道法"，并最终成为他的弟子。蒙古太祖十九年（1224），丘处机在燕京（当时属河北）长春宫建立全真教的权力中心，河北地区的全真道士们借机大举扩张，[2] 后来丘处机让斡勒守坚负责管理燕北地区的全真教。对于丘处机而言，选择一位新收的女弟子而不是富有才干的男弟子

1　任志润《女炼师玄贞通明真人奥敦君道行记》，《道家金石略》，第686—687页。
2　长春宫毁于元末战争中，后重建为白云观，是今天中国道教协会会址。

来执行如此重要的传道任务，这非比寻常，而斡勒守坚的成功证明了丘处机的决定是正确的。

契丹世侯耶律氏当时控制着河北地区。斡勒守坚到达宣德（今河北省宣化县）后，得到了耶律氏和他的母亲的热情欢迎。据《龙阳观玉真清妙真人本行记》记载："太傅相公洎太夫人一见待之甚厚，创庆云观住持，以舍人宝童相公、百家奴相公寄贺于门下，度女官张净淳等十数人。"[1] 也就是说，耶律家不仅建造了道观供斡勒守坚居住，还派遣了家中两名年轻弟子跟随她学习。在宣德期间，斡勒守坚度化了十几个当地女子成为全真女冠。蒙古太宗十年（1238）秋，耶律氏受命征讨陕西，他带斡勒守坚一同去了西安。在西安城内，他将一座古真武庙修饰一新，改为龙阳观，供斡勒守坚居住。

斡勒守坚与耶律家族的亲密关系，使耶律氏成为全真教在陕西的重要支持者，由此斡勒守坚引起了教内诸多大宗师的注意。定居龙阳观后，斡勒守坚一方面继续教授耶律家族的后代子弟，另一方面也通过耶律家族，开拓与陕西其他官宦家族女眷的关系网络，以争取更多权贵的支持。她的努力得到了尹志平的肯定。蒙古太祖二十二年（1227）丘处机羽化后，尹志平继任全真掌教一职。蒙古太宗十三年（1241）春，尹志平委托斡勒守坚提点所有陕西女冠，不仅赐予她"玉真清妙真人"之号，还任命她为延生观住持，该观原是8世纪末知名女冠玉真公主所建。除了尹志平，在当时全真教团内，宋德方、于

---

1 李晋《龙阳观玉真清妙真人本行记》，《道家金石略》，第542页。记文将这位世侯的姓氏写为移剌，这是汉文对契丹词耶律的另一种转写，但并没有具体写他的全名。根据记文中提到的头衔"太傅，总领也可那延，濮国公"以及他参与蒙古人四川征伐的活动来看，此人最有可能是耶律朱哥，他从父亲耶律不花那里继承了这些头衔。关于耶律不花及其后人的传记，见《元史》卷149，第3532页。

洞真等数位大宗师都公开赞誉她的成就。[1]

　　来自晋东南泽州的全真女冠张守微的经历，则说明了家族出身普通的女性同样在战后地方社会重建中作出了贡献。张守微生于泽州晋城县的乡村中，尚未及笄便嫁与了当地人。金宣宗贞祐二年（1214）春，蒙古军队入侵泽州，张守微和家人逃到了晋北。张守微有一子四女，丈夫死后，她加入了全真教（可能与 5 个孩子住在一起）。蒙古太祖十九年（1224），张守微拜太原榆次县专井村玉真庵住持洞妙散人杨守玄为师（杨守玄为丘处机弟子宁神子的再传弟子）。战事平息后，张守微回到了晋城。

　　蒙古太宗十三年（1241），张守微和战后幸存的弟弟张德忠重返故里晋城，他们决定重建遭损毁的修真观。在当地道士的帮助下，张守微营建了这座道观的殿堂、道院、客舍、环堵、蔬圃和水井等建筑。她首先修建了一座圣堂作为修敬之地，在道观周围建起一道围墙。在泽州长官段直（字正卿）和妻子卫氏的支持下，张守微在五个月内完成了圣堂的建造工程。圣堂完工后，张守微的弟弟和弟媳也成为了全真教的信徒。乃马真后元年（1242），段直吩咐当地士人李俊民（时任泽州教授）为张守微的圣堂撰写《重建修真观圣堂记》。[2]此文为我们提供了张守微的相关信息，她的经历反映了信仰全真教的女性如何主动与道士、信众、地方士人和官员来往。

　　张守微的经历同样回答了战乱中的女性凭借自己的力量可以做什么的问题。儒家学说除了教导女性自杀守贞和忠于男性家族

1　李晋《龙阳观玉真清妙真人本行记》，《道家金石略》，第 542 页。
2　李俊民《重建修真观圣堂记》，《全元文》第 1 册，第 44—45 页。

成员以外,并没有为动荡时期的华北女性提供任何具有实际意义的指导。[1] 作为寡妇,张守微需要竭尽全力支撑其受难家族,成为全真女冠后张守微接触到了教团附带的庞大的社会关系网络,这带给她更多资源,而这些资源远远超过家人能提供给她的。如果张守微没有加入全真教,她和她的孩子可能会饿死,也有可能死于兵荒马乱,或者在从太原返回到300公里外的泽州途中被抓为战俘。[2] 13世纪30年代,山西的散兵游勇经常袭击平民百姓,不仅夺财,而且害命。[3] 即使在这种袭击中一家人侥幸存活了下来,张守微也只能依靠弟弟张德忠(她唯一健在的成年男性亲属)来帮助她抚养孩子。作为普通的乡野村妇,张守微不可能有机会与泽州最有权势的长官段直夫妇来往。全真女冠的身份不仅帮助张守微免于蒙古人的暴力伤害,同时也使她与当地权势之家有了接触机会。在段直夫妇的资助下,张守微得以重建修真观,这座道观也成为张守微及其子女的新家。

我们并不知道张守微是否在修真观收养当地孤儿,不过与晋东南相邻的彰德县(今河南省安阳市)城内集真观的例子说明,全真教庵堂经常会收养孤儿,尤其是孤女。集真观为女冠杨守和所创。杨守和41岁时丈夫去世,誓不再嫁的她和女儿一起入道,一起拜天庆宫重玄真人为师,后又得一弟子守真。杨守和依靠自己的修行和诚信为彰德百姓所信服,得到当地信众的捐资后,她购地建庵,成为集

---

1 元好问曾称颂一位寡妇,为她撰写墓志铭。金哀宗天兴二年(1233)她的父亲被叛乱的金兵杀害后,这位女子在开封自杀。见元好问《最孝女墓铭》,《元好问全集》卷25,第545页。

2 许多女性,包括金代皇族成员在金蒙战役中沦为战俘,她们被带到北方草原或者卖到其他地区。见陈高华《元代女性的交游和迁徙》,第83页。

3 王博文《栖真子李尊师墓碑》,《道家金石略》,第582—583页。

真观的第一任住持(集真观的庙额是 1253 年全真掌教李志常所赐,杨守和同时也被授予道号"纯素散人")。杨守和的集真观成为当地孤女的避难所。除了守真,她的另一主要弟子庞守正 7 岁服道衣,入集真观时还是年幼孤女。[1]

杨守和与弟子们之间虽为师徒,实同母女一般。杨守和以 72 岁高龄羽化,在她生前,她始终保持了自己在集真观中的权威。去世前,杨守和任命守真和庞守正依次继任住持,弟子们都服从了这个安排。杨守和去世后,她的本家和夫家都已无后。庞守正感怀她的养育之恩,决定照看杨守和本家与夫家的墓地。庞守正这一做法就像全真道士李子荣期待弟子们所做的那样:照看师父俗世家族的祖茔。对于女性而言,照顾本家,或在出家后仍然继续照顾年迈的双亲,在中国历史上并非新鲜事。[2]然而,全真教的弟子们继承师父的家族义务,这不得不说是一种创新。更不寻常的是,全真教中的许多女性都在做这样的事情。

全真女冠的成就还促使男性作者记录下女性的功绩。元世祖至元二十三年(1286),知名士大夫胡祗遹(1227—1293)撰写《集真观碑》,在他笔下,杨守和、守真和庞守正都非常成功:"若守和者,可谓以身起宗,能为刚健壮夫之所不能为。守真、守正能世其业,不辱守

1　胡祗遹《集真观碑》,《道家金石略》,第 671—672 页。戴思博(Catherine Despeux)和孔丽维(Livia Kohn)认为守真是杨守和的女儿,但是依据我对碑文记载的理解,杨守和的女儿和大弟子应是两位不同的女性。碑文称:"守和年四十有一,夫李义死,誓不再醮,携一女,受道服。后得弟子曰守真,同师天庆宫重玄真人为黄冠。"从这段内容来看,如果杨守和的女儿与守真同为一人,似乎不应用"后得弟子"这样的表述方式。碑文中在此段之后再也没有提及杨守和的女儿,所以我们无法得知她女儿"受道服"之后的经历。关于河南全真教女性的讨论,见 Despeux and Kohn, *Women in Daoism*, 152–54。

2　Bossler, "A Daughter Is a Daughter All Her Life."

和传守得人之明。"[1] 在胡祇遹眼里，杨守和白手起家建造集真观，同时开创宗派非同寻常；而守真和庞守正能将她的事业延续不辍，同样卓越不凡。杨守和及其弟子们收留无家可归的孤儿，照顾绝嗣的祖茔，她们的道观对生者和死者而言都是一个有价值的社会机构，这大概是全真女冠给时人留下最深刻印象之处。

对于家境较好的汉族女性而言，全真教使她们有了家庭生活以外的另一种宗教生活选择。在蒙古统治下，全真教的盛行甚至塑造了华北社会官宦家族女性的新形象。胡祇遹在为岳母左守宽撰写的墓志铭中，将她描述为言行举止符合儒、道规范的理想女性。在成为全真女冠之前，左守宽的身份由她与男性家族成员的关系所定义：孝女、贤妻、慈母和贞妇。在加入全真教后，左守宽是修道和禁欲的全真女冠。

在加入全真教之前，左守宽致力于教育独子并支持其入仕，这与北宋以来中国社会主流的理想寡妇形象相吻合，但在蒙古统治时期，这一形象发生了重要变化。根据胡祇遹所述，左守宽的丈夫原是农民，之后因为在金蒙战争中立有军功而升为彰德县令。丈夫去世时，左守宽 39 岁，她的子女年纪尚幼。左守宽誓不改嫁，誓将儿子培养成功。左守宽不仅与婢女们一起纺织，还指导僮仆们耕田力作。同时，她教儿子读书、骑射。因为左守宽的辛勤付出，短短数年，儿子继承了丈夫的官爵，女儿嫁给了胡祇遹。[2] 尽管饱尝艰辛，但左守宽在金元之际的社会动荡中有效地经营着自己的家庭。

---

1 胡祇遹《集真观碑》，《道家金石略》，第 671—672 页。
2 胡祇遹《守真玄静散人女冠左炼师墓碑》，《道家金石略》，第 1123 页。

左守宽早年的俗世生活,显然和宋朝士人笔下的孀居生活有相似之处。[1] 主要的不同在于,宋朝的寡妇会支持儿子应举,而左守宽则鼓励儿子学习骑射,以获得蒙古统治下的仕途,这也反映出蒙古统治下崇武废文、偏重世袭的制度设计对汉人官宦家族发展策略的影响。《守真玄静散人女冠左炼师墓碑》前半部分的描述,展现了贞妇和贤母的形象,这定义了加入全真教团之前的左守宽。

左守宽决定加入全真教团后,其言行举止发生了巨大变化。胡祗遹谈道,在子女都已成年、家境越来越好之后,左守宽邀请亲邻来到家中,说了下面一番话:"人生为男子,功成名遂身退,天之道也,况予一妇人乎?自兹以往,儿女辈勿复以家事相关白。"[2] 观察左守宽的这段出家宣言,以及其出家后的种种举动,跃然纸上的是一个与此前完全不同的女性形象,这位女性不仅对自己之前持家的成就有相当的自信,而且对自己的精神追求有完全的自主权。左守宽很快在家中后院建造了一间环堵,她身着道服黄冠,跟随天庆宫李真人修道(即《集真观碑》中提到的天庆宫重玄真人,也就是说左守宽和集真观的杨守和在全真教中为同门)。数年以后,左守宽甚至从家中搬走,在别村另建道观独自修行,在那里过着清净的全真修道生活直到去世。

除了女冠之外,女性功德主同样在全真教团在华北的发展中扮演重要角色。蒙古人的统治为那些来自世侯家族的女性提供了在公共事务中发挥影响力的全新空间。一些女性甚至负责督导全真教的

1　刘静贞《女无外事?——墓志铭中所见北宋士大夫社会秩序理念》;Bossler, *Powerful Relations*, 17 - 20.

2　胡祗遹《守真玄静散人女冠左炼师墓碑》,《道家金石略》,第 1123 页。

道藏刊刻。沁州（邻近泽州）长官杜丰的妻子就是一个典型的例子。蒙古太宗十二年（1240）四月初十，窝阔台汗（1229—1241 年在位）的皇妃脱列哥那向晋南的官员颁布懿旨，任命杜丰负责道藏刊刻事务。该懿旨阐明了杜丰妻子可能扮演的角色：

道与平阳府路达鲁花赤管民官：[1] 据沁州管民官杜丰雕造道藏经并修盖等事，可充提领大使勾当者。

你不得功夫时节，你的娘子充提领勾当者。[2]

脱列哥那有充分的理由让杜氏夫妇监督道藏刊刻。杜氏夫妇不仅与其他山西地方长官关系密切，而且以全真掌教尹志平（得到了脱列哥那的支持）最积极的功德主而知名。[3] 贾晋珠（Lucille Chia）指出，允许杜丰的妻子负责道藏刊刻，使得道藏刊刻的任务变得不那么官方。[4] 但脱列哥那可能只是遵循了公认的蒙古惯例：实际上，蒙古贵族女性扶持丈夫从政很普遍。在窝阔台汗统治末年，脱列哥那本人就牢牢掌握对蒙古朝廷的控制权。[5] 然而对于汉人而言，授予女性官职是全新的创举，即使她的职责主要限于宗教领域。我们不知道

1 达鲁花赤通常是从大汗的伴当（nököd，直接由大汗领导的禁卫军）中挑选出来的特殊官员，他们负责监督户口普查、征税和征兵。
2 《天坛十方大紫微宫懿旨及结瓦殿记》，《道家金石略》，第 480 页。该懿旨包含了汉文和蒙文。汉文很突然地从第三人称转为第二人称。蒙语仅有三行。关于这则汉蒙铭文的翻译和讨论，见 Cleaves, "The Sino-Mongolian Inscription of 1240"; De Rachewiltz, "Some Remarks on Töregene's Edict."
3 Jinping Wang, "A Social History of the *Treasured Canon*," 19–21.
4 Chia, "The Uses of Print," 176.
5 关于蒙古社会拥有相对较高职位的女性及其在政治事务中发挥的作用，见 Rossabi, "Khubilai Khan and the Women."

杜丰的妻子王氏是否真的接管了丈夫监管道藏刊刻的职务,但我们知道另一位女性杨妙真(京兆总管田德灿的妻子)确实接受了蒙古朝廷的任命,负责监督陕西重阳万寿宫的修建。[1]

如前所述,苦行修真、积极传道的全真女冠,既有来自普通家族,也有来自权贵精英家族。她们以及有权势的女性功德主都可以自由地与全真道士和男性功德主往来。与儒家不同,当时的全真教义没有涉及性别区隔的问题。全真教团中的女性享有前所未有、可以与异性一起交流和工作的自由,这在儒学士人家族中是不可能的。赵昕毅强调,全真女冠具有成为道观创始人和宗教团体领袖的领导能力,她甚至将华北女性加入全真教团看作是"成功的职业转变"。[2]然而,我们需要记住的是,许多像张守微和杨守和这样的寡妇是因为别无选择而成为全真女冠的。现存的全真教文献记载了很多男子为了加入全真教团而抛家舍业的故事。有趣的是,现存全真史料对女性的类似行为则少见记录。除了未婚女性,大部分加入全真教团的成年女性都是寡妇。随着时间的推移,部分元代士人开始对违背儒家传统的女性表现出不满。传统的性别等级关系和全真女冠所表现出的相对平等的性别关系之间产生了矛盾,一些人试图调和这一矛盾;而另一些人则向全真女冠重申儒家女德(尤其是孝道和贞节)的重要性。[3]

1 孟攀麟《十方重阳万寿宫记》,《金元全真教石刻新编》,第 69 页。此处的杨妙真并非另外一位更为出名的杨妙真——13 世纪上半叶红袄军的领袖,之后由蒙古统治者任命为益都行省。关于红袄军杨妙真的讨论,见 Wu Pei-Yi, "Yang Miaozhen."

2 Chao, "Good Career Moves."

3 刘敏中《神霄万寿宫记》,《道家金石略》,第 709 页;刘蒋孙《汴梁路栖云观记》,《道家金石略》,第 646 页。

建造朝圣中心——永乐宫

金元之际，全真教的男道女冠们竭力参与制度化、组织化教团的基础建设，他们建立起了一个包括基层、区域和全国三个层级的体系化的宫观网络，其肉眼可见的成果就是 13 世纪遍布整个华北村庄、城镇的全真宫观和碑刻。高万桑认为，当时全真宫观的数量在 4 000 座左右。[1] 这个数字可能还是保守估计。因为位于全真宫观网络末端、建在各地乡村中的很多小规模道观庵堂没有留下文字记录。全真教团的基础建设也为新兴的蒙古政权和地方汉人社会作出了贡献。

对于蒙古政权而言，全真教团强大的组织机制使其有能力承担起一些类似政府的职能。在全盛时期，全真道士利用发达的宫观网络为蒙古朝廷运送物资。根据晋南安邑县长春观的一则蒙古宪宗二年（1252）的碑刻铭文记载，当时蒙古人爱喝葡萄酒，而安邑又适合种植酿酒的葡萄，于是蒙古统治者命令当地的葡萄作为贡品上贡。收集、运送贡品本是地方政府的职能，而蒙古人则将这项工作交由全真教负责。安邑县长春观的全真道士负责照看 70 亩葡萄园，葡萄成熟采集后先运到平阳府道录院，再利用全真教从晋南至北京的宫观网络，一站站运到燕京的全真总部长春宫，最后再由长春宫进献给朝廷。[2] 这个例子也说明，在大蒙古国时期，依托于宫观网络的全真教基础设施建设，甚至在某些方面比地方政府更完善。

1　Goossaert, "The Invention of an Order," 117.
2　《安邑长春观札付》，《道家金石略》，第 512—513 页。

在地方汉人社会,全真教团将其宗教扩张的宫观网络建设与重建战后社区的社会事业有效地结合在一起,成为蒙古统治时期地方社会秩序重组过程中最重要的组织力量之一。地方民众通过成立信众组织支持全真教的建设,而全真道士和女冠也在地方社会的日常生活中发挥着积极的作用,比如重建战时损毁的公共设施、组织救济物资、主持土地买卖和提供宗教仪式服务等。此外,许多无权无势的村民向全真宫观寻求庇护,因为宫观通常都拥有大量能免税的土地资产。全真宫观的土地资产来源多样,有的来自蒙古统治者和贵族的恩赐、地方长官和信徒的捐赠,有的是通过全真道士自己努力开垦获得的,也有的则是通过侵占包括佛寺在内的他人土地而来。在山西,最有影响力的全真宫观建设要属大纯阳万寿宫,即著名的永乐宫。[1]作为全真教的东祖庭(与作为祖庭的陕西终南山重阳宫相对),永乐宫成为了全国性的道教圣地之一,也成为晋南规模庞大的区域性宫观网络中的核心大宫观。永乐宫的这段历史生动反映了全真教的主要宫观建设是如何与战后的地方社会重建相辅相成的。

永乐宫位于山西南端的永乐镇(今山西省永济县),是全真道士们为纪念道教神仙吕洞宾而建。传说吕洞宾出生在永乐镇,唐朝末年当地居民在其故宅建了最初的吕公祠。在宋代,人们对神仙吕洞宾的形象已经耳熟能详,许多吕洞宾的故事在宋代广为传颂。这些故事中的吕洞宾擅长诗词书法,能未卜先知,具有变化的神力,同时他与卖酒者

---

1 永乐宫是中国现存最主要的道教朝圣地之一,以其保存良好的壁画著称。为了建设水库,20世纪50年代晚期到60年代初,整座宫观从永乐镇迁至现址芮城县。大部分建筑和壁画保存完好。考虑到这座宫观通常被称为永乐宫,我在本书中使用这个名字。关于永乐宫的综合研究,见Katz, *Images of the Immortal*.

和娼妓关系亲密。[1]从晚唐开始，每一年，地方士人和普通百姓都会在吕洞宾的诞辰日举办庙会，"张乐置酒，终日乃罢"。[2]

全真教的创始人王重阳将吕洞宾看作自己的师父，之后全真教思想家创立了"五祖"祖师谱系，吕洞宾成为全真"五祖"之纯阳祖师。[3]蒙古太宗十二年（1240），宋德方来到永乐镇拜谒纯阳祠，见纯阳祠"荒残狭隘，无人葺之"，遂召集道众，立誓"将以其宫易祠，不惟光大纯阳之遗迹，抑亦为后来继出者张本耳"。当地官员和百姓听闻宋德方将重修纯阳祠，将祠堂并地基尽数捐献给了他。此后，全真道士们正式接管了纯阳祠。[4]乃马真后三年（1244）冬，一场大火将这座庙宇烧为灰烬。宋德方再次到访，督促兴建事宜。两年后，在蒙古朝廷、山西官员和全真教领袖们的支持下，丘处机一系的全真高道潘德冲被任命为河东南北两路道教都提点，他带着弟子和同门从北京来到永乐镇，主持兴建了一座新的全真教核心机构——永乐宫。[5]

中统三年（1262）永乐宫建成，忽必烈汗命前金士大夫王鹗撰写碑文为庆。当时全真道士们已经建立起了规模庞大的宫观网络，包括以永乐宫、河渎灵源宫和纯阳上宫为中心的三座主宫，十余座围绕纯阳上宫的下宫，以及分布于邻近村庄以及山西、陕西和河南等地至少10个州县的几十座附属的道观庵堂。同时，地方百姓组织了"会"来祭拜吕洞宾，邀请全真道士在村落中修建或管理全真宫观，他们从全真道士那里获得食物供应，并与他们合作进行

1　Baldrian-Hussein, "Lü Tung-pin in Northern Song Literature."
2　王鹗《重修大纯阳万寿宫碑》，《金元全真教石刻新编》，第 127 页。
3　Baldrian-Hussein, "Lü Tung-pin in Northern Song literature."
4　李鼎《玄都至道披云真人宋天师祠堂碑铭并引》，《道家金石略》，第 547 页。
5　《请潘公住持疏》，《道家金石略》，第 491—493 页；王鹗《重修大纯阳万寿观之碑》，《金元全真教石刻新编》，第 126—127 页。

农业生产。[1]根据永乐宫及其宫观网络的碑刻资料,我们能够相对细致地追踪战后地方社会的村庄聚落与永乐宫等全真大宫观是如何建立起长期的、体制化的关系的,这种关系是组织、人员和经济等多重纽带复合作用的结果。当地村庄聚落基本上通过会社与下庙,与永乐宫展开或协作或从属的关系。

在全真教团渗入地方社会的早期阶段,作为外来者,道士们通过当地百姓——尤其是通过供奉吕洞宾的"会"——来选定建造全真宫观的圣地。全真道士刘若水在关于建造纯阳上宫的记文中提到,乃马真后三年(1244)之前,他曾见过一位会首(地方"会"组织者通常的称号)。该会首将他带去了九峰山的一个石窟,据说吕洞宾在这个石窟中修行成道(见图版3)。刘若水于是留在了九峰山,在那里建造了一座道观静修,后来将它扩建为纯阳上宫(图版4)。之后吕洞宾修行的石窟和纯阳上宫成为了全真教徒朝圣的新圣地。[2]一些道教朝圣者留在九峰山上,建造其他宫观,扩展了永乐宫宫观群。[3]

在艰难时期,全真道士们通过为地方百姓提供食物来吸引他们。与贫困的当地百姓不同,道士们拥有大量财产。宪宗二年(1252)扩建纯阳上宫时,潘德冲和刘若水购买良田,并招募农民来为道宫耕地。他们还购买了各种种植园——包括蔬菜园、果树园、竹林和芦苇园——和舟车磨坊等,来丰富道宫的物资、支持道宫内各种不同的工

98/99

---

1 "会"是传统中国中一种重要的社会(通常是宗教的)组织,起源于早期道教集会和佛教组织。见 Robinet, *Taoism*, 53 – 62; Zürcher, *The Buddhist Conquest of China*, 1: 219 – 223.
2 刘若水《宣授三宫提点洞明渊静真人刘若水自序》,《芮城县志(1997)》,第 797 页。
3 周德洽《创建玄逸观碑》,《道家金石略》,第 777—778 页。

作。道士们的个人积蓄、地方政府的资助以及其他俗世功德主的捐助,保证了道士们在大部分时间里都丰衣足食。[1] 每年冬天和初春许多村民都有存粮耗尽的问题,在担任永乐宫住持期间,潘德冲经常借小米给地方百姓周转。借出的小米有成千上万斗。有一年粮食收成不好,甚至连永乐宫的道士们都没有足够的粮食。许多道士想要从地方百姓那里收回借出的粮食,但潘德冲阻止了他们,他说:"岁荒人饥,夺彼与此,是岂仁人之用心哉!"[2] 感动于潘德冲的慷慨之举,当地人后来成立了"会",每年在吕洞宾诞辰日向永乐宫进献供品。

在地方"会"的领导下,不同背景的村民参与到永乐宫的兴修中。在中统三年(1262)的《重修大纯阳万寿宫之碑》中,除了全真道士的名字外,还列出了参与建造的村民的名字和职务(图版5)。[3] 这一名录为我们提供了有关"会"的组织结构及其成员的丰富信息。

四位已婚妇女担任会首,另有来自永乐镇(240余名村民)和46个附属村庄的村民参与了永乐宫的建造。其中8名村民(其中4名村民来自同村)担任通事——金、元时期,"通事"即翻译,说明这些人可能是蒙古人或其他非汉人的翻译。[4] 此外,在8名村民组成的另一个会

---

1 当宋德方在蒙古太宗十二年(1240)第一次来到永乐镇,并将吕洞宾祠纳入全真教时,他从当地的元帅张忠和都统张兴以及其他俗世信众那里获得了30亩耕地和1间磨坊。见李鼎《玄都至道披云真人宋天师祠堂碑铭并引》,《道家金石略》,第547页。潘德冲的墓志铭中提及,蒙古宪宗二年(1252)全真掌教李志常经过永乐宫,捐出了他所有的个人积蓄来支持道宫的开支。见徒单公履《冲和真人潘公神道之碑》,《道家金石略》,554—556页。

2 徒单公履《冲和真人潘公神道之碑》,《道家金石略》,第556页。

3 关于《重修大纯阳万寿宫之碑》的碑刻铭文,碑阳王鹗的文字已公布,碑阴的文字尚未公布。2009年6月,我在永乐宫做田野考察时,拍摄了照片,抄录了碑刻铭文未公布的部分。

4 关于翻译及其在元代扮演的角色,见萧启庆《元代的通事与译史》,载于氏著《元朝史新论》,第324—384页。

众团体(都来自同村)中,7 名村民的名字有很明显的蒙古风格。但由于汉人有时也会使用蒙古名字,这 7 人未必都是蒙古人。然而,我们知道,蒙古太宗八年(1236),窝阔台汗将原金朝统治区的民户分给蒙古贵族和功臣,即所谓"丙申(1236)分封"。此后,许多蒙古人迁居晋南。《重修大纯阳万寿宫之碑》上另刻有 59 名村民的名字,他们来自芮城下属的另外 11 个村;同时还有 20 名村民来自相邻的县城。在这个地区,村民们组织"会"来支持当地庙宇并不新鲜。但是,全真教团的组织结构是全新的,其总部设在永乐宫,附属村庄由"会"组织。

全真教内部的宗派关系也加强了永乐宫与附属村庄之间的联系。《重修大纯阳万寿宫之碑》中提到 12 座道观和庵堂,这些宫观位于当地村庄,其中一座位于芮城县城内。在这些机构中,我们可以追溯两座道观的历史——玉京观和乐全观,它们都属于宋德方宗派,该宗派成员在永乐宫供奉宋德方。

13 世纪 50 年代以后,永乐宫成为宋德方宗派的总部。海迷失后二年(1250),全真《玄都宝藏》刻版从平阳玄都观运到了永乐宫,在此之后,宋德方的许多弟子来到了永乐宫。[1]曾参与道藏刊刻的宋德方的主要弟子何志渊,获得了永乐宫提举一职。定宗二年(1247),宋德方于陕西重阳宫羽化。当时陕西与河东诸路的许多地方长官出钱、出人、出力,在他们的大力支持下,何志渊带领同门在永乐宫为宋德方建造了新的墓冢和祠堂。[2]宪宗四年(1254),超过 1 万名全真道

---

1 王鹗《重修大纯阳万寿宫之碑》,《金元全真教石刻新编》,第 126 页。宋德方的弟子邢志举(也曾参与《玄都宝藏》刊刻)在秦志安死后成为玄都观的住持,建造了一座图书馆来保存《玄都宝藏》。见《冲和真人道行之碑并序(1261 年)》,《三晋石刻大全·临汾尧都卷》,第 36—37 页。
2 杜思问《重修水谷乐全观记》,《道家金石略》,第 653 页。

士和俗世信众聚集在永乐宫,参加了重葬宋德方的大型葬礼。[1] 宋德方的主要弟子每年都会来他的祠堂和墓冢纪念他,就像儿子祭拜先考那样。[2] 这些做法可以说借鉴了儒家的丧葬仪式,将儒家的孝道概念拓展到了师徒的关系上。[3] 宋德方的石棺上饰有"二十四孝"的图案,(辅助)说明了师徒关系的重要性(图 2.3 和图 2.4)。[4]

图 2.3　永乐宫宋德方石棺。这件石棺是由晋南的地方工匠制作的,宪宗四年(1254)由解州盐官送给宋德方的弟子。同年,宋德方的弟子在永乐宫为宋德方举行了一场隆重的重葬仪式(宋德方原葬于陕西终南山重阳宫)。除了四则二十四孝故事外(见图 2.4),石棺上还绘有线刻图像,刻画了一间大宅并描绘了上层社会夫妻的家庭生活。这件石棺表现出很强的世俗性,与埋在里面的全真教宗师曾经的苦修生活形成极大的反差。照片由作者拍摄。

1　《三老同宫碑》,《道家金石略》,第 560—561 页。
2　李鼎《玄都至道披云真人宋天师祠堂碑铭并引》,《道家金石略》,第 548 页;
　　商挺《玄都至道崇文明化真人道行之碑》,《道家金石略》,第 613 页。
3　王宗昱《全真教的儒教成分》。
4　20 世纪 50 年代末,宋德方和潘德冲的墓被发掘出来。潘德冲的石棺也装饰着二十四孝图。见徐苹芳《关于宋德方和潘德冲墓的几个问题》。

图2.4 宋德方石棺上线刻的四则二十四孝故事。故事分别为：郭巨杀子侍母（右上）、董永卖身葬父（左上）、王祥卧冰求鲤（右下）、孟宗哭竹生笋（左下）。图示由阿梅莉亚·萨金特（Amelia Sargent）根据作者拍摄照片绘制。

　　海迷失后二年（1250）以后，宋德方的许多弟子聚集在晋南，蒙古朝廷因而任命何志渊负责管理平阳宋德方宗派的男道女冠。在接下来的几年中，何志渊及其同门重修或新建了许多地方乡村的全真道观，包括玉京观和乐全观。由于宋德方宗派与永乐宫密不可分，这些乡村道观又都成为了隶属永乐宫的下庙。[1]

　　庙下村玉京观的历史，展现了地方村民是如何与宋德方宗派的道士们一起建立道观庵堂的。据何志渊《庙下玉京观铭并序》记载，宋德方的弟子薛志熙是庙下村本地人，家境富裕。由于这个村庄在战后衰颓，薛志熙遵循丘处机"立观度人"的传教原则，通过建

1　宋德方门下在芮城乡村所建的全真宫观，留下文字记录的还包括上郭村的东华观、下庄的泽净观等。见杜思问《重修水谷乐全观记》，《道教金石略》，第652页。"至是此观得与下庄之泽净、庙下之玉京、中□之□清、上郭之东华、虞乡之东□、山上之灵峰，并列而为披云门下之名区矣。"

造全真道观来帮助当地百姓生存下去。他与村民合作,用数年时间建造玉京观内房舍,扩展土地,修路,并在观内种植蔬菜和桃树,"左右前后园圃一新,变荒田为福田,化尘境为道境",使得玉京观成为庙下村重要的公共空间。宪宗二年(1252),薛志熙离开庙下村,参与了何志渊正在主持的水谷村乐全观的垦荒修观工作。当时何志渊已辞去永乐宫提举一职,打算在乐全观安享晚年。后来,因玉京观年久失修,庙下村村民邀请何志渊重修玉京观,并以完成薛志熙未竟事业的名义为道观撰写了铭文。[1]薛志熙和何志渊的同门关系对庙下村民选择何志渊为修庙主持者产生了影响,并为他们提供了获得全真教资源的途径。因为何志渊提点所有晋南宋德方门下的弟子,因此他有能力招来其他全真道士来完成庙下村道观的建造。

为何村民支持全真道士女冠们在村里修建宫观?除了精神需求外,还有经济需要。在蒙古统治下乡村经济拮据,晋南的农民们苦于沉重的税收,特别是在平阳地区成为成吉思汗的长子尤赤(约1181—1227)的封地之后。[2]13 世纪 50 年代,第 1 章提及的士人郝经曾撰写《河东罪言》,向当时还是作为宗王总领漠南汉地事务的忽必烈上书。蒙古太宗八年(1236)丙申分封之后,平阳地区作为封地,为尤赤次子拔都所有。《河东罪言》描述了平阳地区因蒙古宗王的剥削而极度贫困的状况:拔都派遣家臣通过平阳投下总管府(直到元世祖至元二十五年[1288]才被废除)向当地百姓

---

1 何志渊《庙下玉京观铭并序》,《道家金石略》,第 633 页;杜思问《重修水谷乐全观记》,《道家金石略》,第 652 页。
2 村冈伦《モンゴル時代初期の河西・山西地方右翼ウルスの分地成立をめぐって》。

横征暴敛。[1] 除了投下主直接征税外,为了与投下主建立良好的个人关系,地方长官经常从他们所管辖的地区榨取钱财献给投下主。[2] 无力承担重负的当地百姓被迫流离失所,当地甚至出现了人相食的情形。

由于全真宫观的财产免税,农民常常将他们的土地"施于"全真道观和庵堂以避税,与此同时继续耕种所"施"土地。同时期文献中并未明确提及此类事件,但如果仔细阅读芮城水谷乐全观的碑文,就会发现其中隐含的例证。太宗九年(1237),村民李福成将十八亩土地分别施于几位道士以资日用之费,之后刘、杨两位道士于乃马真后三年(1244)将这十八亩地一起献给了宋德方。后因"此地日就荒圮,而垦辟不加焉",刘、杨二道士极力邀请宋德方的弟子何志渊来水谷住持。宪宗二年(1252),何志渊带领其他全真道士"垦荒开芜,日营月葺",并借助何志渊的"笔耕之力"兴修乐全观。同时,"仍将福成所先施者合附而为一。其男李老亦具状而重施焉"。此时李福成的儿子签了新的契约再次将土地捐献给道观,这次将土地捐给了何志渊。这说明在太宗九年"施地"之后,李家有可能继续使用或耕种这十八亩土地,但由于某些原因导致了土地的荒芜。全真道士真正投入人力、物力在这块土地上进行垦荒建观,要到何志渊接手之后。[3]

金蒙战争期间,芮城损失了大量人口,致使在世祖至元三年

1 郝经《河东罪言》,《全元文》第4册,第90—92页。关于平阳投下总管府及其在元世祖至元二十五年(1288)被废除,见蔡美彪《辽金元史考索》,第369—379页。
2 见姚燧《大元故延安兵马总管袁公神道碑铭并序》,《临县古迹考》卷16.7a—9a(《石刻史料新编》第三辑第31册,第38页)。
3 杜思问《重修水谷乐全观记》,《道家金石略》,第652页。

（1266）该县被并入邻近的平陆县,当时忽必烈汗下令将所有少于一千户的县与其他县合并。[1] 在战后的芮城社会,全真宫观的扩张帮助村民重建几近消亡的日常生活。原先强大而显赫的家族分崩离析,一些家族成员将他们的祖庙委托给全真道士。以当地颇具影响力的段氏家族为例,他们的三座祖庙中,有两座在战乱时期遭到破坏,另一座由于附近道观的道士们占用而得以幸存。一位段氏族人后来成为了永乐宫的道官,他与亲人们一起重修了这座祖庙。[2] 在人力和财力都十分匮乏的时期,全真教却拥有相当多的人力物力。

随着全真教力量和财富的增长,永乐宫宫观系统中的全真道士与当地农民建立起包括地主和佃户关系在内的更为紧密的经济纽带。为了供养永乐宫数百位男道女冠以及下属的道观和庵堂,道士们除了寻求俗众布施,还逐步取得了大量土地,并参与当地的农业生产。元末,全真道士们在永乐宫的一块元晋宗泰定元年(1324)所立石碑的碑阴刻了《纯阳万寿宫提点下院田地常住户记》,将所有下属永乐宫的宫观、土地和常住户都刻在石碑上。[3] 当时永乐宫名下的宫观产业中,在芮城县境的就有 40 多处田地,资产包括几十个附属的宫观(一些位于附近的县中)、道士和女冠的坟地、各色园林(如枣园、甘草园、芦苇园、石榴园等)和水磨、碾磨等各种生产、生活设施。碑文中提及:"纯阳宫与杨提领合修水磨一盘,每月常住一十四日。"

---

1 蒙古统治时期,山西有 3 个州和 20 多个县都被合并,说明战后山西人口相较于金朝时期大幅减少。见吴松弟《中国人口史:宋辽金元时期》,第 449—451 页。

2 段禧《重修段干木先生祠堂记》,《金元全真教石刻新编》,第 142 页;王沂《金元帅段公碑铭》,《芮城县志(1764)》卷 12.12a—13a。

3 "常住"这个词源自佛教词汇,指的是佛教寺院的永久资产,全真教徒们从佛教借用了这个概念。

根据碑文所列常住户中多次出现"提领"一词推测,提领为永乐宫所属常住户的头目。永乐宫和杨提领合修的水磨,常住户每月有 14 个水日从那里汲水,余下的水日当归永乐宫所有。[1]

碑刻资料显示,除了人力和财力资源,全真教团还提供思想和仪式资源,帮助村民在一个支离破碎的社会中形成新的社会关系。中统元年(1260),晋南闻喜县的一个村庄建造了三灵侯庙,几位村民在解释建庙缘由时说道:"自大朝抚定之后,人烟杂居,不独亲其亲,而四海皆亲,不若结香火之亲缘,崇三灵之庙貌,流口荐福之基,永祝君王之寿,不亦宜乎!"[2] 没有亲缘关系的人们聚集在同一个社区,供奉同一位神祇,通过"香火亲缘"建立起新的纽带。建成三灵侯庙后,村民们邀请全真道士杨志真来担任住持,杨志真与村民一起将三灵侯庙变成了一个环境优美的公共场所。由于记述这段历史的碑记作者本人就是全真道士,对于全真教的作用难免有溢美之词,所以我们也不能尽信碑记所言。但我们可以确定的是,金元之际,许多战后的村庄都选择通过修建全真宫观来重建村落社区,通过宗教信仰来增强

---

1 《纯阳万寿宫提点下院田地常住户记》,《道家金石略》,第 792—795 页。已发表的碑刻铭文中没有涵盖立碑的年份。2009 年 6 月在永乐宫做田野考察时,我找到了这块碑阴刻有《纯阳万寿宫提点下院田地常住户记》的石碑。该碑的碑阳有前后两部分,前半部分刻了金宣宗兴定六年(1222)前进士袁从义所撰《有唐纯阳吕真人祠堂记》,描述了吕洞宾的故事和永乐镇吕洞宾祠堂的简史;后半部分是永乐宫全真道士在泰定元年(1324)为重新立石刻《有唐纯阳吕真人祠堂记》所做的说明,记录了兴定六年(1222)袁从义撰"有唐纯阳吕真人祠堂记"后经历的三次刻石立碑过程。初刻在金哀宗正大五年(1228),由五名当地人立石。再刻于蒙古宪宗二年(1252),由潘德冲立石,三刻于泰定元年(1324),由当时的大纯阳万寿宫提点段道祥等全真道士立石。关于碑阳完整的碑刻铭文,见袁从义《有唐纯阳吕真人祠堂记》,《道家金石略》,第 447—448 页。据推测,碑阴的铭文是第三次刻石时所刻,即泰定元年(1324)。

2 黎志谨《大朝国解州闻喜县东镇城北上社创修三灵侯庙像记》,《道家金石略》,第 559 页。

社区凝聚力。

当时全真道士也经常通过道教仪式和基于仪式的组织来凝聚村民,形成一个类似于教会的集体。河南胙城县(今延津县)一则中统二年(1261)的碑刻铭文,提供了例证。出身庶民的全真女冠穆守妙将其本家的祖业田地舍给教团,建成全真道观悟真庵,并组织当地村民建造了一个"灵坛"。[1] 灵坛定期举行仪式,吸引俗世信众与悟真庵女冠组成了一个正式仪式组织,女冠和信众一起在组织中担任不同的角色,如主坛、长坛、歌生和普通的坛生。[2] 穆守妙建起悟真庵时,她从邻县村庄中一个相似的灵坛组织那里获得了帮助,这说明在全真教仪式活动基础上组建的信仰组织也可以将不同村庄社区联系在一起。

总而言之,到忽必烈汗中统三年(1262)时,以潘德冲、宋德方宗派为主的全真道士经过二十年的努力,已经成功地将一个地方性的吕洞宾祠庙转变为永乐宫——一个新的全国性的道教朝圣中心,这是一个拥有巨额物质财富、大量道士以及附属的俗世信众的全真教核心大宫观,以它为中心的巨大宫观网络覆盖今山西南部及周边今河南、陕西多个州县。对于当地民众而言,永乐宫的营建带来了可贵的物质资源和人力资源,帮助他们重建战后的日常生活。对于社会底层的农民而言,蒙古统治者没有为他们减税,地方政府也未帮助他们重建家园,他们所能依靠的,大概也就只有全真道士这些在华北新兴的社会精英。一些农民加入了全真教,获得了

---

1 苏子珍《卫州胙城县长乐乡第十瞳创建悟真庵记》,《道家金石略》,第543—544页。
2 《卫州胙城县长乐乡第十瞳创建悟真庵记》,《道家金石略》,第544页。

全真道士享有的法律特权。其他农民则通过"会"或其他基于全真教思想和仪式的组织，与永乐宫或者永乐宫在村庄中的下院建立联系。一些村民通过"献"地给全真宫观的方式来逃避蒙古朝廷或投下主的沉重赋税盘剥。结果，这些农民的土地成为了全真宫观的合法资产，农民自己也成为全真宫观的佃户。除了永乐宫外，大约有十几个主要的全真宫观群在战后华北地区民众的家园重建中发挥了重要作用。[1] 在同时代人的眼中，这些规格极高的全真大宫观简直堪比繁忙的政府机构，如元初官员王磐曾感叹："道宫虽名为闲静清高之地，而实与一繁剧大官府无异焉。"[2]

当全真教深入山西地区时，地方民众即使不附属于具体的全真宫观，也普遍接受了全真教的规范和仪式。从官员到普通百姓都会请全真道士或女冠建造灵坛、举行仪式。他们忏罪悔过，请求道教神仙保佑其亲人（包括新生儿和近期去世的配偶）。[3] 李俊民为一位泽州秦姓男子起草祝文，感谢道教神仙赐予他儿子，免他不孝之过：

> 痛自惩而悔过，若不及以检身。恩涤罪根，仰依道荫。谨因毂旦，即事灵坛。萃羽服之清流，绎琳科之秘旨。伏望上真垂祐，列圣降慈。答是精诚，锡之多祜。无后为大，免贻不孝之讥。[4]

秦某邀请道士举行道教仪式，为他的幼子祈福。当时的普通百姓确

1　景安宁《道教全真派宫观、造像与祖师》，第178—211页。
2　王磐《创建真常观记》，《道家金石略》，第616页。
3　李俊民《郭彦卿追荐夫人青词》，《全元文》第4册，第84页。
4　李俊民《秦氏得子后报谢青词》，《全元文》第4册，第84页。

实相信道教神仙具有神奇力量,这也是他们会出钱在自己的城乡聚落建造宫观的原因之一。

作为社会权力媒介的石碑

到目前为止,本章描述了13世纪华北社会中全真道士相对正面的形象。但我们也必须记住,大多数碑文或是都出自作者,全真道士自己之手,或是出于感激全真教道士在蒙古征服期间所做的社会福利事业的士人。此外,我们之所以有大量宫观记文作为本章研究的核心史料,是因为13世纪的全真道士尤其热衷于通过立碑和印书来撰写、编纂和保存全真教史资料。[1]毋庸讳言,当大量北方地区的书籍文献毁于战火时,立碑印书成为全真道士们争取文化权威和社会权力的重要方法。

全真道士成功地利用了碑刻作为媒介的力量,这使他们能够突显、巩固自己获得的特权。在金元之际的北方诸多地方势力中,全真教在石碑上刻写蒙古统治者颁布的免税法令,并将它们立在许多全真教的宫观庵堂中,这种做法具有开创性。[2]这些石碑通常被称为"圣旨碑"。在永乐宫,全真道士们至少立了8块不同的圣旨碑,刻有各种对永乐宫及其宫观产业提供特殊保护的法令。有些圣旨碑文用硬译公牍文体写成,有些使用蒙古语,还有一些则两种语言兼用。[3]其中一块石碑上刻了8道不同的圣旨,另一块石碑上复刻了记录更

1　Boltz, *A Survey of Taoist Literature*, 68.

2　冯承钧《元代白话碑考》,第28—46页。

3　关于白话文圣旨的格式,见祖生利、船田善之《元代白话碑文的体例初探》。

早圣旨的一块石碑碑文。[1] 大约在元世祖至元十四年（1277）完成的一块石碑上刻有忽必烈颁布的圣旨，该圣旨写有当时蒙古统治者给予宗教团体特权的典型条款。[2] 圣旨文字如下：

> 长生天气力里、大福荫护助里，皇帝圣旨……么道这河中府里，有的玄都广道冲和真人起盖来的纯阳万寿宫、九峰上宫、河渎灵源宫里，有的提点文志通、白志纯、朱志完为头儿先生每根底，执把着行的圣旨与了也。属这的每宫观里、房子里，使臣休安下者，铺马祗应休当者，商税、地税休与者，水土、园林、碾磨，不拣什么他的，休侵夺者。[3]

圣旨中最重要的条款是免征地税和商税。中统四年（1263）和至元元年（1264），忽必烈曾屡次颁布法令，废除早期蒙古大汗给予全真道士的免税政策，并向包括全真道士在内的所有宗教人士征收地税和商税。[4] 但这些新的宗教政策在至元十四年（1277）又被取消了。[5] 因此这一年永乐宫的全真道士向蒙古朝廷申请，要求忽必烈颁发新的圣旨来保证他们的免税权，这是合乎情理的。

立圣旨碑使全真道士拥有了掌控国家相关政策信息公布和流通的重要媒介。整个蒙古统治时期，全真道士女冠们始终致力于获取

1　《三晋石刻总目》，第24—29页。
2　这道圣旨是牛儿年在大都颁布的，所以应当是在忽必烈统治期间的至元十四年（1277）或至元二十六年（1289）。考虑其语境，至元十四年（1277）更为可能。这块石碑（很可能是重刻的）完成于泰定四年（1327）。
3　《牛儿年圣旨碑记》，《永乐宫壁画》，第69页。
4　《元史》卷5《世祖纪二》，第95页。
5　陈高华《元代佛教寺院赋役的演变》，第7页。

大汗、王侯、后妃等蒙古统治者颁布的圣旨、令旨和懿旨，并将之刻在石碑上，立在全国各地的全真宫观中。通过这些举措，全真道士和女冠们有意识地宣传了保障全真教团和特定宫观群体利益的朝廷宗教政策。为了强调他们的免税特权，一些道士甚至篡改了圣旨，在将蒙古文圣旨原文翻译成汉文的过程中故意省略个别关键字眼。[1] 通过制造大量类似的圣旨碑，全真道士反复向社会传达同样的讯息：他们不需要缴税，他们的特权和宫观财产是受到圣旨保护的。佛教徒和儒生很快学会了这样的做法，在佛寺和孔庙学宫中也立起保护他们利益的圣旨碑。圣旨碑是强有力的武器，全真道士用它们来保护财产免受竞争者以及国家的破坏。正如永乐宫至元十四年（1277）碑所示，圣旨总是以全名和头衔来称呼接受者，因此，这些石碑不仅反复宣扬了蒙古统治者赋予的特权，而且也强调了那些有继承特权的人。

尽管他们拥有这些权力，全真道士依旧无法躲避政治迫害。[2] 与他们使用碑刻成功地宣扬了特权不同，全真道士利用印书传播全真教义和思想的做法最终导致了灾难。[3] 至元十八年（1281），忽必烈下令烧毁所有的道教典籍以及宋德方和秦志安用了 7 年多时间才完成的道藏刻版，[4] 只留下一本道教经典——《道德经》。

忽必烈焚毁道教经典的命令标志着佛教徒和全真教徒之间旷日持久的冲突到达顶点，而佛道之争的一个重要动因是争夺蒙古统治者的扶持。全真道士侵吞佛教寺院是许多佛道争端中的关键问题。

1 亦邻真《读 1276 年龙门禹王庙八思巴字令旨碑：兼评尼古拉鲍培的译注》，第120—121 页；蔡美彪《龙门建极宫碑》，载于氏著《八思巴字碑刻》，第 19—20 页。
2 在整个元代，全真掌教的起落常取决于其主要朝中护持者的命运。见郑素春《元代全真掌教与朝廷的关系》。
3 关于全真道士大量运用印刷来传播其教义，见 Chia, "The Uses of Print," 201.
4 《元史》卷 11《世祖纪八》，第 234 页。

宪宗五年(1255),来自河南嵩山少林寺的僧人福裕(1203—1275)在蒙古朝廷发起了第一次佛道辩论,佛教徒们控诉全真道士非法占用500余座佛教寺院及其土地。佛教徒在辩论中击败了全真道士,蒙哥汗命令道士们归还37座寺院,但是他们并没有执行命令。因此,在接下来的数年间,少林寺僧人与藏传佛教僧侣共同向蒙古朝廷上诉,在蒙古宪宗六年(1256)和八年(1258)又举行了两场辩论。

另一个佛道辩论的关键问题是《化胡经》的真实性。《化胡经》成于6世纪,宣称道教的创始人老子到西域教化胡人,使他们皈依,而佛是老子的化身,这本书主要是为了证明道教优于佛教。[1]丘处机在13世纪西行拜见成吉思汗,与老子的传奇云游相似,全真道士为此感到骄傲,并公开宣讲老子西游的故事。他们还创作了新的版本来讲述老子的八十一个化身,将其刻在石碑上、画在许多宫观的墙上。[2]最重要的是,全真道士将该文本收入《玄都宝藏》中,成为在全真教团之外宣传教义的主要文化资本。由于蒙古征服金朝之后整个华北地区书籍稀缺,包括地方儒学学校在内的100多家非道教机构从宋德方那里借了道藏刻版,为他们自己的藏书阁印刷额外副本。[3]对于全真教宣传道教的至高无上,佛教徒们反应激烈,这导致了佛道长达五十年的公开争论。

蒙古朝廷接受佛教徒的说法,认为《化胡经》是一本由汉文(与正统佛教经文用梵文书写不同)写成的伪经,屡次要求全真道士烧毁该经书所有现存的刻本。受命治理汉地的忽必烈亲王在他新修的开

---

1 佛道关于《化胡经》这一经典的争论始于唐代。见 Kohn, *Laughing at the Tao*.

2 K. Ch'en, "Buddhist-Taoist Mixtures in the Pa-shih-i-hua T'u";景安宁《元代壁画:神仙赴会图》,第32—42页。

3 Jinping Wang, "A Social History of the *Treasured Canon*," 23.

平城(之后的上都，今位于北京以北 275 公里的内蒙古自治区锡林郭勒盟正蓝旗境内)主持了宪宗八年(1258)的第三场佛道辩论。忽必烈显然偏袒佛教，宣布佛教徒赢得这场辩论，并迫使 17 位参与辩论的道士接受佛教剃发受戒仪式。[1]

中统元年(1260)，忽必烈登基成为大蒙古国大汗，继续维持之前针对全真教的态度。次年，他下令销毁所有包含伪经的全真教石碑，还要求道士们重新在祭坛上摆放三教创始人的雕像，以佛陀居中，老子居左，孔子居右(道士们之前让老子居中)。[2] 忽必烈要巩固他在汉地的统治，必无法容忍全真道士的强大力量，包括他们拥有的大量土地、财富和追随者。但是在 13 世纪 60、70 年代，蒙古人主要的目标是征服南宋，他们很少有时间调查地方官员是否贯彻执行了忽必烈关于限制全真教的诏令。反道教运动对全真教团造成的破坏很小，全真教团继续在华北地区扩张。[3]

至元十六年(1279)，蒙古人打败了南宋最后的残余势力，南宋末代幼主昺殉国，至此元朝统一中国。直到这时，忽必烈才得以腾出手来处理全真教。至元十七年(1280)，忽必烈判定两名全真道士烧毁全真教燕京总部长春宫的粮仓，企图以此陷害佛教徒，他颁布了圣旨："如今这先生又那般胡行有。这先生明白招承了上头，为头儿的杀了两个也，别的割了耳朵、鼻子的割了也，打的打了也，其余的教做了军也，这般断了也。"我们没有更多的材料来确认是否真的是全

1　中村淳《モンゴル時代の道佛論争の實像：クビライの中國支配への道》；Rossabi, *Khubilai Khan*, 37–43.

2　《元代白话碑集录》，第 104 页。

3　在这段时期，佛教徒们依旧难以实现他们的目标，未能从全真道士手里夺回寺院财产。见卜永坚《元代的佛道冲突：以河北蔚县浮图村玉泉寺碑为中心》。

真道士烧毁了粮仓以嫁祸佛教僧人,同样也有可能是佛教徒所为并反过来嫁祸全真教。除了谴责这一罪行外,忽必烈显然对于全真宫观中大量人员的聚集感到担忧。圣旨继续说道:"今后自淮河迤北随处和尚、先生每一个寺观里,一伯人已外休教住者,别来这言语的和尚、先生要重罪过者。"[1] 这一点十分关键:忽必烈将所有宗教团体的规模限制在 100 人以内。这条新政策的施行将直接影响到全真教群体的势力,因为许多全真宫观,甚至乡村级别的道观,都有好几百位男道女冠。[2]

至元十八年(1281)十月,忽必烈下令焚毁所有《玄都宝藏》刻本及保存在永乐宫的刻版,重申了之前颁布的诏令,严令捣毁那些刻有老子化佛图像的石碑和宫观壁画。忽必烈的诏令无疑是对全真教团的沉重打击,但令人吃惊的是,地方上执行该命令的证据很罕见。我只找到一则至元二十一年(1284)的碑刻铭文,其中描述了河南孟州知州李义代表全真道士与焚毁全真教经典的特使进行协商。[3] 这则碑铭说明蒙古朝廷的确派专员到地方监督道藏的焚毁,但是由于同情全真道士的地方官员的介入,忽必烈的命令可能没有被完全执行。

更值得注意的是,全真道士巧妙地利用碑刻来降低因焚毁道藏所造成的损失和伤害。写于至元十八年(1281)之后的全真教碑刻铭文,几乎只字不提有关《玄都宝藏》的任何事,无论是其早期光辉的刊刻历史,还是后期惨烈的毁灭经过。取而代之的是全真道士为《玄都宝藏》刊刻中的重要人物立新碑,从而悄悄地转变自我形象,故意忽略

1 《通制条格校注》卷 29《寺观僧道数目》,第 704—705 页。
2 李志全《清虚子刘尊师墓志铭》,《道家金石略》,第 538 页。
3 宁楫《奉训大夫孟州知州李公德政之碑》,《金元全真教石刻新编》,第 179 页。

了这一政治敏感事件。三则为宋德方撰写的碑刻铭文最能反映这样的行为。分别立于蒙古中统三年（1262）和元世祖至元十一年（1274）的两座石碑，具体说明了宋德方对刊刻《玄都宝藏》的贡献，另一座至元二十六年（1289）（或之后）建造的石碑（立于元仁宗延祐七年［1320］）则完全未提及《玄都宝藏》。[1] 更有意思的是，尽管 1274 年和 1320 年石碑的铭文都涉及宋德方的宗教成就，1320 年石碑也复述了 1274 年石碑铭文中记述的宋德方的大部分宗教成就，但省略了刊刻《玄都宝藏》的事。显然，为了拯救他们自己和教团整体，全真道士在石碑上重刻全真教史，清除有关《玄都宝藏》的内容，重新书写相关宗师的事迹。只有到政治环境再次变得有利于全真教时，全真道士们才选择重刻灾难中毁掉的旧碑文，复活《玄都宝藏》的刊刻历史。这就是 1274 年石碑的铭文留存至今的原因，它在元顺帝至元元年（1335）或之后在完颜德明的命令下被重刻于永乐宫的一块新碑上。完颜德明是宋德方宗派的一位道士，也是全真教在元朝的最后一位掌教。[2]

小　　结

在蒙古新政权的扶植和无数俗世信众的支持下，全真教的男道

1　李鼎《玄都至道披云真人宋天师祠堂碑铭并引》，《道家金石略》，第 546—549 页；商挺《玄都至道崇文明化真人道行之碑》，《道家金石略》，第 613—614 页；王利用《玄通弘教披云真人道行之碑》，《道家金石略》，第 753—754 页。中统三年（1262）石碑刻有李鼎撰写的铭文，至元十一年（1274）的石碑刻有宋德方弟子祈志诚（他在 1272 年至 1285 年任全真掌教）请商挺起草的碑文。延祐七年（1320）石碑刻有士大夫王利用所作碑文，该碑文是应终南山祖庭的宋德方再传弟子之邀所写的。

2　因为完颜德明在元顺帝至元元年（1335）之后任掌教，这块石碑一定是在当年或之后完成的。关于完颜德明作为最后一任全真掌教的更多讨论，见张广保《金元全真教史新研究》，第 112—172 页。

女冠们将其宗教团体几乎扩展到13世纪华北地区的每一个角落,展现出他们倡导社会创新的巨大信心。从制度上而言,13世纪的全真道士遵循丘处机提倡的"立观度人"原则,尽可能多地建立全真宫观,来帮助无数无家可归或穷困潦倒的信众渡过当时的混乱局面。在城镇、乡村中修建的数千座全真宫观和庵堂,与全真教的宗派系统整合在一起,形成全国性的全真宫观网络。该网络总部位于燕京大长春宫,十几个基于宗派的区域性大宫观是其次一级的关节点。所有这些全真宫观都享有免税特权,许多宫观还拥有大量土地和其他财富。这标志着全真道士是当时的社会精英,就像金代官学使得儒学士人成为社会精英一样,但是相比金代的儒学学校,蒙古统治时期的全真宫观规模要大得多,人数也更多。

在社会层面,全真教具有空前的包容性。他们与蒙古大汗、后妃、宗王等顶层的统治者以及地方各级官员有着密切的联系。此外,他们还吸收了来自各个社会群体的男男女女,他们或加入教团成为道士女冠,或成为俗世信众和功德主。最具有时代特性的是,全真教团的领袖吸纳了一大批前金士人入教。通过刊刻《玄都宝藏》和随后建立道教玄学教育体系,全真教宗师们为前金士人创造了新的工作机会。在全国范围内建立的玄学由这些"士人道士"担任教职,不仅使许多北方年轻人接受了文化教育,而且也帮助全真教成为华北学术和教育组织的重要载体。同时,全真教接纳了许多北方女性,她们有的为寻求乱世中的庇护,有的则为追求家庭生活之外的另一种选择。全真教不仅允许男女自由往来,而且提升了女性在公共生活中的地位,这在信奉儒学的宋金社会是无法想象的。

通过建造大型的全真宫观,例如晋南的永乐宫,全真教将扩张宗教组织和重建战后社会结合起来,在蒙古统治初期承担了部分政府功能来建设基础设施和重组支离破碎的地方社区。在这个过程中,全真教的道士女冠们同时成为宗教权威和社会精英,在全真教团与世俗民众之间建立起了长期的、体制性的纽带。全真教团将其宫观网络深入到几乎每一个华北地区的乡村和城镇中,并在这个过程中与地方民众合作互动,为战后地方社会的重建提供物质、思想和组织上的有效支持。

忽必烈镇压全真教团的种种努力表明,全真教在元初已变得十分强大。全真道士把宗教权威转变为社会声望,并为道士之间以及道士和俗众之间的联系创造了新的理念和组织机制,他们代替儒学团体将汉人社会凝聚在一起。本章讨论的碑刻铭文准确地描绘了全真教在地方社会影响力的提升过程,以及他们遭遇的来自其他社会团体的挑战,这些都说明了华北社会在蒙古征服前后的深刻转变。
同时,13 世纪全真教团对刻碑立石的狂热,反映了一个一体两面的问题:一方面全真教对其自身成就很自豪,另一方面则是对失去这些成就很焦虑。因为他们如日中天的实力很大程度上仰仗一个看似坚固但实际上并不稳定的政治基础,那就是蒙古统治者的支持。对于大部分华北汉人而言,无论是宗教信众还是俗世之人,蒙古统治时代是一个全新的世界,在这个世界里,个人、家族、组织、团体的成功,或多或少都取决于他们与蒙古新政权的关系,特别是与蒙古统治者和权贵的根脚关系。就像我们将在下一章看到的,充分利用自身独特秩序的五台山佛教僧侣,是将这种关系发展到极致的群体之一。

3

佛教僧团、政治权势和
亲属关系

　　蒙古宪宗蒙哥汗四年(1254)夏,已是 65 岁老人的元好问参访了
位于晋北的五台山。五台山从唐代(618—907)起就以文殊菩萨的道
场而享有盛誉,是中国规模宏大、万人敬仰的佛教圣地之一。在佛教
中,文殊象征大般若智慧。在这次参访中,元好问写下了 16 首诗,描
述了他在五台山的所见所闻,其中一首诗描绘了五台山佛教的繁荣
景象:"咄嗟檀施满金田,远客游台动数千。"[1] 五台山佛教在战后的
复兴,早期应归功于元好问的好友普安禅师(1216—1267)。13 世纪
50 年代,普安禅师在五台山重修了主要寺院,恢复了传统的佛教节
日。[2] 普安禅师是为数不多获得早期蒙古统治者支持的汉地僧人之
一,他致力于复兴在华北战乱中遭受严重破坏的佛教僧团。

　　另外两位关键的佛教人物,一位是子聪(1216—1274,忽必烈后来

1　元好问《台山杂咏十六首(甲寅六月)》,《元好问全集》卷 14,第 355 页。
2　在写给普安禅师的诗中,元好问将普安禅师的到来形容为给五台山的佛教界带
　　来了春天。见元好问《赠答普安师》,《元好问全集》卷 10,第 244 页。"入座台山
　　景趣新,因君乡国重情亲。金芝三秀诗坛瑞,宝树千花佛界春。"这首诗没有明确
　　的系年,很有可能是元好问在拜访五台山遇到普安时所写。

赐名"刘秉忠"),他与普安是总角之交;另一位是著名的海云印简禅师
(1203—1257)。窝阔台汗死后的第二年(1242,乃马真皇后称制元年),
忽必烈宗王召海云禅师到和林的漠北王府,向其询问佛法及军国大事。
子聪陪同海云一起拜见了忽必烈,之后子聪入忽必烈幕府,以布衣身份
参与军政要务。[1]子聪后来将普安禅师引荐给忽必烈。蒙古定宗贵由
汗二年(1247)至世祖忽必烈汗中统元年(1260),蒙古大汗任命海云
禅师和普安禅师统领中原地区(即华北)的佛教。[2]

如同全真教宗师丘处机,普安禅师、子聪和海云禅师等高僧大
德也在保护孔孟后人和名士方面发挥了重要作用,他们还说服蒙
古征服者放宽对被征服者的高压。[3]不过,佛教僧团不仅比全真教
团晚十多年获得蒙古皇室的扶植,而且在中统元年(1260)之前,其
组织性和影响力都要逊色于全真教团。当全真教领袖们将大量门
人弟子派到华北各地建立宫观并大力吸收信众时,海云禅师和普
安禅师的门人弟子屈指可数,资金非常有限,根本无力做类似的事。
中统元年(1260)之前,面对全真道士日益强大的力量,普安禅师等汉
地佛教界领袖们主要关注的,是如何赢得蒙古统治者的支持以及如
何保护佛教僧团。宪宗五年(1255),极力反对全真道士占用佛寺田
产的普安禅师,在参加了第一次蒙古朝廷举行的佛道辩论后声名鹊
起。[4]虽然佛、道之间的激烈竞争仍在持续,但佛教的政治处境在

1　Chan, "Liu Ping-chung."
2　虞集《佛国普安大禅师塔铭》,《道园学古录》卷48.4b。
3　根据佛教文献记载,13世纪30年代初金蒙战争结束时,海云禅师说服了失吉
　忽图忽(约1180—1260)(窝阔台汗任命他为中州断事官)恢复了孔子51代孙
　孔元措衍圣公的封号。据说海云禅师也曾帮助颜回(前521—490)和孟子(前
　372—289)的后人获得儒户身份而免除了劳役。见 Jan, "Hai-Yün(1203-57),"
　232-233.
4　虞集《佛国普安大禅师塔铭》,《道园学古录》卷48.4b。

1260 年忽必烈继承蒙古帝国汗位之后发生了巨变。

元政权下佛教的崛起

忽必烈的宗教政策大大促进了佛教在华北的发展。正如许多早期的非汉人统治者,忽必烈接受了佛教的转轮王观念,并致力于支持佛教僧团。[1] 例如,忽必烈后来支持僧侣在《赵城金藏》的版本基础上编纂并刊刻一套新的大藏经。[2] 与之前统治者不同的是,忽必烈大力扶植藏传佛教以使蒙古帝国的统治合法化。[3]

随着藏传佛教开始在蒙古帝国的僧团中获得领导地位,知名的汉地佛教高僧在华北佛教界逐渐失去他们曾经的显赫地位。中统元年(1260),普安禅师辞去了总领中原佛教事务一职,这可能与藏传佛教的崛起有关。士大夫虞集撰写了普安禅师的墓志铭,该墓志铭仅强调了普安禅师辞官后参与的建造佛寺的活动。[4] 中统二年(1261),忽必烈任命藏传佛教高僧八思巴(1235—1280)统领天下释教,尊其为"国师"。[5] 至元七年(1270),忽必烈又加封八思巴为"帝师",使其成为了蒙古皇帝的私人上师。[6] 沙·毕拉(Sh. Bira)曾使用藏文文献解

---

1 《仁王护国般若波罗蜜多经》详细描述了转轮圣王思想。鸠摩罗什在410—412年首次将《仁王护国般若波罗蜜多经》翻译成中文后,它就成为皇家佛教的核心经典,为中古中国佛教的世俗君权观念提供理论依据。见康乐《转轮王观念与中国中古的佛教政治》。

2 《赵城金藏》由一位来自晋南的名叫崔法珍的女性历经 30 年刊印而成。见陈高华《元代出版史概述》,第 16—17 页。

3 Franke, *From Tribal Chieftain to Universal Emperor*, 58‑63.

4 虞集《佛国普安大禅师塔铭》,《道园学古录》卷 48.4b。

5 Rossabi, "The Reign of Khubilai Khan," 6；461.

6 Petech, "'Phags-pa (1235‑1280)."

释八思巴关于"两种秩序（Two Orders）"（世俗的和精神的）的政治神学理论，这一理论阐明了在西藏—蒙古佛教世界中国家与宗教的关系，即蒙古大汗的政治权力与藏传佛教之间的互相依赖关系。八思巴强调，对蒙古大汗而言，统治世俗世界的最好方式是将帝国建立在佛教的道德准则上。同时，八思巴宣扬蒙古大汗是佛教的护法，忽必烈是转轮圣王化身、文殊菩萨转世。通过加封八思巴为帝师，忽必烈和八思巴分别人格化了"两种秩序"（世俗秩序和精神秩序），进而在其蒙古帝国的统治实践中实现了八思巴的政治神学理论。[1] 而实践这个理论也意味着八思巴的萨迦派藏传佛教在蒙古帝国朝廷的传播。忽必烈之后，所有元朝皇帝都必须先接受帝师的九次佛戒，然后才能登基。[2] 藏传佛教高僧（大多是八思巴的近亲）相继担任帝师，正式成为蒙古帝国佛教的最高领袖。

忽必烈在确立藏传佛教国教地位的同时，建立了独具特色的佛教管理制度，为全国性佛教僧团的形成奠定了制度基础。至元元年（1264），忽必烈在中央设置总制院，命八思巴以国师领总制院事。至元二十五年（1288），总制院改名为宣政院。宣政院同中书省、枢密院、御史台并列，是元朝廷四大中央机构之一。[3] 宣政院有两大方面的职能：一是管理（包括原金朝、南宋疆域在内的）蒙古帝国境内的佛教事务，二是管理西藏地区的军政和宗教事务。[4] 宣政院由帝师统领，"其为使位居第二者，必以僧为之，出帝师所辟举，而总其政于内

1　Bira, "Qubilai Qa'an and 'Phags-pa La-ma," 240–249.

2　《南村辍耕录》卷2《受佛戒》，第 20 页。

3　关于宣政院更多的研究，见野上俊静《元の宣政院について》，《元史释老传の研究》，第 221—239 页。

4　Franke, "Tibetans in Yuan China," 311–314; Petech, "Tibetan Relations with Sung China and with the Mongols."

外者,帅臣以下,亦必僧俗并用,而军民通摄"。[1] 宣政院的这个用人原则一方面保证了佛教僧人出任政府高官的制度合法性,另一方面巩固了帝师在佛教僧团中的极大权威。但同时也需指出的是,虽然藏传佛教,尤其是八思巴的萨迦派高僧,经常担任宣政院高阶官职,但藏传佛教在元代的崛起并未代表全国佛教等级制度在教义或族群层面上的重构。汉地佛教很大程度上仍然保持了原有的寺院网络和等级结构。

除了总摄全国佛教事务的宣政院,元政权还建立了区域性的佛教管理部门,这与前代在州县层级建立的佛教管理体制有所不同。
从至元十四年(1277)起,元朝政府在关键性的行省设立中间级别的行政机构,对该行省佛教事务进行跨地区管理。这些管理机构常被称为"诸路释教总摄所"(或释教总统所),如同行省这个最高地方行政机构那样,诸路释教总摄所具有一定的行政和司法自主权。[2] 与中央朝廷的宣政院一样,释教总摄所在用人上也是僧俗并用,它可以授予僧官类似文官等级制度的官阶。[3]

元朝政府将僧官和文官相提并论,在中国历史上极为罕见。中原王朝传统上希望在规模庞大的大一统帝国中通过文官强化官僚秩序。建立起强大文官统治的宋朝允许文官对佛教机构行使各种权

1 《元史》卷 202《释老传》,第 4520 页。
2 蒙古人在中国建立的所有佛教管理机构中,最为人熟知的是江淮诸路释教都总摄所,该所曾由臭名昭著的僧人杨琏真伽负责。至元二十九年(1292)行宣政院代替了江淮诸路释教都总摄所,参照了中书省辖地方行省的模式。见赖天兵《关于元代设于江浙/江淮的释教都总统所》。根据赖天兵的研究,现存史料记录了几个行省级别的佛教管理机构的运作,包括四川—陕西行省、宁夏—甘肃行省、福建行省和江西行省。
3 《元史》卷 35《文宗纪四》,第 776 页。

力,包括颁发度牒、官赐寺院庙额以及任免僧官,而元朝则授权佛教管理机构负责大部分与佛教相关的事务。[1] 随着元朝佛教管理结构的扩张,更多僧侣获得了官衔、封号、册印以及相应的特权,而在宋朝和金朝,所有这些都被视作文武官员的专属。[2] 因此,正如元朝官员郑介夫抱怨的那样,僧人获得僧录一职(或者道士获得道录一职),"便与三品正官平牒往来"。[3]

在整个中华帝制时期,一人入仕往往确保了个人和家族的精英地位,然而与其他朝代不同,元朝无论在数量还是实权上都赋予了僧官在整个官僚体系中的重要角色。的确,当时僧侣们享有许多特权,因此吸引了大批人出家成为僧尼。据《元史》记载,至元二十八年(1291),宣政院登记的佛寺数量达到了 42 318 座。相比之下,全国当时只有 21 300 所儒学学校。同年,登记在册的僧尼人数为 213 148 人(总人口数为 59 848 964 人)。[4] 但这个官方数字远小于实际的僧侣人数。士人姚燧(1238—1313)估计有度牒和没有度牒的僧侣总人数大约在 100 万,[5] 这个数字比中国古代任何朝代的僧侣人数都要大得多。[6]

新的佛教僧团也与儒学和全真教团截然不同。在北宋和金代,基于儒学教育和科举考试体制建立起来的社会秩序,让士人家

---

1 关于宋朝佛教管理机构权威的衰落,见游彪《宋代寺院经济史稿》,第 1—15 页。
2 西尾贤隆《中国近世における国家と禅宗》,第 239 页。
3 郑介夫《上奏一纲二十目》,《元代奏议集录》中,第 110 页。
4 《元史》卷 16《世祖纪十三》,第 354 页。
5 姚燧《重建南泉山大慈化禅寺碑》,《牧庵集》卷 10,第 123 页。
6 根据白文固关于中国历史上佛道人口统计的研究,唐朝时僧侣的人数在 10 万到 30 万人之间,北宋时在 7 万到 25 万人之间,南宋和金朝的人口总和达到了 40 万人左右。白文固同意姚燧的推测,认为元代的僧侣人数在 100 万人左右。见白文固《历代僧道人数考论》,第 1—6 页。

族的子弟进入儒家学校和官场。从 13 世纪 20 年代到至元十八年（1281），全真教团在全真宫观中接纳各个阶层的男女，帮助他们在蒙古征服期间的战乱中生存下来，并领导战后地方社会的重建。尽管佛教僧尼也为战后社会重建作出了贡献，但在忽必烈统治下崛起的新兴佛教僧团有一个最突出的特点，即僧侣同时活跃于政府和寺庙两种不同类型的机构中。虽然其他宗教也在元政权内有类似宣政院的全国性管理机构（如管理道教的集贤院、管理伊斯兰教的回回哈的司，以及管理基督教的崇福司），但其级别和权力都无出佛教之右。此外，如前章所示，全真教团建立在一个独立的、有组织的宗教运动基础之上，并且有一个由宫观网络、宗派体制和道士女冠组成的广泛基础。佛教并没有这样单一的宗教运动或是体制性的基础，相反，佛教的各宗派及其僧侣在国家创建的僧官体制的保护伞下是彼此竞争又合作的关系。

许多学者已经讨论过佛教在元朝的角色，但并未深入回答一个重要的问题，即元朝政府建立的强大的新佛教僧团如何与地方汉人社会互动？本章将会回答这个问题。本章探讨佛教僧侣在元代扮演什么样的政治和社会角色，这些角色如何促成寺庙和家族这两种社会机制在元代建立起新的纽带关系。本章的分析显示，元代强大的佛教僧团为许多汉人家族提供了提升其社会阶层的独特路径。元代寺庙和家族之间形成的紧密关系，严重挑战了中国古代传统的家族和亲属关系的规范。如下文所述，元代家族的命运往往取决于族人获得官职的能力或者他们与权势群体（尤其是蒙古皇室和贵族）的私交，而佛教僧团中的僧侣领袖既能获得官职，又拥有与统治阶层交往的人际关系。更值得注意的是，为了让家族长期受益于已取得的僧官职位和人际关系,高僧的俗世家族连续数代有人剃度出家,这些僧人之间的亲属关系提高了年幼的族人继承长辈们僧官职位的机会。为了从拥有特权和财富的僧侣那里获益,一些家族甚至乐意将女儿嫁给僧人。

在元代,五台山是汉传佛教和藏传佛教并存的佛教道场,本章的下一节将具体探讨五台山强大的佛教僧团与周边地方社会的互动关系。讨论的重点聚焦于定襄县,以及来自定襄、出家五台山的僧官张智裕,考察其僧官生涯以及他在定襄安横村的家族。13 世纪 80 年代之后,元政权在五台山为僧侣和寺院建立了独特的佛教管理机构,向僧侣提供官方和非官方的大力支持。五台山上有权势的僧官(例如智裕)在通过佛教僧团与元代统治者建立联系的同时,也以亲属关系为纽带与地方社会建立联系。通过接触有权有势的蒙古统治阶层,僧官可以为自己和家人获取更高的官职,这些职位并不仅限于僧官系统,还可能是通过推荐而非通过表现或考试中选而获得的其他官僚系统中的职位。此外,由于官阶和地位往往可以在有血亲关系的僧侣之间承袭,很多家族更愿意将数代子弟送到寺院出家。与此相应,通过僧官系统跻身精英阶层的僧侣又在家乡立碑和修造佛堂来纪念父祖、回馈家族。因此,五台山的僧侣不仅被看作是新的地方社会精英,而且由于其为家族赢得世间的荣华富贵而被公认为孝子。即使在出家之后,五台山的僧侣依旧有可能娶妻生子,基于这一事实,本章最后一节将探究寺庙和家族之间通过婚姻纽带建立起的联系,并解释僧侣在婚姻市场上如何具有竞争力以及为何元代的很多汉人认同这种竞争力。

僧人张智裕和定襄县张氏家族

定襄县位于晋北,距离五台山约40公里,当地社会深受五台山佛教文化的影响。五台山在唐代被认定为文殊菩萨的道场,历代都有大量宗教人士参访以期亲身感受文殊菩萨显化的神迹。[1] 在北宋和金代,尽管科举考试盛行,儒学也得到了复兴,五台山依旧保持着它在华北僧俗心目中的神圣地位,它是参研佛学和朝山进香的圣地。历代高僧和朝山者的著作中经常讲述他们所遇文殊菩萨在五台山上示现的故事。[2]

蒙古统治时期,儒学式微,科举考试让位于更多样化的入仕之路,而五台山佛教因为能提供进入官场的捷径而获得了超乎寻常的显赫名声。五台山各山麓矗立着数百座寺庙,这些寺庙的僧侣得到了蒙古统治者的大力支持,并将他们的势力拓展到了周围山下的村庄。1932年,定襄县士人牛诚修编纂了《定襄金石考》,收录了许多蒙古统治时期的碑刻铭文。这些碑刻铭文显示,当地家族竞相让子弟上五台山出家为僧,从而为自己、后人和族人谋取官位和特权。[3]

元成宗大德四年(1300)和元武宗至大三年(1310),五台山真容院(当时五台山最著名的汉地佛寺之一)的僧人智裕为了纪念两位僧

---

1 Stevenson, "Visions of Mañjuśrī on Mount Wutai."

2 Gimello, "Chang Shang-ying on Wu-t'ai Shan."

3 《定襄金石考》四卷,包括北魏(386—534)3篇、北齐(550—565)1篇、唐代3篇、北宋10篇、金代16篇、蒙古统治时期(1234—1368)52篇碑刻铭文。其中唐代及之前的资料包括摩崖石刻和佛教造像碑,说明从4世纪晚期开始,当地社会形成了历史悠久的佛教文化。

人建造了两块规制高大的石碑，分别刻写了《亮公孝行之碑》和《宣授五台等处释教都总摄妙严大师善行之碑》两篇碑记。[1] 这两篇碑记都收录在牛诚修的《定襄金石考》中。它们初看之下似乎是描述佛教徒的虔诚信仰和修行的常见文章，然细读之下会发现诸多特别之处。首先，两篇碑记的作者都是真容院僧人福吉祥，受智裕之邀所写。[2] 其次，两块碑的立碑缘由和碑文内容都与传统佛教惯例有所不同。智裕纪念的第一位僧人亮公其实是他的父亲，第二位僧人则是他在五台山的师父、金阁寺住持妙严大师。这两块碑都立在一个叫崇福庵的佛堂中，而这个佛堂同时也是智裕家族在定襄县安横村的祖庙。[3] 从这些碑刻铭文中，我们可以看出智裕与父亲、家族和家乡的密切关系。除了两位圆寂僧人的生平外，两篇碑文都包括了智裕及其家族的丰富信息。在关于智裕父亲亮公的第一则碑文中，近一半内容讲述了智裕自己的人生。关于妙严大师的第二则碑文也有相当篇幅记录了智裕及其家族和家乡的事情。最重要的是，这些碑文都将智裕描绘成孝子，尽心尽力地利用其在五台山佛教僧团中的职权保护安横村张氏家族的财富、荣誉和地位，这个家族就生活在那两座高大石碑的旁边。为方便起见，下文将以"亮公碑"和"妙严碑"分别指代智裕立于大德四年和至大三年的这两块重要石碑。两篇碑文的全文见本书附录2。

126/127

1　这座寺庙初建于8世纪初，13世纪50年代由普安禅师修葺完成，清代时成为了藏传佛教寺庙，如今它常被称为"菩萨顶"。

2　元朝汉地僧侣常被朝廷赐号"吉祥"，特别是那些与萨迦派高僧如帝师、国师等有师承关系（如从其受戒）的僧人。

3　福吉祥《亮公孝行之碑》和《宣授五台等处释教都总摄妙严大师善行之碑》，见《定襄金石考》卷3.6b—8b 和 23b—28b。

五台山及周边的新兴僧团

在元朝前两代君主统治期间，与汉地其他宗教中心一样，蒙古政权与五台山僧团的关系，首先从间接的皇室成员与高僧大德的私人关系扩展为直接的政府机构管理寺院的制度性关系，再到在五台山建立权势更大的区域性佛教行政机构。尽管这种趋势可被解读为政府对这个庞大而有权势的佛教中心进行更有力的管控，但元朝和五台山寺院对于加强彼此之间的联系有着共同的兴趣。不管是在汉人还是在蒙古人的社会，不同宗教以及同一宗教派别之间都存在激烈竞争，与统治者保持亲密关系被认为对五台山的佛教寺院、宗派和僧侣大有裨益。同样，非汉人统治者通过与汉地高僧大德的往来互动，可以提高其在汉人社会中的正统性。

汉传佛教和藏传佛教僧人都影响了忽必烈对五台山的兴趣和扶植。根据佛教文献中的轶事记载，忽必烈曾经询问汉传佛教禅宗大师拣（普安大师的弟子）："何处为最上福田？"拣答道："清凉。"（五台山的另一个名字）据说因为这一对话，忽必烈开始资助五台山修建寺院。[1] 因为文殊菩萨是藏传佛教中最重要的菩萨，作为忽必烈最信任的藏传佛教高僧，八思巴在提高五台山声誉中也起到了十分关键的作用。八思巴曾在宪宗七年（1257）朝拜五台山，在五台山居住将近一年，其间创作了许多赞美文殊菩萨的诗文，为藏传佛教在五台山的发展铺平了道路。[2] 五台山在元朝获得了皇室的崇奉

1　《佛祖历代通载》卷22.22b。这则轶事强调，这段对话使得忽必烈资助了五台山上5座大型佛寺的建造，为世间福田（关于"福田"的概念，第四章中会予以讨论）。在忽必烈统治期间，他的确资助了五台山寺庙的建设，但他仅是修葺旧有的寺院，而非建立新的寺院。见《清凉山志》卷4.70。

2　赵改萍《元明时期藏传佛教在内地的发展及影响》，第128—131页。

和持续资助,成为藏传佛教在中国的三个中心之一(另外两个中心是大都和上都)。[1]

至元八年(1271),忽必烈建立元朝,此后不久,忽必烈君臣通过任命僧侣担任重要的寺院职位来改革五台山的佛教僧团。这些僧人中有些是资历深厚的藏传佛教高僧,他们作为政府任命的住持和高僧在五台山上举行佛教仪式,代表皇帝本人进香和献祭供品。这是元代独有的仪式,被称为"代祀"。[2] 过去,蒙古人曾委派显赫的全真道士代祀五岳四渎、名山大川等历代王朝祀典所尊崇的神灵,汉地僧人则在五台山等著名的佛教圣地举行佛教仪式。[3] 首位得到元朝政府任命在汉地主持国家祭祀的藏传佛教僧人是益怜真(1238—1279;藏文名仁钦坚赞,Rin-chen rgyal-mtshan),由忽必烈的次子真金(1243—1285,也是太子)依照父亲的意思选定。[4] 这个选择绝非偶然,益怜真是最受忽必烈宠信的八思巴高僧同父异母的兄弟;至元十一年(1274)八思巴返回西藏后,益怜真继任帝师一职。益怜真的家族身份注定了他站在蒙古统治者及藏传佛教萨迦派的政治和宗教立场上。作为蒙古皇帝在五台山的代表,他的角色将五台山这个汉地佛教中心与蒙古统治者和藏传佛教联系起来。

在之后的二十年中,更多藏传佛教僧人在五台山和大都之间往返修行、传法和担任僧官职务,益怜真和他们一起推动了藏传佛教在

1 上都是蒙古帝国自中统元年(1260)至至元八年(1271)间的都城,至元八年(1271)以后是元朝的夏都。
2 森田宪司《元朝における代祀について》。
3 例如,根据记载,蒙古乃马真后曾在她称制的第四年(1245)命海云禅师在五台山举行佛教典礼,为蒙古帝国祈福。见《佛祖历代通载》卷21.14a。
4 益怜真也曾在至元八年(1271)向许多祭祀汉地山川土地神灵的寺庙进香。见樱井智美、姚永霞《元至元9年"皇太子燕王嗣香碑"をめぐって》。

五台山的传播，也巩固了五台山汉传佛教寺院与蒙古皇室之间的紧密联系。在这个过程中，汉传佛教僧人协助代表元廷的藏传佛教高僧在五台山举行佛教仪式，后者又转而支持前者在五台山担任僧官，并奏请蒙古皇帝对五台山僧人封官授职，从而让蒙古皇帝与皇室注意到他们，这也使得这些汉地僧人得以与五台山其他有势力的藏传佛教高僧直接交流。例如，益怜真让智裕的师父志吉祥在至元八年（1271）与他一起主持进香仪式，并委任志吉祥出任五台山都僧录这样显赫的僧官职位。忽必烈同意了益怜真的任命，并赐予志吉祥"妙严大师"的尊号。妙严大师由此与蒙古统治者建立了关系。[1] 在大都举行的各种大型佛事法会，也让五台山僧人有机会接触有权势的藏传佛教高僧。例如，至元十三年（1276）雄吉祥参与了大都资戒大会，担任枢密院会席里外都提点，"大元国师嘉其忠勤，特赐法旨，复充五台山都僧判"。这里的"大元国师"正是益怜真本人。[2] 其他的汉地僧人通过类似的渠道也获得了相似的特权，他们陆续被授予封号和五台山僧官职位。然而，这并不意味着汉传佛教僧人被同化为藏传佛教僧人。

忽必烈用了二十多年培育蒙古皇室与佛教圣地五台山之间的关系，这种关系表现为在五台山修建皇家寺院，并在忽必烈的继任者那里达到顶点。从忽必烈朝开始，蒙古皇帝、太后和妃嫔们都热衷于建造皇家寺院来为皇室祈福。这些寺院往往拥有大量的皇家资助，且与藏传佛教有着密切的关系。忽必烈在大都建造了三座皇家寺院，在上都建造了两座，其继承者在大都、上都、五台山以及怀州（今河南

1　《宣授五台等处释教都总摄妙严大师善行之碑》，《定襄金石考》卷 3.26a。
2　邢允修《集贤庵创建观音堂功德之碑》，《定襄金石考》卷 3.10a。

沁阳)和建康(今南京)等蒙古皇帝潜邸所在地建造了更多的皇家寺院。元中叶之后,五台山成为仅次于大都和上都最重要的皇家寺院中心。[1]

至元三十一年(1294),元世祖忽必烈驾崩。次年,继任者元成宗铁穆耳(1294—1307年在位,已故太子真金的三儿子)下令在五台山建造第一座皇家寺院。这座寺院是为了纪念铁穆耳的母亲阔阔真而建,大万圣祐国寺的寺名直接表达了它作为皇家寺院为蒙古朝廷禳灾祈福的职责。很快,大万圣祐国寺成为汉地僧人与藏传佛教高僧和蒙古皇室成员(尤其是皇太后阔阔真,卒于元成宗大德四年[1300])及其随行人员来往互动的重要场所。元成宗元贞二年(1296)夏,大万圣祐国寺完工,阔阔真前往五台山朝圣,并赐予该寺院万两白银。[2]在妙严大师主持的欢迎典礼上天现异象,阔阔真将之归功于妙严大师的神力。此后,妙严大师不断获得阔阔真的护持。如这个典型例子所示,在元贞元年(1295)以后,皇帝、皇太子、太后、妃嫔们的个人意愿在文官和僧官的任命上发挥了越来越大的影响力。[3]

元代皇室对五台山的兴趣并不止于这些个人层面的关系。从元成宗大德元年(1297)起,元朝政府在五台山建立了新的佛教管理机构,相比于授予僧人官职、封号和封印,这一行政机构的设置对五台山寺院僧团具有更深远的影响。在皇太后阔阔真巡幸五台山之后,大德元年(1297),元成宗在五台山设立了一个区域性的释教总摄所,

---

1 陈高华《元代新建佛寺略论》,第32—38页;顾寅森《试论元代皇家佛寺与藏传佛教的关系:以大护国仁王寺为中心》。
2 《元史》卷18《成宗纪一》,第392—393页;和卷19《成宗纪二》,第410页。关于阔阔真的崇佛,见许正弘《论元朝阔阔真太后》。
3 櫻井智美对集贤院的研究,也得出了类似的结论。见櫻井智美《元代集贤院の设立》,第141页。

任命妙严大师成为首位"宣授五台等路释教都总摄"。如妙严碑铭文所述:"大德元年春三月,以真定、平、陕、太原、大同、五台等处用师创立释教总摄所,以师为首。特赐银印,两台与真容总摄法照大师教吉祥,皆辈也。"[1] 从晚唐开始,五台山对寺院的管理便独立于当地的县级僧官机构,但从未获得管理五台山以外地区的权力。新设立的五台等路释教都总摄所,除了统领五台山佛教外,还对邻近诸路地区的佛教事务具有管辖权。这些地区可以确定的是河北的真定路和山西三路:平阳路、太原路和大同路。只有"陕"一处无法确指,可能是陕西行省靠近山西的部分地方。不管怎样,这些地区涵括了华北相当大一部分区域,大部分处于中书省的直接管辖范围。从碑刻资料来看,五台等路释教都总摄所具有任命辖区内地方僧官的权力,尤其是在山西地区。[2]

遵循元朝政府经常委派两人担任同一职务的惯例,[3] 元成宗在任命妙严大师为首位五台等路释教都总摄后不久,又命另一位五台山高僧法照大师(教吉祥)担任同一职务。在接下来的十几年中,两位大师的表现一定令蒙古统治者十分满意。元武宗海山(1308—

---

1 《宣授五台等处释教都总摄妙严大师善行之碑》,《定襄金石考》卷 3.26b。

2 例如大德年间,宣政院起初任命聚吉祥为盂州(今山西盂县)副僧正。在收到了一封关于聚吉祥如何出色处理诉讼案的报告后,五台等路释教都总摄所晋升他为盂州僧正(《重建崇兴院记》,《定襄金石考》卷 3.35b—36a)。一些来自定襄乡村寺院的僧人也在五台等路释教都总摄所担任僧官,例如元仁宗延祐四年(1317),东村普济寺僧人说吉祥任"五台等处释教都总摄所提控"。(《文殊院碑记》,《定襄金石考》卷 3.43b)。然而,史料匮乏使得我们很难估计五台等路释教都总摄所在山西以外行政辖区的权威。正如尼尔·麦吉(Neil McGee)关于元代玄教的讨论所示,元代授予不同高道监管玄教地方衙门的权力,但他们的权力常会有重叠,包括任命辖区内道官的权力。见 McGee, "Questioning Convergence." 因此,元代授予五台等路释教都总摄所管理多路的权力同样可能是相对松散的。

3 Endicott-West, *Mongolian Rule in China*, 45.

1311 年在位）在位的四年中，蒙古皇室在五台山大兴土木、大作佛事。从大德十一年至泰定三年（1307—1326），蒙古朝廷总共部署了1 万多名士兵和工匠来五台山修建皇家寺院，完成了元朝统治者在五台山建造的五座皇家寺院中的四座。[1]

132
133

新建的五台等路释教都总摄所将五台山上和山下的汉藏佛教各宗派及寺院整合在一起，在山西形成了一个强大的跨区域佛教行政网络。就像元朝许多其他主要的佛教寺庙一样，五台山上的佛寺——无论是皇家的还是非皇家的——都因为蒙古统治者的大力支持而变得极其富足。例如泰定三年（1326），泰定帝（1324—1328 年在位）下令建造殊祥寺，赏赐了 20 平方公里（300 顷）土地，这些土地为殊祥寺取得了可观的免税收入。[2]五台山非皇家寺院的土地有时也会因为蒙古统治者颁发的保护法令而获得免税权，例如大寿宁寺，受益于元成宗铁穆耳、皇太后以及帝师在大德元年至五年（1297—1301）间颁布的圣旨、懿旨和法旨而获得免税权。[3]

蒙古皇室的大力支持使得五台山寺院的一些汉地僧人得以晋升僧官。比如智裕，前期因为他师从五台山两位高僧大德妙严大师（获得了正二品官位）和法照大师（智裕在真容院主要的受业师父）获得晋升，后期则显然仰仗皇太后和皇帝的直接鼎力支持。大德四年（1300），智裕获得了山西汾州僧正一职，应该是得到了两位师父的支

1　除了大万圣祐国寺，另外的四座皇家寺院包括：元武宗海山在大德十一年（1307）建造的寺院（名字不详）、皇太后在至大年间建造的普宁寺、元英宗在至治元年（1321）建造的普门寺，以及泰定帝在泰定三年（1326）建造的殊祥寺。见《清凉山志》卷 4.70；《元史》卷 22《武宗纪一》，第 486、489、496、505 页；卷 23《武宗纪二》，第 516 页；卷 30《泰定帝纪二》，第 668 页；《佛祖历代通载》卷 22.57b—59a。
2　《佛祖历代通载》卷 22.57b—59a；陈高华《元代佛教寺院赋役的演变》，第 9 页。
3　陈高华《元代佛教寺院赋役》，第 10 页。

持,因为这两位师父当时都是宣授五台等路释教都总摄,拥有任命山西僧官的权力。事实上,从大德五年(1301)智裕为父亲建造的亮公碑可以看出两位师父对智裕的支持:法照大师书写碑文,妙严大师题写篆额。[1] 雄吉祥弟子的情况也旁证了师徒关系对僧人获取僧官职位的影响。大德五年(1301)前后,雄吉祥以五台山都僧判致仕,他的声望和影响力使其大弟子可以直接继承这个职位,并让资历相对较浅的弟子担任山门十寺都提点。[2]

　　蒙古皇室对五台山僧侣的青睐对五台山下的地方社会也产生了巨大的影响。正如前文所示,蒙古政权对佛教和僧侣的尊崇远多于儒学和士人,忽必烈登基称帝之后,又更甚于对道教和道士的支持。忽必烈统治初期,地方上的汉人世侯已经认识到佛教在地方社区建设中的地位。[3] 例如,中统元年(1260)赵沂刚从父亲那里继承了定襄县令一职,他决定在芳兰镇建造一座寺院。蒙古太宗七年(1235),赵沂的父亲将跟随他的村民从胡桃园迁到此地,由于芳兰地区村庄聚落的支零破碎导致巩固家族势力困难重重,故赵沂父子相信组织民众共建寺院可以凝聚人心。于是赵沂邀请乡里耆旧豪杰赴宴商讨建佛寺事宜:"予不忘先君遗嘱之命,盖为本里居处散漫,村落间隔,岁月逾远,人心分异,恐致乖争陵犯之事。当于此里别建佛刹以为焚祝、聚管之所,可乎?"[4] 在得到乡里管事人的一致同意后,赵沂派人赴五台山都僧录司,邀请炬吉祥来芳兰担任新建寺院的住持。在动

1　《宣授五台等处释教都总摄妙严大师善行之碑》,《定襄金石考》卷3.26b。
2　邢允修《集贤庵创建观音堂功德之碑》,《定襄金石考》卷3.10b。
3　金元之际,定襄县控制在几个世侯家族手中。见饭山知保《金元时代の华北社会と科举制度》,第185—194页。
4　《创建永圣院功德记》,《定襄金石考》卷2.38a。

员地方居民完成寺院的建设后,炬吉祥立碑称赞赵沂及其家族建佛寺以稳定乡里的功绩。这个例子说明,地方的军事政治精英也认识到五台山僧人整合分散疏离的乡村聚落的潜力,并尝试与他们展开合作。

金元之际,在不同地方世侯支持下的全真教和佛教,确实对重建定襄地区乡村社会起到了相似的作用。但在忽必烈登基称帝后,五台山佛教日益成为当地人的首选宗教,五台山僧侣也在与道教团的竞争中获得了压倒性优势。[1]元成宗元贞二年(1296),就在阔阔真太后巡幸五台山后不久,当地就发生了一件定襄县无畏庄兴国观道士状告五台山僧人霸凌的诉讼案。该案绵延将近二十年,直到道士周志宜将案子告到朝廷才最终得到解决。据周志宜的经历所作的《重建兴国寺碑》,案子起于兴国观某道士因犯堂规被罚,忿忿之下不但自己剃度为僧,还私自将兴国观及其土地田产一起献给了五台山有权势的僧侣,这些僧侣遂改观为寺,在三清殿立佛像。碍于僧侣权势熏天,以至于没有人敢与他们抗衡。道观中的道士除两名道士外全部被迫皈依了佛教,那两名拒绝皈依的道士因此付出了惨痛代价:一名道士自杀身亡,而另一名道士即周志宜本人则被拘禁,遭受百般折辱,甚至被髡发剃须以使他的样貌和举止看起来更像僧人。周志宜被五台山佛寺控制了将近二十年,最终找到机会逃往都城,才得以"拜谒真人,遂赐簪冠,假吹嘘之力,诉诸朝省冤枉。圣旨下冀宁有司改正其事。于是撤吉祥之名,复兴国之号"。周志宜最终靠着"皇帝圣旨、高唐王钧旨"的护持重新为道士们赢回了道观。[2]这个例子说

1　关于定襄县全真道观扮演的类似角色,见《玄元观记》和《创建重阳观记》,《定襄金石考》卷2.13a—15a和15b—18b。
2　李撰《重建兴国寺碑》,《定襄金石考》卷4.31b—33b。

明,地方上的佛教僧人(以及全盛时期的全真道士)往往将朝廷对他们的支持视为赋予其某种政府权力,包括强制监禁他人的司法权。尽管元朝廷可能并未有意授予僧人这样的权力,但允许僧录司和道录司管理各自的宗教事务,使得这两个教团有足够的空间在地方上作威作福。

地方儒士同样认识到五台山佛教僧团崛起带来的境遇变化。对于五台山,他们或许还会继续诉诸陈词滥调,描述五台山"山之灵异,胚奇孕秀,非特化现光相,以惊世骇俗"。[1]但他们也意识到五台山僧团,尤其是在新建的五台等路释教都总摄所任职的僧官们政治地位的提高。大德五年(1301),县学教授邢允修总结道,真容院(智裕在五台山出家的寺院)已经成为卓越人才的聚集地:"真容自国朝兴隆以来授爵居官,为僧统、为僧录、为僧正者不为多矣。惟我宣授五路总摄法照大师之位为极盛。"[2]邢允修高度评价了这些僧侣在官场上获得的巨大成功,而过去出家人是被禁止进入官场的。他的评论说明,一些地方士人接受了蒙古统治者授予僧侣政府职位的现象,且将他们视为政府官员。

何复平(Mark Halperin)对南方士人的考察表明,这种士人对僧官作为与文官同等的政府官员现象的接受,更像是一种普遍的全民立场,而非某个地方独有的态度。南方士人同样"强调这些僧人与政府的特殊关系,他们具有显赫的地位,同时受到朝廷的袒护"。[3]"显赫的地位"和"朝廷的袒护"有时并非指正式的权势,而是非正式的

1　邢允修《集贤庵创建观音堂功德之碑》,《定襄金石考》卷3.9b。
2　邢允修《集贤庵创建观音堂功德之碑》,《定襄金石考》卷3.9b。
3　Halperin, "Buddhists and Southern Literati," 1453.

权威,这种权威吸引他人与这些有地位、有声望之人建立联系从而达到其目的。也就是说,元代的僧官享有更多在佛教事务上的正式权力,同时因为其与蒙古统治者来往,他们在世俗世界中也享有相当大的非正式权力。

总而言之,蒙古皇族对五台山佛教建设的大力扶持,巩固了五台山及其周边地区僧官的势力。五台山僧人有更多机会被正式任命为当地的僧官,比当地道士有更多优势获得山西及山西以外地区的寺院、土地等产业。[1] 此外,获得官衔的五台山僧侣受到了其他社会群体、机构的尊崇或惧怕。像妙严大师和法照大师这样的高级僧官,被看作势力强大的地方精英,他们的权势可以确保弟子在新建的以五台山为中心的跨区域佛教管理机构中担任州级官职。这些僧官虽然没有正式的政治权力管理辖区内佛教事务之外的事情,但他们显然如前朝士大夫一般享有非正式权力,从而对地方社会产生影响。可以预料的是,像智裕这样有抱负的僧人会在僧官的履历中不断积累自己的人脉,直至建立与蒙古皇室的直接私人关系,进而获得五台山"根脚僧"的特殊地位。

五台山的"根脚僧"

从 13 世纪最后十年开始,越来越多的蒙古统治者和贵族巡礼五台山,有些人是前来朝圣的,有些人是为了躲避华北平原的酷暑来享受山中清凉的。他们频繁出现在五台山,为五台山僧人与蒙古统治精英们建立私人关系铺平了道路,也因此增加了后者获得"根脚僧"

---

1 五台山有权势的僧人同样控制了河北地区真定路的部分寺庙,作为五台山寺庙的下院。见张国旺《元代五台山佛教再探:以河北省灵寿县祈林院圣旨碑为中心》。

身份的机会。正如导论中所讨论的,作为对忠诚的特殊认可,根脚关系建立起了蒙古统治者和被统治者之间的私人关系。这是在蒙古统治时期获得官位、特权和精英地位最有效的途径。一些元代的汉文文献将具备这种关系的人称为"根脚人"。[1]我用"根脚僧"这个词来指那些与蒙古统治者建立了私人关系的僧人,这些僧人不仅因此在僧官体制中获得官职,而且能将获得的利益甚至是职位传给门人弟子或亲属。需要注意的是,元代文献中并没有"根脚僧"这样的术语。我使用这个词有两个原因:首先,"根脚"这个概念在元代深刻影响到政府选官任职的每一个层面。然而,学者们尚未给予元代宗教行政体制中的根脚关系足够的重视。其次,尽管有其他可替代的词汇,例如"精英僧人""有权势的僧人"或僧官,但这些词汇都未能抓住元代独特选官制度的微妙之处。

根据他们与蒙古皇室的亲近度、在五台山寺院中的地位以及他们在佛教行政机构中的权力,可以将五台山上的"根脚僧"分为两个团体。第一个团体包括五台山上新建的皇家寺院的住持,他们经常负责接待前来巡礼五台山的蒙古皇室和贵族。寺院的首任住持直接由帝师和皇帝任命,住持有能力将职位传给其宗派的其他人,就像在政府其他部门有根脚关系的人可以让儿子或其他亲属世袭其职位一样。例如,大万圣祐国寺前三任住持都由文才大师(1241—1302,法名海印)及其弟子掌控。大德元年(1297),大万圣祐国寺建成,在帝师的推荐下,作为元代北方华严宗的领导者之一,文才被元成宗铁穆耳任命为该寺的首任住持。大德六年(1302)文才圆

---

1 船田善之《色目人与元代制度、社会:重新探讨蒙古、色目、汉人、南人划分的位置》,第166页。

寂,此后,他的亲传弟子严吉祥(1272—1322)和严吉祥的弟弟金吉祥依次继任大万圣祐国寺住持。[1] 我们不清楚这样的安排是否出自文才的遗愿,但这种安排显然符合蒙古统治者从根脚家族中选任官员的传统,只是在这个例子中被选任者来自蒙古统治者信任的佛教宗派。[2] 因此僧人拥有世袭特权在当时也十分常见。[3]

　　蒙古皇室及其信任的藏传佛教高僧之所以支持文才的宗派,部分原因是元代汉传佛教中的华严宗与藏传佛教萨迦派(帝师所在的宗派)的关系最为亲近,两个宗派在教义上有相通之处,当时华严宗的很多高僧跟从藏传佛教高僧修习密法。[4] 另一位汉地华严宗高僧印公(慧印法师,1271—1337)同样是五台山具有影响力的“根脚僧”,他的例子具有相当典型性。印公兼修慈恩宗与华严宗佛学,因讲说华严经典而受到蒙古皇室的青睐和重用。元仁宗皇庆元年(1312),太后下懿旨招印公至京师,先后在大都和上都讲《华严义疏》《华严玄谈》《圆觉经》等华严宗经论。次年冬,仁宗和太后又将印公派往五台山,在大万圣祐国寺讲学,并在延祐元年(1314)任命他为该寺住持。当时严吉祥移居大都,其弟弟金吉祥正担任大万圣祐国寺住持,任命印公同为住持的做法,符合蒙古人将同一职位授予两

1　《佛祖历代通载》卷22.25a—26b。关于文才的生平,见竺沙雅章《中國佛教社會史研究》,第194—195页。

2　大约在元仁宗皇庆二年(1313),答己皇太后(约1266—1322)召严吉祥至大都,出任声名显赫的皇家寺院普安寺的住持。金吉祥继承了大万圣祐国寺住持的职位。元英宗至治二年(1322),严吉祥圆寂,金吉祥接受元朝皇室的诏命,离开五台山,至大都继承兄长普安寺住持的职位,这再次说明根脚关系在蒙古宗教行政体制中的重要性。严吉祥的传记,见《佛祖历代通载》卷22.59a—60a;竺沙雅章《宋元佛教文化史研究》,第206页。

3　其他的例子,见《西京大华严寺佛日圆照明公和尚碑铭并序》,《辽金元石刻文献全编》第1册,第280—283页。

4　陈高华、张帆、刘晓《元代文化史》,第65—67页。

个人的惯例。元仁宗延祐六年(1319)之后,印公多次向藏传佛教高僧学习密宗佛法:"六年夏,受秘奥之法于帝师,又从上士僧吉学六支秘要。"在此后十几年里,身处五台山的印公受到历代蒙古皇帝和帝师的宠信和提拔。元英宗(1321—1328年在位)甚至下诏"凡此山之寺,皆统于公"。之后,"三年(1323)夏,上遣宗室益不花太子奉御旨至五台,设华严会,赐公手诏,代上行香,加赐御酒。其为眷遇如此。岁乙丑(1325),帝师至此山,施以衣帽、钞币、白金五十两"。元文宗至顺三年(1332),印公在佛教僧团中的地位达到顶点。这一年文宗诏命印公至京师,"住持大承天护圣寺,授荣禄大夫、大司徒,银印一品,加赐金帛"。[1]

　　文才师徒以及印公的例子说明,汉地佛教高僧因其渊博的华严宗学识和修行可以得到蒙古皇室、帝师的青睐,在此基础上建立起与蒙古统治者的"根脚"关系,因此被蒙古皇帝派往五台山住持新建的皇家寺院。他们在五台山也成为汉藏佛教沟通的纽带,除了他们自己跟随藏传佛教高僧学习经典和仪轨,他们与蒙古皇室的"根脚"关系还惠及华严宗高僧自身的宗派,并巩固宗派在五台山僧团中的地位。元英宗至治二年(1322)和文宗至顺三年(1332),金吉祥和印公先后离开五台山前往大都,担任大都更高级别的皇家寺院住持。此后何人继任大万圣祐国寺住持一职情况不详。但是自元成宗元贞元年(1295)大万圣祐国寺建成,文才宗派显然把持了这座皇家寺院住

1　法洪《故荣禄大夫大司徒大承天护圣寺住持前五台大万圣祐国寺住持宝云普门宗主广慧妙辩树宗弘教大师印公碑铭》(1339),山本明志抄录自南山寺(前大万圣祐国寺)现存的碑刻。山本明志在2011年12月24日将他抄录的文本分享于我。根据这则碑刻铭文,在五台山期间,印公还使用皇室赐予的钱财建造了一座新的皇家寺庙普门寺,并成为了这座寺庙的第一任住持。关于印公与元代北方慈恩宗、华严宗的关系,参见竺沙雅章《宋元佛教文化史研究》,第201—204页。

持一职将近三十年。

五台山第二个"根脚僧"团体包括妙严、智裕这样的本地僧人,他们并不属于皇家寺院,但受益于五台山逐渐增加的皇家寺院,从而有机会接触蒙古皇室和贵族,乃至与后者建立起至关重要的根脚关系。例如元武宗至大二年(1309)五月,皇太子爱育黎拔力八达(元仁宗,1311—1320年在位)派遣高官晋升智裕为五台山副僧录。这位官员在大万圣祐国寺召见了智裕,由住持严吉祥将朝廷的任命文书和皇太子赠予的僧袍颁给智裕。[1] 显然,大万圣祐国寺和文才宗派起到了连接皇室、朝廷和五台山本地僧人的重要桥梁作用。同年七月,元武宗海山从答己皇太后(约1266—1322年,海山和爱育黎拔力八达的母亲)那里收到一份关于智裕的报告,之后元武宗向智裕颁发圣旨,命"这智裕根底但属五台山和尚海根底管着,交做僧录者"。[2] 这里"五台山和尚海根底"指文才的宗派(可能是文才法名海印的缘故),具体指的是严吉祥。也就是说,武宗指明让智裕在文才宗派的严吉祥手下做事,而不是在他的受业师真容院法照大师之下,尽管严吉祥与法照大师同为五台等路释教都总摄。[3] 这样的安排说明,蒙古统治者更重视那些具有"根脚"身份的官员,不管他们是世俗的文官、武官还是宗教的僧官。

元武宗在位期间,蒙古皇室在五台山的崇佛敬僧达到高峰。至大二年(1309),智裕因蒙古皇室的垂青而在僧官系统内快速升迁。这一年的五月和六月,皇太子爱育黎拔力八达和皇太后分别巡幸五

---

1 《宣授五台等处释教都总摄妙严大师善行之碑》,《定襄金石考》卷3.25a—25b。
2 《宣授五台等处释教都总摄妙严大师善行之碑》,《定襄金石考》卷33.25b。
3 《宣授五台等处释教都总摄妙严大师善行之碑》,《定襄金石考》卷3.24a、27b。参见妙严碑所录严吉祥和法照的全部法号和官衔,见附录2。

图版 1　2006 年 8 月 9 日，山西泽州崔庄村关帝庙举行的晨礼中，正在诵经的佛教女信众们。这些信众只有在举行宗教仪式时才穿上棕色的僧衣。左边第二位妇女头顶上方端上是泽州县佛教协会 2005 年 12 月颁发的锦旗。锦旗的存在延续了在宗教场所展示宗教府支持凭证的千年传统。照片由作者拍摄。

图版 2　山西忻州元氏墓地。这座墓园包括了元好问祖父元至元好问孙辈六代人的陵墓。元好问是金袭时期中国北方伟大的诗人、学者、历史学家，也是本书中的重要人物。作为山西著名的历史遗址，这座墓园吸引了众多游人前来瞻仰。1794 年，一位仰慕元好问文学成就的地方官修复了墓园，修复在墓园周围筑墙，并重塑了倒塌的墓碑。他在墓园周围筑墙，修复了照片中所展示的守墓神兽。照片由作者拍摄。

图版 3　吕洞宾石窟，位于山西省芮城县永乐宫北约 18 公里的九峰山。这个石窟在纯阳上宫发墟背靠的陡峭山峰顶上，由一块巨大的岩石开凿而成，是九峰山全真教朝圣地。今天朝圣者仍在继续参观石窟并奉上祭品。祭桌上摆放的供品——啤酒瓶，说明了在中国民间文化中吕洞宾与酒业的深刻联系。照片由作者拍摄。

图版 4　九峰山纯阳上宫遗址。纯阳上宫在第二次世界大战期间被日军彻底摧毁，仅存四块元代大型圣旨碑，它们见证了纯阳上宫的辉煌历史。照片中的石碑上有八道圣旨，申明了蒙古皇室对纯阳上宫及其地产的庇护。石碑上左边最后两行红字是现代游客的涂鸦。照片由作者拍摄。

图版 5　　永乐宫 1262 年石碑。1262 年，忽必烈汗命官员王鄂撰文以纪念永乐宫建成。来自永乐宫的全真
道士雇佣当地石匠，将王鄂的记文刻于这方石碑的正面。与当时几乎所有的石碑一样，这座石
碑的顶部有雕龙的碑额，石碑立在一只象征长寿的龟背上。碑阴铭文提供了修建永乐宫功德主
的姓名、居住地和职业，证明了当地社区与道教宫观建筑群之间的密切联系。照片由作者拍摄。

图版 6　山西洪洞县霍泉分水亭。这座经过多次翻修的百年建筑。自金代以来一直按比例为大型霍泉灌溉系统分水。使用铁柱和石堰分水始于 1726 年。亭下九根铁柱将水分成十等份。亭后的石堰以 7∶3 的比例将水分流。三分水流入位于石堰左侧的南霍渠，七分水流入位于石堰右侧的北霍渠。今天，除了灌溉六千多公顷的农田外，霍泉还为城市居民和现代工业供水。照片由作者拍摄。

图版 7　山西洪洞县 1305—1319 年重建的水神庙灵应王殿。1934 年，中国建筑学家梁思成、林徽因夫妇以及美国考古学家费正清（John K. Fairbank）、费慰梅（Wilma Denio Fairbank）夫妇在山西省考察中国古代建筑时参观了广胜寺。灵应王殿因而闻名于世。1935 年，梁思成、林徽因出版了他们的考察报告，在报告中，他们高度评价了灵应王殿绝美的元代壁画，这是唯一现存主题佛道主题的庙宇壁画。其中最知名的壁画描绘了戏剧表演（见图版 8）。照片由作者各自拍摄。

图版 8　山西洪洞县明应王殿东南墙上的戏剧场景壁画。这幅壁画抓住了蒙古统治时代山西大众文化中的两个关键点：宗教的兴盛与戏剧的流行。它展现了活跃于山西平阳地区的著名女演员忠都秀剧团在 1324 年水神庙庙会期间上演的真实戏剧。前排的五位主要演员中，穿红衣的中心人物是一位女扮男装的官员，她即忠都秀。左起第二位是僧侣或道士。照片由文物出版社提供。

台山。在接下来的三个月中,已经是真容院僧录的智裕从皇太子、皇太后,最后从元武宗海山那里获得了一系列的令旨、懿旨和特旨。来自武宗的圣旨赐予智裕僧袍,并任命他为五台都僧录。

蒙古皇室,尤其是皇太后,支持智裕的具体原因不详,但应该与智裕和五台山其他"根脚僧"的密切关系有关,该关系中除了大万圣祐国寺的严吉祥外,还有其师父妙严大师。妙严大师曾任五台都僧录,曾以幻术让当时的皇太后赞叹不已。至大三年(1310)智裕在安横村崇福庵为纪念妙严大师所立的第二座石碑,可以回答有关这层师徒关系的疑问。在此前一年,因蒙古皇室的宠信,智裕成为一名显赫的"根脚僧",担任了妙严大师以前的职务——五台都僧录。我们虽然很难确定五台山"根脚僧"的准确人数,但其人数很可能是有限的。"根脚僧"由那些与蒙古皇室建立私人关系的特权僧人组成,大部分僧人显然被排除在外。

简而言之,五台山是蒙古统治时期汉传佛教和藏传佛教并存的圣地,是蒙古皇室、有权势的汉藏两系佛教僧人的重要聚集地。对于妙严、严吉祥和智裕等汉地佛教僧人而言,五台山给他们创造了接触蒙古皇室和藏传佛教高僧等上层统治者的便利途径,他们因此不仅在僧官晋升之路上取得成功,而且加入了五台山"根脚僧"的精英圈子。在这方面,藏传佛教对汉地僧人在蒙古统治政权建立的新佛教僧团中的地位具有重要影响。然而,藏传佛教显然对那些与藏传佛教高僧有来往的汉地僧人影响更大,但它并未深入五台山以外的汉地乡村社会。藏传佛教对中国基层社会的影响,是透过诸如智裕这样显赫的汉地僧人间接传递给他们的家族和亲属的。

僧人智裕的亲属关系

僧人与佛寺和蒙古政权的正式和非正式关系对僧人的重要性，远远不止于他们自身在僧团内获得的成功。正如僧人智裕的例子所示，这些关系同样对僧人的家族和亲属颇有裨益。在智裕的例子中，受益的就是定襄县安横村的张氏家族和亲属。根据《定襄金石考》中收录的一则13世纪晚期的碑刻铭文记载，安横张氏"宗枝浩大，世次绵远"，[1]但大部分张氏族人都从事卑微的工作，例如农民、乡村教师，少数人在县衙担任胥吏。在这一时期，他们主要的社会和政治荣誉来自在五台山出家的族人。

13世纪最后二十五年间，从亮公开始的三辈人中，至少有5位近亲与五台山佛教有联系：亮公、其子智裕和智泽、智裕的儿子智印和智玘（他们的名字在图3.1中加粗了）。[2]关于这个例子暗示的僧人有子嗣的现象，将在下文讨论其意义。这些张氏族人似乎并不完全遵守汉传佛教出家人不婚娶的戒律。我们很难确定他们在寺院里待了多久，以及在人生哪个阶段成为僧人。亮公显然是张氏族人剃度为僧的开创者，但现存资料显示，他的儿子智裕对于进入僧团的张氏族人具有更直接的影响力。其他张氏僧人都是智裕的晚辈，他们主要

1　《乐善老人墓幢》，《定襄金石考》卷3.4b。

2　与智裕同辈的男性中，"仲"这个字通常作为他们名字中的第一个字，但是根据当地关于法名的传统，智裕和智泽都使用了"智"这个字作为名字的第一个字。元成宗大德四年（1300）所立碑中提到亮公的四个孙子，他们名字的第一个字都是"道"。但从其他碑刻铭文来看，特别是元顺帝至正九年（1349）的碑，其中记录了智裕、智泽儿孙的名字，智裕儿子名字的第一个字是"智"，孙辈名字的第一个字是"居"。在亮公碑中，亮公的四个孙子名字的第一个字是"道"：道印、道玘、道杰、道法；这些名字显然指的是智裕的三个儿子和智泽的儿子（1349年碑中写作智印、智玘、智杰、智俊）。也有可能是牛诚修在抄录元成宗大德四年（1300）亮公碑时，将"智"误写作"道"，"俊"误写作"法"，因为该石碑部分文字难以辨认。

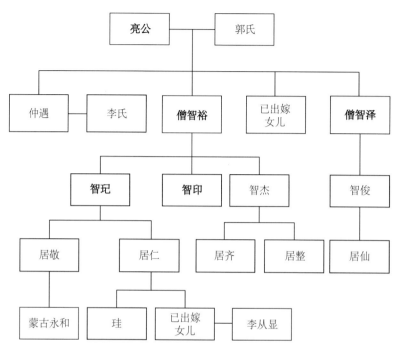

图 3.1 僧人张智裕家谱。蒙古统治时期,许多僧人都没有履行不婚娶的戒律。亮公是具足戒僧人,却育有 4 子;其子智裕同样是具足戒僧人,育有 3 子。为了方便制图,这些名字并没有依照他们的出生时间来排列。名字加粗的都是僧侣,表明张氏家族热衷于佛教。

受益于智裕在五台山获得的显赫声誉以及他的根脚关系。

考察安横张氏子弟的履历,可以看出,智裕个人的晋升使家人得以深入僧官体制及其他政府部门为官为吏。智裕的弟弟智泽和长子智印不仅是地方僧官,而且先后担任过家乡忻州的僧正,这说明他们很可能是因为与智裕的近亲关系而获得这个职位,而作为智裕儿子的智印甚至有继承这一职位的正当性,就像与蒙古贵族有根脚关系的家族子弟经常能继承父辈们在地方官府的职位一样。此外,智裕的次子智玘是五台山殊祥院的宣使,殊祥院是元代负责管理皇家寺院(例如五台山佛寺)财产的专门机构。[1]智玘获得五台山殊祥院的吏职,应该也和他的父亲是五台山僧官体系中的高官有关。张氏家族在僧官体制中的官位甚至还可能帮助后人获得了地方政府中胥吏的职位:智玘的儿子张居仁是河门口抽分大使。[2]《定襄金石考》中的其他碑刻资料显示,除了智裕的直系亲属,还有其他安横村张氏的族人加入五台山僧团,并在真容院出家。[3]

　　一个家族连续三辈人中有多人剃度出家并不令人意外,尤其是在中古时期。[4]尽管如此,安横张氏家族的命运及其与寺院之间的密切联系,让我们有理由相信出家为僧在元代不仅仅是个人的宗教选择,也是家族发展的一种策略。从现存碑刻资料来看,张智裕家族与三类佛寺保持长期密切的联系:五台山真容院等大寺、位于安横村的大永安寺(五台山某大寺的下院),以及家族佛堂崇福庵。这三座寺院在寺院等级制度中正好处于三个不同的层级,而张氏家族与寺

144
145

1　元仁宗延祐四年(1317)一则有关晋升监管佛寺财产部门胥吏的考课规定:"隆禧院令史、译史、通事、知印、典吏同五台山殊祥院人吏一体,常选内委付。……后有阙,令史须于常选教授儒人职官并部令史见役上名内取补;宣使于职官并相应内参补;……殊祥院人吏,先未定拟,亦合一体。"该规定表明这些考课原则同样适用于五台山殊祥院的吏员(《元史》卷84《选举志四》,第2099页)。如前文所述,泰定三年(1326),元朝廷在五台山修建了殊祥寺,并赐田300顷(《元史》卷30《泰定帝纪二》,第668页)。智玘所在的五台山殊祥院很可能负责管理该寺院的财产。关于元代管理寺院财产的特殊部门的讨论,见谢重光、白文固《中国僧官制度史》,第225—230页。

2　暖吉祥《大永安寺记》(元顺帝至正九年[1349]碑),《定襄金石考》卷4.39b。

3　具体人数不详,到目前为止我已经确定了两人。见《乐善老人墓幢》(元成宗大德四年[1300])和《张敬宗功德幢》,《定襄金石考》卷3.4a—6a和4.16a。大德四年(1300)的墓幢是张文展的第5个儿子、真容院妙吉祥为父亲所立。妙吉祥的俗家兄弟的名字中都有一个"子"字,这是亮公同辈人名字中的第一个字。智裕祖父张文海的名字中也有"文"字,因此,张文展和张文海无疑是同辈亲属。

4　更多的例子,见 Zürcher, *The Buddhist Conquest of China*, 206 - 10; Jinhua Chen, "The Birth of a Polymath."

院的关系也分别表现出三个不同的层面。

在第一个层面，张氏家族通过他们与五台山寺院的联系，获得了远远超出其乡村社会的人际关系。元武宗至大三年(1310)所立的妙严碑显示，智裕与五台山的关系为自己及其家族建立了广泛的宗教和政治的关系网络。尽管智裕表面上是为妙严大师立碑，但是该碑事实上是在宣示自己及其俗世家族卓越的人际关系网络。在智裕族人的名字旁列出了与建造这块石碑相关的显要人物：宣授五台等路释教都总摄法照大师教吉祥、五台山真容院前山门十寺僧判宣密大师俊吉祥、定襄县尹赵德温，以及包括秩从一品的平章政事、宣政院、会福院使安晋在内的 7 位朝廷高官，这些朝廷高官曾在至大二年(1309)夏参与了授予智裕圣旨、台山诸寺院师德保状及皇室所赐礼物之事 。[1]此外定襄县管领儒学教谕邢允修书碑，大万圣祐国寺住持、宣授五台等处释教都总摄严吉祥篆额。这些名字和职衔充分展示了智裕在到达自己僧官生涯的巅峰时在佛教界和政界所拥有的人脉，而这些令时人艳羡的社会关系网络通过立碑的方式延伸至张氏家族。

在第二个层面，张氏家族为了提高在本村的地位，数代人维持与当地的佛寺大永安寺(始建于唐代，至今依旧屹立于村中)的供养关系。元成宗大德元年(1297)，智裕向大永安寺捐献了一尊镀金佛像，并雇佣工匠修复了张氏家族之前放在寺中的祖先牌位，他应该是希望寺中的僧人可以为张氏的祖先祈祷、献祭和举行仪式。[2]智裕的后

---

1 《宣授五台等处释教都总摄妙严大师善行之碑》，《定襄金石考》卷 3.27b。
2 《亮公孝行之碑》，《定襄金石考》卷 3.7b，和《宣授五台等处释教都总摄妙严大师善行之碑》，《定襄金石考》卷 3.26b。

人继续供养这座地方寺院：例如元顺帝至正九年（1349）立的重修大永安寺之碑，碑身是由智裕的孙子、成为地方胥吏的张居仁捐献的。[1]该碑的碑阴列出了张氏族人的名字：智裕、智泽及二人的子孙。碑阴明确表示张氏家族是重修大永安寺的"都功德主"，即主要供养人。而其他大部分"都功德主"家族也都有族人在元朝政府或五台山的寺庙中任职。[2]这些"都功德主"家族都通过两方面的持续努力来维护他们在村中的精英地位：在财力和物力上支持本村大永安寺的建设和维持，族人在元朝政府的行政或宗教官僚体制中出仕。

在家族与寺庙关系的第三个层面，张氏家族利用崇福庵来纪念和巩固族人因为智裕而获得的强大人脉和俗世成功。崇福庵由智裕建在张氏家族的土地上。元成宗大德四年（1300）和元武宗至大三年（1310），智裕在这座佛堂中立了纪念其父亲的亮公碑和纪念其师父的妙严碑。其中妙严碑不遗余力地描述了张氏家族获得的非凡声望：作为张氏族人的智裕曾获得来自元武宗海山和皇太子爱育黎拔力八达的圣旨。传统上，定襄县以及中国其他地方的佛门弟子都会在佛寺中为师父立碑。这座为妙严大师所立的碑，并没有建在妙严在五台山的居住地——金阁寺或五台山其他地方，而是建在安横村的崇福庵中，由此说明了智裕是如何成功地利用佛教碑刻为其亲属谋福利的。在佛教同样兴盛的唐代，僧侣的家族背景经常会影响其所属宗派的起落（特别是当家族的兴衰与朝局政治紧密相关时），[3]而在元代，逆向的影响似乎更多：僧人在佛教界的命运可能会影响

1 《大永安寺记》（元顺帝至正九年（1349）碑），《定襄金石考》卷 4.39b。
2 牛诚修在《定襄金石考》中没有提供元顺帝至正九年（1349）碑阴上完整的功德主信息，我根据在原址拍摄的照片抄录了这部分铭文。
3 Jinhua Chen, "Family Ties and Buddhist Nuns."

其家族在俗世的命运。

智裕建崇福庵作为家族祠堂,暗示着张氏在乡村中的精英地位。金元时期,定襄县的大家族流行建造佛堂作为家祠,同时供奉佛教神明和祖先。智裕的僧官官衔以非常规的方式为张氏本家带来了品官家族的地位,使其有权建崇福庵作为家祠。立在崇福庵中的亮公碑和妙严碑,刻有张家五代人的谱系和传记信息。相反,张氏家族中并非智裕直系族人的平民百姓则不享有品官家族地位,他们往往通过建造尊胜陀罗尼经幢来刻写祖先的墓志铭。尊胜经幢通常是八面石柱,刻有佛教图像和《佛顶尊胜陀罗尼经》的全文或节文。正如我在他文中所述,金元时期晋北各阶层的人们都广泛使用尊胜陀罗尼经幢、石碑和私人佛堂等佛教纪念物,来巩固家族或宗族的关系纽带。区别在于,平民百姓多使用尊胜陀罗尼经幢,家境富饶的地方精英家族或者官宦之家则主要使用石碑和佛堂。[1]

的确,作为五台山精英僧人的亲属,定襄县其他许多家族也积极利用这种关系并从中获益,张氏家族并非特例。以季庄王氏家族为例,族人安公9岁时成为五台山真容院高僧文俊大师的弟子,大德元年(1297),王氏为安公建造了一座寿塔。寿塔建成时,安公身为季庄洪福院(隶属于五台山真容院)的住持。[2]根据寿塔上的铭文记载,安公的弟弟和侄子均出家为僧,其中侄子跟随安公在洪福院修行。正如智裕在亮公碑和妙严碑中花大量篇幅书写自己及其祖先的传记,

---

1　Jinping Wang, "Clergy, Kinship, and Clout," 216–224.

2　圆融大师《五台山洪福院安公讲主寿塔记》,《定襄金石考》卷 3.2a。至少从唐代开始,虔诚的汉地佛教徒开始在其先人的坟墓旁或墓园中建造尊胜陀罗尼经幢,并在上面刻写墓志铭,这样的尊胜陀罗尼经幢被称为墓幢。迨金元时期,为僧人修建的墓幢常被称为"塔"而不是"幢";当为健在的僧人建造墓塔时,会称墓塔为"寿塔"。见叶昌炽《语石》,第138页。

安公的寿塔再次证实,当时人们将佛教纪念物转化为刻写家族谱系的媒介。寿塔上的铭文包括了王氏家族的简要宗谱,列出了安公兄长家族三代人的名字。亲族建造这座塔向安公致敬,除了强调他们自身之间的关系外,还因为安公与显赫的宗教和俗世人物有联系:安公曾从蒙古元析大王那里获得令旨和宗教尊号,并与文俊大师(前五台山僧判)和法照大师(五台释教都总摄)都有联系。

安公绝非特例,蒙古统治时期的晋北乡村中存在着密集的寺院网络。这些寺院网络加强了地方家族、宗族和佛寺之间的联系。许多村庄会邀请本村人(例如安公)留在当地寺庙为僧,也会邀请邻村僧人担任本村寺庙的住持。这些寺院网络中也存在等级化的关系,比如建立起一定权威的僧人常常将门人弟子派往其他村庄的寺院,而村庄中的寺院也往往成为某座五台山大寺(特别是真容院)的下院。[1]

在另一个例子中,元仁宗延祐四年(1317),定襄县某村社长赵德仁去世,子女们建造了一座尊胜陀罗尼墓幢,为赵德仁题刻墓志铭并刻写赵氏族谱。有意思的是,该墓志铭的开头是这样定义赵德仁的身份的:"授皇子公主懿旨、延安驸马钧旨、五台山监修梵□[当为"寺"字]、前平定州僧副圆诚大师智足姑曰弟,公讳德仁。"五台山僧人智足,既是僧官,又与公主、驸马这样的蒙古贵族有私人关系。对智足头衔的描述方式再次证明,获得皇室成员的懿旨、钧旨等文书,对时人来说是比官职更重要的政治资本。[2]赵家后代着重书写了和智足的姑表亲关系,这样写的目的,显然是想通过与智足的亲属关系与蒙古

---

1 《普显和尚经幢》和《重修正殿东廊之记》,《定襄金石考》卷 2.20a—21b、51a—53b。

2 《故赵公墓志铭》,《定襄金石考》卷 3.41b—42b。

皇室扯上关系,也力图用智足的职衔来间接提升自己在村中的地位。

如果说智裕的例子告诉我们五台山高级僧官如何有效地使其俗世家族获益,那么安公和智足的例子则说明那些地位更低的族人如何努力将自己与五台山佛教体系中位于中等层级的僧官亲属联系起来。无论是哪一种,在元代,五台山精英僧侣对其俗世亲属而言都显得极其重要。他们为俗世亲属提供了维持或提高其社会地位的途径,而像张氏这样的家族则将这些途径看作通向成功的机会。我们或许可以借用导论中韩明士提到的概念,将这种现象理解为一种新的佛教"世俗化"。韩明士讨论的宋代佛教的"世俗化",指僧侣因在宗教市场上依赖俗众而不得不将一些宗教权威让渡给俗众。[1] 而元代佛教的"世俗化"呈现出相反的发展方向:僧侣更易接近政治权力中心、更易获得提升社会阶层的机会,在很大程度上导致俗众依赖僧侣,渴望与有权势的僧侣建立关系。随着政治和社会秩序的剧烈变化,五台山僧人的形象发生了巨大转变,他们在地方碑刻铭文中被描绘成受欢迎的孝子。

孝子佛僧的新论

自佛教传入中国,僧团与世俗社会的关系,尤其是儒家最重视的忠孝理念,经历了冲突与调和的过程。[2] 元朝以前的几个世纪中,汉地佛教徒发展出了一套有力的、强调佛教教义与儒家孝道融合的理念和实践。[3]《父母恩重经》、追荐功德(merit transformation)以及水

1　Hymes, "Sung Society and Social Change," 598–599.

2　关于早期僧团对僧人不拜父母君王的坚持,及其与世俗权力的斗争,参见 Stanley Weinstein, *Buddhism under the T'ang*。

3　学者们指出,"孝"的概念并非中国佛教所独有。关于早期印度佛教中僧侣对父母表达孝心的例子,见 Schopen, "Filial Piety and the Monk,"以及该文章的修订版:*Bones, Stones and Buddhist Monks*, 56–71。

陆法会等佛教经文、概念、仪式的流行,进一步巩固、传播了佛教的孝道理念。[1]有的佛教徒甚至提出,佛教比儒家提供了更好的方法来履行孝道。[2]在佛教话语中,孝子报答父母养育之恩的最好方式是通过剃度为僧来帮助父母死后进入佛国净土,其次是参与盂兰盆会等佛事活动,以及向寺院僧团布施来救赎父母、祖先生前的罪业。[3]到宋代,很多儒家士大夫认可了以佛教的方式来践行孝道的做法,如建功德寺、坟庵,邀请僧侣来看顾家族祠堂和祖茔。[4]他们也支持佛教寺院的修建,参与佛教慈善事业,并在为佛教僧侣和寺庙撰写的碑文中强调,佛教徒的思想、行为不仅表达了孝顺的理念,也增强了世人与祖先的联系纽带。[5]士人的这种思想从南宋一直延伸到元代,元代南方地区的士人非常强调僧人对先考先妣的孝敬之心。[6]简言之,传统佛教的孝道论重在突出孝子改善父母和祖先在阴间和来世命运的可能性。

然而,在大德四年(1300)的亮公碑和至大三年(1310)的妙严碑中,孝道的重点拓展到了俗世,即僧人的孝行可以使其父母在俗世获益。这种对僧人孝行的世俗理解,在这两座石碑上以物质的、视觉的、文字的方式表现出来。首先体现在石碑的大小上。两座石碑体

1 关于福田(merit field)及追荐功德(merit transformation)等佛教概念对中国社会文化的影响,参见 John Kieschnick, *The Impact of Buddhism on Chinese Material Culture*, 157 - 164;关于水陆法会等佛教礼仪,参见 Stephen Teiser, *The Ghost Festival in Medieval China*(《中国中世纪的鬼节》)。

2 Gregory, *Tsung-mi and the Sinification of Buddhism*, 31 - 32.

3 Teiser, *The Ghost Festival in Medieval China*, 65 and 201.

4 关于坟庵、功德寺在宋代的流行以及与士大夫家族的关系,参见竺沙雅章《宋代坟寺考》,《中国佛教社会史研究》,第 111—143 页。

5 Halperin, *Out of the Cloister*, 205 - 215.

6 Halperin, "Buddhists and Southern Literati," 1472 - 1476.

量均十分硕大:亮公碑高约 3.2 米,宽近 1 米,而妙严碑是牛诚修抄录的所有石碑中规格最大的,高约 4 米,宽约 1.2 米。因为这两座巨碑仅凭其规格就给人以视觉冲击,以这种方式展现了智裕为其家族赢得的持久名望,以及该家族在村中或在更大的世界中获得的显赫地位,即使是目不识丁的旁观者,也会对此印象深刻。

对于识字者而言,这两座石碑的铭文(都由智裕在五台山的佛门同道福吉祥所写)运用了更多的修辞策略,传达了同样的信息,但内容更加丰富。这两则碑文讲述了智裕与佛教界和政界中的显赫人物(包括蒙古皇帝)之间的关系。福吉祥在亮公碑中称智裕"有孝有行兮,犹若曾参"。曾参(前 505—435)是孔子的学生,以孝出名,还是"二十四孝"故事中的主要人物之一。元代山西地区墓葬装饰中,甚至是在出家人的墓中(如上章所示),"二十四孝"是极为流行的母题。[1]在福吉祥的描述中,智裕有僧人和孝子两重身份。相似的语言在定襄早期的佛教碑刻铭文中已经出现。金元之际,许多地方的佛塔或石碑铭文都对僧人在"行孝"的同时"侍师"的行为方式表示赞赏。[2]但亮公碑和妙严碑将僧人作为孝子的理念推进到前所未有的程度。

首先,这两则碑文都赞美智裕建造孝行碑以悼念父母,并强调这是每个孝子都应该做的事情。福吉祥在妙严碑中点明亮公碑的性质是孝行碑:"是时定襄安横里通理大师亮公子男智裕,僧中妙行,精勤建庵立塔,镌刊祖宗孝行之碑。"值得注意的是,在亮公碑中,福吉祥不仅指出亮公自己也曾为父母立孝行碑,而且将亮公和智裕分别立孝行

1　学者们指出,华北地区流行的"二十四孝故事"与华南地区流行的故事有所不同,不过在南方和北方两个版本的"二十四孝故事"中都有曾参的故事。见董新林《北宋金元墓葬壁饰所见"二十四孝"故事与高丽〈孝行录〉》。

2　《普圮和尚塔幢》和《英辩大师澄公碑铭》,《定襄金石考》卷 2.6a—6b、50a。

碑之事放在两个佛教神迹故事的框架中进行阐释，这种叙述手法展现了孝子佛僧新论的一个面向。关于亮公孝行的神迹故事参见附录2碑文原文，这里着重探讨智裕立孝行碑的神迹故事。亮公碑文载：

> 同年刊石镌碑，现祥奇瑞。论功则万有余人，论贿则五十余锭。欲行运载，全然不动。师乃向前焚香祷日："愿圣如持，龙天护祐。"骇然空中作向，有若天雷，云生雾长，从空而起。神功运转，斯者还归。号日神碑。[1]

在福吉祥的叙述中，智裕的孝行远远超越了那些普通的俗世之人。智裕的佛教修行使其具有超凡的能力，能够召唤神灵之力助其运载为父所立的孝行碑。在对孝行碑的叙述中，福吉祥很明显运用了佛教关于佛像神迹的典型修辞。[2]通过这种修辞方式，佛教神迹故事的传统与福吉祥所论的孝道极为巧妙地结合在一起。其效果是将亮公碑与其他孝子为父母所立的孝行碑区别开来，渲染了在佛力加持下亮公碑所具有的超越俗世的"神碑"的神圣性，从而突显智裕以僧人身份行孝的与众不同。

最令人吃惊的是，这两则碑文都对智裕的官职助其俗世家族提高社会地位并增加财富的作用大加赞美。如亮公碑所述："复于大德四年特授汾州僧正，官□五品之余，门兰有庆，富贵荣歌，谣尽喜喜，

---

1 《亮公孝行之碑》，《定襄金石考》卷3.7a—7b。
2 亮公碑中记录的这一神迹故事，与时间更早的高僧传中记录的阿育王佛像故事有一些相似之处。在更早的佛教文献中，佛像会神奇地暗示他们想要迁到新地方的愿望。例如，在早期高僧慧远的故事中，大将军陶侃试图搬运一座佛像，佛像却纹丝不动，在慧远的祷告下，那座佛像却瞬间变轻了。关于阿育王佛像故事的研究，见 Shinohara，"Stories about Asoka Images."

遐迩欢心,名传四海,声震八方。"[1] 这些华丽的语言经常会被视作陈词滥调。但在此处需要在其语境中加以理解:那些经常被用来描述科举中第士人的词藻,被用在此处表彰僧人的仕途成功及其为家族带来的名望和富贵。因此,对于大德四年(1300)智裕为父亲建造的孝行碑,福吉祥详细记录了资助者人数(万余人)及其捐赠的钱数("五十余定",在元代货币体系中相当于250两白银)。尽管这些数字有夸张之嫌,但它们支持了福吉祥的论点,即智裕为其家族带来了声誉和财富。福吉祥对于智裕弟弟智泽的描述同样使用了耳熟能详的儒家词汇,来赞美他在现世的成功及对家族的贡献。智泽在亮公碑中被描述为:"有仁有义,敬亲和睦,能置家业,礼乐丰焉。"[2]

此外,细读福吉祥对智裕孝行的描述与称赞,我们能很快发现智裕在老家安横村几次"孝举"时机的选择都颇有深意,即每次智裕个人在僧团中地位的上升在某种程度上都将转化为家族俗世地位的提高。具体而言,智裕的三次孝行之举都发生在他获得蒙古皇族的令旨、圣旨和获得僧官职位的升迁之后。亮公碑的铭文中提及,智裕的第一次孝行是在大德元年(1297),"特舍己财,请永安寺内重建祖宗牌额一面,浑金圣像一堂。欲报出世恩,当酬养育德"。这是在他前一年两次获得蒙古宗王的令旨之后:"至元贞特授八不砂□□金宝令旨二道。"[3] 虽然

---

1 《亮公孝行之碑》,《定襄金石考》卷 3.7a。
2 《亮公孝行之碑》,《定襄金石考》卷 3.7b。
3 《亮公孝行之碑》,《定襄金石考》卷 3.6b—7a。《元史·成宗本纪》元贞二年(1296)有"诸王八不砂"之记载,张智裕得到的,概为此八不砂大王令旨。当年成宗为其母在五台山所建大万圣祐国寺建成,有可能八不砂在夏六月随同皇太后亲幸五台山,此时智裕在五台山僧团中的位置不明,但他能获得与蒙古贵族接触的机会,可能与他作为法照大师和妙严大师的弟子有关。据妙严碑所载,元贞二年(1296),作为五台山都僧录的妙严大师在迎接皇室巡幸五台山的过程中获得皇太后赏识。

我们并不知道这两道令旨的具体内容,但它们的存在足以说明,智裕在元贞二年(1296)前后已经成功建立起与蒙古皇族的人际关系,这在蒙古统治时期是最为时人所热衷的升迁之道。此后智裕也确实在僧官系统内快速升迁。智裕的第二次孝行即发生在智裕被任命为汾州僧正后不久,表现为大德四年(1300)建崇福庵及在庵内立亮公碑。第三次孝行则是至大三年(1310)在崇福庵立妙严碑,发生在元武宗任命智裕为五台山都僧录之后。这些行为之所以是孝行,是因为它们都是对地位的有意展示,而这种展示并非针对五台山寺院僧团,而是针对智裕家族的定襄县同乡。换句话说,智裕将自身在僧官体系中获得的地位和荣耀,以示孝的名义、建庵立碑的方式,在张扬个人成就的同时,帮助张氏家族实现向上的社会流动。因此在福吉祥的笔下,智裕的每一次孝行都被呈现为他在僧官体系内获得世俗性成功的结果。智裕的同时代人,无论是僧侣还是俗世之人,都会理解这种联系。

对现世孝行的崇尚使得智裕作为僧人和官员的双重身份被世人欣然接受,同时被接受的还有这样一种理念:智裕的父母及家族在现世和来世都能从智裕的孝行中获益。这种理念再进一步就成了佛教孝道观的新论,即相比普通的俗世之人,智裕这样的僧人是更好的孝子。其宗教修行给普通的孝举增加了神圣性(例如为父母立经过佛教神灵加持的孝行碑),而其僧官身份则有助于提高俗世家族的地位和社会名望。相应地,在很多认识到这一点的时人眼里,佛教僧侣的职业也水涨船高,因为僧人在僧团中的成功可以给家族带来真实益处。这种孝子佛僧的新论与传统的佛教孝道论存在明显区别。与后者强调僧侣对祖先亡魂的救赎不同,新论将关注点放在僧侣提升家人此生享受富贵安康的能力上。这种佛教孝道新论对应的一个新的社会现实是,元代僧人需要同时向父母和师父、家族和寺庙履行义务,而这两种责任之间会产生矛盾。但由于作为佛教僧人的成功在某种程度上转化为世俗的成功,家与寺之间的矛盾,即便没有被完全解决,也是大大减弱了。

因此,我们看到智裕在亮公碑和妙严碑中被福吉祥不吝赞誉的,正是他成功地既报父恩,又报师恩,同时履行了对安横村家族和五台山佛寺的双重责任。考虑到智裕有三个儿子,他的弟弟智泽也有一个儿子,我们要如何看待他们兄弟俩的婚姻和守戒状态呢?不管是亮公碑还是妙严碑,都没有具体谈到智裕和智泽是在什么年纪出家为僧的。[1]这二人是否在结婚生子之后才进入佛门?福吉祥在碑文中并未提及,这是为何?如果他们是在进入佛门之前娶妻生子,福吉祥为何不将此事和盘托出,以避免任何可能的质疑?福吉祥在这个敏感问题上的沉默是否表明智裕和智泽虽然是具足戒僧人,实际上违背了佛教的不婚娶戒律?他们可能是在出家之后才有儿子的吗?

这种困惑或许揭露出在孝子佛僧新论中佛教实践和儒家美德之间的潜在矛盾。智裕的兄长张仲遇并未留下延续张氏家族血脉的男丁。张仲遇死后,智裕和弟弟智泽应当承担为张氏家族传宗接代的责任。福吉祥没有提及智裕和智泽何时出家为僧,或许是因为羞于承认五台山僧人拥有妻儿,尽管我们将在下文看到,这在蒙古统治时期并非罕见。

1　亮公碑提到智裕在元世祖至元二十一年(1284)修建了一座高塔,因此我们唯一可以知道的是智裕应该是在这一年之前进入佛门的。见《亮公孝行之碑》,《定襄金石考》卷 3.7a。

正如智裕的例子所示,五台山僧人在自己的文章中公开称赞僧人是更好的孝子,并在碑刻中表达了相同的观点。但是他们没有也不会以相同的方式吹嘘自己的婚姻角色,因为(不同于他们的孝子角色)这并未得到朝廷和社会的认可。这也意味着几乎没有一则地方碑刻铭文会记录元代僧人的婚姻状况。我们必须通过他们的对立者(政府官员、儒士以及那些坚守传统佛寺戒律的僧侣)留下的偏见性的文字,来观察在南北方社会中都出现的元代僧人非常规家庭角色:丈夫和女婿。

154
155

作为丈夫和女婿的僧人

谢恩·克拉克(Shayne Clarke)在对早期印度佛教戒律的研究中发现,在印度佛教的法典里,结束婚姻并非寺院生活的先决条件,出家的印度僧人可以继续回家探望妻儿。[1] 然而在元代社会,遵守独身戒律、割断与原生家族的联系已是存在已久的佛寺清规和社会规范,而且大部分皇帝的诏令也禁止僧尼结婚。除了那些前西夏地区的僧人可以合法拥有妻子,元朝政府通常禁止出家人(包括僧道)娶妻生子,[2] 但是许多元代汉地僧人并未遵守不婚娶的戒律,一些人甚至会公开结婚。

忽必烈统治时期,僧人娶妻生子的丑闻已经引起了中央朝廷的注意。例如,至元二十八年(1291),忽必烈曾下令通过修缮庙宇来惩

1　Clark, *Family Matters*.

2　大薮正哉《元代の法制と宗教》,第158—161页。

罚那些违背戒律的"有俗僧人"或"有媳妇的和尚"。[1]至元二十九年（1292），忽必烈颁布了关于选任僧官的圣旨，其中强调僧官须无妻。[2]次年，忽必烈诏令"僧官总统以下有妻者罢之"，将有妻子的僧官革职，但不包括官位在总统以上的高级僧官。[3]元政权并不允许高级僧官结婚，但是如果他们违背了不婚娶戒律，即便有所处罚也是比较宽容的。禁止僧官和道官娶妻生子的圣旨如此之多，说明这种做法在当时十分常见。[4]

　　元朝政府意识到僧道结婚盛行最关键的原因是僧道可以免除劳役和赋税。这些诱人的特权驱使大量平民百姓选择出家，但事实上他们仍与家人一起住在寺院之外。为了解决这个问题，至元三十年（1293），忽必烈颁布圣旨规定，没有妻子的僧道，其土地可以按之前的圣旨享有免税权。[5]而对有妻子的出家人要如何处理，他们的土地是否要纳税，因史料不全，我们无法判断当时元廷是如何决断的。但根据同年颁布的"僧官总统以下有妻者罢之"的诏令，可能还是会依

1　《佛祖历代通载》卷22.24a。"臣下闻奏，有俗僧人，宜令同民。帝令修补寺院以遮其过。"《元典章》第2册，第1132页。"和尚不许妻室：至元二十八年十月初八日，宣政院官奏奉圣旨节该：'有媳妇的和尚有呵，宣政院官人分拣者。坏了的寺每根底修补者。种田呵，种纳的数目，俺根底说者。'道来。钦此。"

2　胡居祐《宣授诸路释教都总统佛慧普通慈济大禅师汾溪满公道行碑》，《金石萃编补正》卷3.14b—19b（《石刻史料新编》第1辑第5册，第3522—3525页）。"壬辰（1292），诏举行业超群、学高时辈、无家室可充僧官者。"

3　《元史》卷17《世祖纪十四》，第374页。

4　关于元代僧道盛行娶妻，见谭晓玲《冲突与期许：元代女性社会角色与伦理观念的思考》，第24—30页。

5　《元典章》第2册，第957页。"无媳妇的和尚、先生每的属寺院里常住田土有呵，依着大圣旨体例里，休纳者。有媳妇的和尚、先生每呵。自之后，和尚、先生，也里可温、荅失蛮不拣谁，在前会纳钱粮的田土，'买了来，与了来，做布施得来的来'道，不纳钱粮的，更租佃系官田土不纳租米的人每，依在前纳的体例里纳者。事后出首了不纳的，要罪过者。圣旨俺底。"按校勘记，"有媳妇的和尚、先生每在呵"，本句文义未完，以下当有脱节。

僧人的官位高低有不同的处理方式。

　　元中后期官府审理有关僧道婚姻的法案说明,元朝针对有妻僧官基本的处理原则是,对还俗为民者从轻处分。至大四年(1311)十月浙西廉访司向中书省上报了一件道官"求娶妻妾,不务梵修"兼贪污的罪案:"嘉兴路玄妙观住持提点杨立之畜妻养子,及典雇张十四娘等三名通房使唤,革后不行悛改,又以祈雪禳蝗为由,题舍钞定。"浙西廉访司初定,"以不应违例畜妻罪犯,合决六十七下,退罢为民。缘所犯系在革前,若依有妻僧官断罪,收系为民"。这里的"革"指同年四月元仁宗革僧道衙门的改革措施,这次改革只保留了宣政院、功德使司两个中央的宗教事务衙门,废除了原先各府州县的全部僧道管理机构,并将处理僧道案件的司法权也收归"管民官"。[1] 从浙西廉访司初拟的判案意见来看,改革之前对"有妻僧官"的断罪——按元代通例,当由僧官和管民官在"约会"制度下协同办理——显然要比改革后的"违例畜妻罪"宽松。由于杨立之是道官,"缘道官未有通例",浙西廉访司还是将案子上报到朝廷。最终,中书省虽然同意杨立之应受到惩戒,但由于正好遇到赦恩而仅令其本人还俗和承担差役。[2] 这个案子说明,至大四年(1311)以前元廷已有处理僧官娶妻的具体法规。然总体而言,元朝对僧道结婚的法律惩罚相对宽容,因此对于那些违戒犯罪的僧人而言,风险并不是很高。

　　在元代,僧侣与妻子同住的故事并不少见,这样的行为常受到秉持佛教戒律的僧侣和儒士的激烈谴责。一些精英僧人(包括藏传佛

　1　至大四年(1311)四月武宗"革僧道衙门免差发"的圣旨,见《元典章》第 2 册,第 1127—1128 页。
　2　《元典章》第 2 册,第 1137 页。

教和汉传佛教僧侣)将元代僧人分为两个简单的类别——好和尚和
歹和尚。"歹和尚"往往指僧官,而娶妻(也可能是妾)是歹和尚的主
要特点之一。藏传佛教高僧胆巴(1230—1303)是批判僧官的精英僧
侣之一。作为八思巴的弟子,胆巴在元代许多重要的宗教事务中扮
演了重要角色。[1]至大四年(1311),元仁宗爱育黎拔力八达(最尊崇
儒学的蒙古君主)登基,他在试图废除僧道衙门时,引用了胆巴的话
来为自己的决定辩解:"好和尚那里肯做僧官。"[2]汉地佛教僧人念常
(1282—1341)撰写了一部佛教编年体通史《佛祖历代通载》,记录了
佛教从起源到他所处时代的历史,念常与胆巴、元仁宗都持同样的看
法,他感叹道:"朝廷尚行于爵秩,释子乃竞于官阶。官阶无尽期,贪
爱无满分,胡不养其妻子,跪拜君亲。"念常认为"识达于此无取
焉"。[3]从这个角度看,念常高度评价文才的弟子性公(1321年圆
寂),将他看作"好和尚"的模范:尽管被皇太后答己任命为五台山皇
家寺院普宁寺住持,但性公从未与权贵来往或讨好有势力的藏传佛
教高僧。[4]

　　士大夫们则认为他们所处时代最严重的问题是"异端太横",其
中包括了"释老二氏之徒,畜妻育子"。[5]一些南方士人极为鄙视这
种社会现象,他们指责汉地僧人受到了外来者(隐射藏传佛教高僧)
的影响,认为这些问题在北方尤其严重。元末学者叶子奇指出华北

1　13世纪60年代,胆巴驻留在五台山寿宁寺中,元世祖至元十八年(1281),他参与
　　烧毁了全真道藏,但他说服元成宗铁穆耳恢复了佛道的免税特权,后来胆巴奉诏
　　住持大都大护国仁王寺直到元成宗大德七年(1303)去世。见《佛祖历代通载》
　　卷22.26b—29b,《元史》卷202《释老传》,第4519页。
2　《通制条格校注》卷29《僧道》,第709页。
3　《佛祖历代通载》卷22.42b—44a。
4　《佛祖历代通载》卷22.57b—59a。
5　张养浩《时政书》,《元代奏议集录》中,第198—199页。

许多僧人公开娶妻,甚至让妻子住在寺院中,他认为这些僧人是学习了藏传佛教高僧的做法。[1]叶子奇的叙述很可能是真实的。念常撰写的《佛祖历代通载》以及元朝的典章文献都记录了晋东南潞州的一名非汉人僧录在一座寺院中聚集了大批女子。这桩丑闻使元仁宗十分生气,因为发生丑闻的寺院刚好是他名下的。[2]尽管这桩丑闻促使元仁宗在至大四年(1311)登基未久就通过革除僧道衙门来压制宗教势力,但这项努力还是以失败告终。仅仅两年,在崇佛的皇太后答己、宣政院及帝师的压力下,仁宗不得不在皇庆二年(1313)逐渐恢复僧人在免税和词讼方面的特权。[3]

　　敏感的元代儒士还嘲讽了僧侣作为丈夫和女婿这一引人注意的新角色,但也正因为他们的挞伐为我们留下了相关记载。最典型的例子是元代士人朱德润(1294—1365)写的一首讽刺诗《外宅妇》。尽管诗中没有明指僧人的所在地,但这首诗形象地描述了僧人妻子的富足生活,准确地指出僧人在婚恋市场上相比其他社会群体(包括贫困的儒士)的优势,说明了为何一些没有权势的家族会认为僧人是好丈夫、好女婿。

　　"外宅"这个词在古汉语中有两层意思,它可以指城外住宅,或是除了主要住宅之外的别宅,同时它也可以指男子养于别宅而与之同居的女子。从语境来看,这首诗里的"外宅"主要指的是僧人日常居住地(也就是佛寺)之外的住宅,但它也蕴含着第二层意思,讽刺僧人

1　《草木子》卷4,第84页。
2　《通制条格校注》卷29《僧道》,第708—710页。"在前我栲栳山回来时,到潞州呵,平阳的僧录腊月八日,就潞州我的陆水寺里,杀羊唤歹妇女每吃酒,又和尚每告他,则潞州里要了九十余定钞来。"《佛祖历代通载》卷22.43b。
3　陈高华《元代佛教寺院赋役的演变》,第11—12页。

的婚姻虽然是非法的、违背寺院戒律的,但在当时却十分普遍。

《外宅妇》描述了僧侣的许多特权,这些特权让 13—14 世纪的许多汉人父母乐意将女儿嫁给僧人,将儿子送入寺院剃度出家。这首诗写道:

> 外宅妇,十人见者九人慕。
>
> 绿鬓轻盈珠翠妆,金钏红裳肌体素。
>
> 贫人偷眼不敢看,问是谁家好宅眷。
>
> 聘来不识拜姑嫜,逐日绮筵歌婉转。
>
> 人云本是小家儿,前年嫁作僧人妻。
>
> 僧人田多差役少,十年积蓄多财资。
>
> 寺旁买地作外宅,别有旁门通巷陌。
>
> 朱楼四面管弦声,黄金剩买娇姝色。
>
> 邻人借问小家主,缘何嫁女为僧妇。
>
> 小家主云听我语,老子平生有三女。
>
> 一女嫁与张家郎,自从嫁去减荣光。
>
> 产业既微差役重,官差日日守空床。
>
> 一女嫁与县小吏,小吏得钱供日费。
>
> 上司前日有公差,事力单微无所恃。
>
> 小女嫁僧今两秋,金珠翠玉堆满头。
>
> 又有肥膻充口腹,我家破屋改作楼。
>
> 外宅妇,莫嗔妒,廉官儿女冬衣布。[1]

1　朱德润《外宅妇》,《存复斋集》卷 10,第 313—314 页。

这首诗生动刻画了元代社会中财富和权力(例如免除赋税)如何决定普通汉人家庭的选婿策略。在这样的社会中,僧人作为丈夫和女婿,比胥吏和普通农民具有更强的竞争力。僧人不仅可以为妻子提供舒适的生活,而且可以为岳父家庭带来财富。[1] 鉴于其讽刺性的语言,《外宅妇》可能为了增强效果而夸张地描绘了这种现象,因此我们或许不能将其看作社会现实的直接反映,但是这首诗毫无疑问说

明了一定的真实情况,尤其是僧人作为结婚对象的优势。

《外宅妇》中透露出更为惊人的信息: 僧人比儒生更有前途。学习儒学保证学生可以正式地成为"儒户",可以免除劳役,但很少有机会获得财富。朱德润在《外宅妇》的最后指出了这一点,表明"廉官"(通常指的是士大夫)儿女无法获得像僧人妻子那样的富足生活。在另一首诗《德政碑》中,朱德润提到那些拿着学校微薄收入的学生因为太贫困,以至于只要能够获得酬劳,他们不在乎真假都愿意撰写德政碑来颂扬高官。[2]

《外宅妇》一诗与南宋士大夫袁采在 1178 年的《世范》中向士人家族子弟提供的职业建议形成鲜明的对比:

> 士大夫之子弟,苟无世禄可守,无常产可依,而欲为仰事俯育之资,莫如为儒。其才质之美,能习进士业者,上可以取科第致富贵,次可以开门教授,以受束修之奉。其不能习进士业者,

---

1 许多元代的碑刻铭文提到僧人的个人财产,即使普通僧人也可以积累大量钱财。例如河南一个地方佛寺的住持普宣在 1346 年去世后留下了 7 500 贯钱。见《圆寂灵隐大和尚长供之记》,《金石萃编补正》卷 4.24b—25b(《石刻史料新编》第 1 辑第 5 册,第 3547—3548 页)。

2 朱德润《德政碑》,《存复斋集》卷 10,第 312 页。

上可以事笔札,代笺简之役,次可以习点读,为童蒙之师。如不能为儒,则医卜、星相、农圃、商贾、伎术,凡可以养生而不至于辱先者,皆可为也。[1]

12、13世纪,成为举子或士人是南方年轻人最好的选择。然而在蒙古征服金朝和南宋之后,北方和南方的传统社会秩序都被颠覆,对于许多汉人而言,出家为僧比成为士人更能养家糊口。

另一位儒士汪元量在写于元世祖至元十八年(1281)的《自笑》诗中,明确点出了这一现状:

> 释氏掀天官府,道家随世功名。
>
> 俗子执鞭亦贵,书生无用分明。[2]

这首诗也表明了当时士人的观点,他们认为对汉人而言,宗教和军事成为蒙古统治时期最兴盛的两个职业领域。就像朱德润的诗一样,我们不需要从表面来理解汪元量的文字,尤其是我们从其他材料可知,南方士人依旧在地方层面具有一定的社会力量。相反,我们应该将这首诗看作是儒士的怨言:他们憎恨僧道或军人获得财富和荣耀。在他们眼里,僧道和军人都是道德上不如自己的人,却占据了本该属于自己的一切。

在元朝,像朱德润和汪元量这样的士人抱怨士人势力的衰颓,而

1　《袁氏世范》卷2.18。袁采认为"伎术"是那些无法成为士人的人可以选择的职业之一。另外,"农圃"这个词可以指耕作和园艺。
2　《增订湖山类稿》,第73页。

僧道则拥有权力、荣誉和财富,甚至女人。表面上看,这些抗议诗中的抱怨是针对僧道的,但本质上是在批判元朝的政治体制。毫不意外的是,极端反对僧道的士人,例如孔子的后人孔齐(约 1310—1365 年),不仅认为僧侣和女人分别在政府和家族篡夺了传统制度下的公权力(即原本应该属于士人和男人的权力),而且提出这些"异端"及其权力是元朝统治的症结所在。[1]孔齐将寺院和家族中道德秩序的衰颓归咎于蒙古统治者政治领导能力的不足,元末的很多士人都持类似观点。这些士人的著作反映了传统特权群体(例如儒士)和过去被边缘化的群体(例如僧道)在元代的真实生活体验,以及这种现实与传统规范之间的矛盾所产生的颠覆性影响。这种矛盾构成了元末社会矛盾中重要的组成部分,最终导致了大规模的地方起义。

小　结

蒙古统治造成华北地区政治精英的构成发生了重大改变。尽管在文官体制中,官衔和官职依旧标志着精英的政治地位,但是通往这种地位和权力的道路,与宋代甚至是金代相比发生了很大的变化。科举功名不再充当精英法律和社会地位的关键性标志。蒙古统治下,多个合法的权力中心并存。忽必烈登基称帝后,僧道衙门成为重要的体制内权力中心之一。事实上,元朝政府或与政府相关的机构中,任何职位都可能使其任职者成为全国、行省、府州县或村级的政治或社会精英。即使是乡村僧侣,只要获得官职,或从蒙古贵族那里

1　Smith, "Fear of Gynarchy in an Age of Chaos"; Halperin, "Buddhists and Southern Literati," 1491.

获得一纸庇护的令旨、懿旨、圣旨，其社会地位就会在一夜间从普通人变成显赫的人物。虽然僧侣并没有替代文官治理蒙古帝国，但是蒙古统治者们青睐佛教，授予僧官相当的合法权力，并赋予僧官过去只有文武官员才能享有的法律特权和社会地位。在这方面，蒙古统治时期佛教地位的提升严重挑战了儒士在中国官僚体制中的传统优势地位，也挑战了中国传统社会中那些维护士大夫特权的社会和法律秩序。

蒙古统治时期，僧侣的社会角色也因此发生了很大的改变。在五台山有影响力的佛教组织中，地位显赫的僧人不仅在寺院僧团中，也在政府机构中为家族谋利。在受教育者和未受教育者公开竞争官职和地位的社会中，智裕那样的"根脚僧"可以利用自身显赫的地位让族人在官僚体系中受益，使其成为僧官或负责佛教事务的政府吏员。因此，与五台山佛教僧团的纽带关系，不仅增加了僧人成为僧官的机会，而且他们的僧官职位还有可能为近亲族人承袭。寺院的宗派关系和俗世的家族关系不断重叠相交，在某种程度上，可以说在五台山周边的地方社会中，佛教与家族在理念和实践层面都已密不可分。当地民众也流行建立纪念性的石碑和私人佛堂，来巩固家族的亲属关系以及寺院和家族之间的联系。

可以理解的是，在元代，人们开始将佛教僧团中的职位和等级看作为自己和家人获得权力、财富和声望的有效途径。一方面，许多僧人用世俗理由合理化自己政治和社会地位的提高。他们将自己（就像他们的原生家族所希望的那样）看作孝子，通过在元朝廷的僧道衙门中获得要职来提高本家族在俗世中的地位。僧侣作为孝子的概念与佛教对于孝道的传统认识有一定的区别。其重点从僧人对祖先来世的救赎,转变为对现世物质生活的追求和家族地位的提升。因此,像五台山僧人智裕这样的僧官,将元朝廷的国与张氏家族的家联系在一起的做法,与前代儒学士大夫通过科举入仕来连接家国的行为,并无本质的区别。另一方面,一些地位普通的家族认为不论对于女儿还是家族,富有的僧人都是乘龙佳婿的上佳人选。尽管僧道娶妻生子被元朝廷禁止,并遭遵守戒律的僧道和士人严厉批判,但这一现象在当时仍然普遍存在,因为僧道富有且享有免除赋役的特权。作为强大的政府和社会机构,佛教僧团因此与家族制度相互作用,在元代重塑亲属关系中起到了关键性的作用。

164
165

对其他社会机制的深入影响,是蒙古统治时期佛教和道教的显著特征。同样令人吃惊的是,这两种宗教在华北都渗透到哪怕是最有排外性的乡村组织中,正如我们将在下一章所见,这种渗透也影响了战后或灾后地方社会中乡村社会经济秩序的重建。

165
166

4

僧道、水利组织和
乡村社会经济秩序

元成宗大德七年八月初六(1303 年 9 月 17 日)晚 7 点至 9 点,华北许多地区发生了里氏 8 级的灾难性大地震,晋南的平阳路赵城县处于震中,此后几年余震不断。这场大地震对整个山西社会造成了严重破坏。据有关这次地震的地方碑刻记载,仅平阳路就有约 30%的人口(20 万人左右)在地震中丧生,70%的建筑塌毁。[1] 这场毁灭性的地震,导致了晋南地区在接下来的二十年中展开新一轮大规模基础设施建设和社区重建。[2]

这场大地震也严重破坏了赵城当地的霍泉水利系统。但地震过去仅三个月,北霍渠幸存的渠务管理领导者们就发起了重修水利工程的活动(当地习俗直接以渠名称呼这些水利组织)。两年后,在地

---

[1] 近期发表的关于山西地震的碑刻铭文提供了这些数据,参照其他记录可知这些数据是可信的。永和县的一处摩崖石刻提供了平阳路地震伤亡的具体数字:54 650 户、176 365 人死亡,54 000 多户受伤。大宁县的一则碑刻给出了相似的数据:平阳路有175 800人死亡。平遥县的碑刻提供的人数略高:超过200 000人死亡,成千上万的人受伤。见《山西地震碑文集》,第 48 页,第 55—56 页和第 66 页。

[2] 《元史》卷 21《成宗纪四》,第 459 页;《山西地震碑文集》,第 65 页。

方官员的监督和广胜寺僧侣的帮助下,北霍渠渠长等霍泉水利系统的领导者组织当地村民在广胜寺旁重建了水神庙。这座庙供奉霍泉水神,而霍泉水是当地居民饮用和灌溉农田的主要水源。当地农田种植的农作物主要有黍、稻、麦三种。

北霍渠水利组织是由当地居民自行组建和运行的渠务管理组织,负责分配霍泉的水资源、维持渠系正常运行以及调节用水纠纷。地震后,赵城县和附近的洪洞县水利组织在地方社会重建中发挥了主导作用。这些水利组织也经常资助诸如水神庙等水利系统内庙宇的重修,并以这些庙宇作为组织公共活动的场所,如举办水神祭祀和庙会等。赵城北霍渠和扩展至洪洞的南霍渠成为 8 世纪晚期之后霍泉水利系统中两个主要的渠务组织。

作为少数受到官方认可的民间社会机制,水利组织将不同的乡村社群整合起来,从而为农民创造了一个获得声望、权力和财富的独特空间。自古以来,山西农民就通过发展各种类型的水渠灌溉网络来获取各种可用水源(包括河水、泉水、洪水、雨水和井水等)以解决缺水问题。获得水渠中的水对于当地农民而言是生死攸关的问题,[1]因此,水资源的管理成为民间争斗的焦点,也是地方甚至是地区和跨区域势力之间权力关系和协商的主要场域。水是农耕社会的关键性资源,作为分配和管理水资源的独立乡村组织,水利组织在地方社会掌控着可观的权力,同时它们也提供了建构乡村社会经济关系的重要机制。

---

1 在一些水资源极其匮乏、饮用水和其他日常用水不足的地区,当地农民制定水规,严格禁止使用渠道之水灌溉农田。晋南洪洞县和霍县的"四社五村"是实施此类水规的典型案例,关于这个案例的研究,见董晓萍、蓝克利《不灌而治:山西四社五村水利文献与民俗》。

因为这个原因以及文献材料足够丰富,本章通过探究僧道及其寺观在水利社会中的地位,进一步揭示蒙古统治时期宗教组织在华北乡村社会经济秩序中所起的全新领导作用。与之前讨论过的全国范围内的士人群体和宗教团体不同,在水利系统基础上形成的水利社会是区域性或地方性的,而水利社会内部自行组建和运行的水利组织更具有强烈的地方色彩。大型水利系统涉及跨县乃至跨州府的数十个村庄,而小型水利系统一般只涉及一个或几个乡村聚落。即使是在大型水利系统中,用水者也常常将其组织体制划分为多个子单元,以管理不同地区的用水秩序。无论其规模如何,蒙古统治时期大部分地方水利社会都有佛寺道观的参与,因为它们拥有大片农田和众多水磨坊,它们控制的产业是乡村经济的重要组成部分。同时,僧道的免税特权使他们在乡村地方社会的权力结构中处于有利地位。

因此,水利社会为我们提供了特殊的视角,来探究在蒙古统治时期佛寺道观如何在寺观之外的社会经济机制中扩大影响力。在前两章中,我们已经看到全真教的男道女冠们如何调动其丰富的物质、思想和组织资源在战后帮助村民重建地方社区,以及五台山的僧侣如何利用他们的政治人脉和官职来帮助世俗家族提升在乡村社会中的精英地位。在这两类情境中,村民们在很大程度上依附于全真教或佛教团。但在水利社会中,僧道和村民的互动方式有很大不同。与前两章相比,僧道在本章中的角色可能显得不那么具有主导性,的确,有时他们在水利社会中甚至不是最关键性的人物。我们只有理解了水利社会的运作方式,才能理解蒙古统治时期僧道在水利社会中强势存在的非凡意义。

本章首先介绍水利组织作为一种乡村组织的特殊性质,以及蒙古统治对山西水利社会的独特影响,学界对于后者尚未给予足够的重视。在简要说明典型的山西水利系统的运作机制之后,本章将探讨蒙古统治时期在山西地区不同的水利系统中,僧道如何与乡村社会的其他地方精英和政府官员互动,如何在互动中围绕水资源分配形塑社会经济秩序。蒙古统治下,新的社会经济秩序的一个重要特色,正是佛寺道观和地方水利社会之间广泛而持续的深度交融。只有在蒙古统治时期,僧道才深入到山西高度自治且排外的地方水利组织中,这也从一个侧面证明了在这个时期宗教组织、宗教人士在地方社会经济生活中非同寻常的力量。

水利组织的独特性和蒙古统治的影响

作为一种社会机制,水利组织非常特别,它的成员具有高度排外性,它的日常运作有一整套自治的习惯法和独特的价值体系支撑。在山西,水利组织的成员通常被称为"水户",他们大都是拥有水浇地的农户。如果水利组织的水户来自多个村庄,那么村庄则成为更高层级的基层单位。水户形成了一个具有凝聚力的社会经济共同体,他们并非通过乡村行政机制、亲属关系、阶级身份或宗教信仰联系在一起,而是通过村庄的共有财产——水渠联系在一起。在水利组织中,佛寺道观的主要身份并不是宗教团体而是水户,尽管它们确实是大"户"。

在水利组织中,长期存在的水例或水法是权威的习惯法,被同一渠系内的水户奉为金科玉律。这些水例规范了渠系内水户之间、村庄之间,乃至人与神之间的关系。同时,地方水例往往被历朝政府认可并被盖上官印,成为了具有权威性和法律效力的"古例"。乡村民众因此有了独特的组织平台和话语体系来为地方利益寻求官府的支持。在传统社会中,普通村民通常无法接触到更广阔的政治世界。然而水利社会中的水法是农民在和官府打交道时可以援引的重要文化资源。历史上,山西农民就非常善于运用这种文化资源,在水利纠纷的案子中给官员施压,使其在重新分配水权时做出有利于个别水利组织或成员的判定。多数时候,官府授权水利组织派工征款,这通常是政府保留的两项权力。

水利组织还拥有独特的信仰和道德体系。与儒释道三教的正统教义不同,大部分水利组织信仰特定的水神(例如龙王或以兴修水利而闻名的历史人物),并建庙供奉这些水神。水户将水看作是某种更高的力量所恩赐的礼物,这种更高的力量通常为地方神祇,有时则是俗世的政权。显然,就像神灵施恩一样,礼物带来的利益是很难分享的。这个由水利受惠者共享的礼物是集体利益,同时也是社会资源,因为它将有权分享的人与无权分享的人明确区别开来。水利组织的成员可以从神祇的礼物中获益,而组织以外的人则不能。因此,在任何水利社会中,通过祭祀和建造庙宇来供奉水神至关重要,这种崇拜强调并加强了水利组织成员的专享权。在山西的水利社会中,用水者经常会赞成以暴力的形式来解决用水纠纷,他们会祭拜那些为了争取或保护村民的水资源而献出生命的勇士,并建立水神等级来巩固现实生活中水资源分配和控制的等级秩序。[1]

水利组织的这些特性为我们提供了一个特别的视角,去了解山

---

1 沈艾娣《道德、权力与晋水水利系统》,张俊峰《水利社会的类型:明清以来洪洞水利与乡村社会变迁》,第78—93页。

西地区宗教组织和区域性乡村组织之间不断变化的权力格局。一方面，在蒙古统治时期，尽管以乡村农户为主的水利组织有官府和习惯法规的支持，但僧道仍在水利组织中扮演着突出的领导角色。这个现状说明僧道的寺观团体在与村民的关系中处于优势，即便这种优势并非支配性优势。另一方面，作为水利组织仪式中心的水神庙和寺观之间的关系，揭示出僧道是如何调节其宗教教义与水利组织独特的道德和社会价值之间的冲突的。此外，僧道和村民之间的关系，也受到积极参与山西水利社会的蒙古政权的影响。

魏复古曾提出一个著名的论点，认为蒙古人始终不熟悉中国的水利文明。事实上，与之相反，蒙古人在大蒙古国时期就已经深入参与了重修、开发华北地区的地方水利灌溉系统，并积极介入对地方水利社会的管理。[1] 如前章所论，蒙古政权创造了多个合法的政治权力中心，其中许多政治权力中心在华北地方社会发挥着影响，也在以汉人为主体的水利社会中建立起日趋复杂的权力关系。

蒙古统治者征服华北后，他们和地方政府都对山西的地方水利社会施加影响。例如蒙哥汗（1251—1259年在位）曾颁布诏令要求晋南所有的水利系统采用赵城和洪洞县霍泉的水例。[2] 一些世侯也组织建设新的水利系统，以发展当地的灌溉农业经济。元好问撰写的记文中提及，乃马真后元年至二年（1242—1243）间，定襄的一个地方官成功组织当地百姓引滹沱河水修渠灌溉当地农田。[3] 地方僧

1　Wittfogel, *Oriental Despotism*, 127.

2　根据晋南《曲沃县志》记载，这道诏令写道："奉蒙哥皇帝圣旨，平阳路百姓浇地，拨两个知事管者，轮番使水，周前一盘，照依霍渠水法，立定条例。"正是因为曲沃县的一个温泉水利系统被要求遵守霍泉水例（1306年时政府重申了这一规定），我们才知道这条诏令的存在以及它的影响。见《新修曲沃县志（1758年）》卷19.4。

3　元好问《创开滹水渠堰记》，《元好问全集》卷33，第687—689页。

侣——例如上一章中讨论过的季庄村安公——也积极参与了这些新水渠的修建。[1]

投下领主的参与是蒙古帝国对山西水利社会最不寻常的影响之一。大蒙古国时期,投下领主在分封地内有专门处理水利事务的下属机构。因此,在中央和地方政府之外,原本就已十分复杂的山西水利社会的权力结构,又多增加了一层外部的官方权威。例如蒙古太宗八年(1236)平阳路成为拔都大王(卒于1255年,术赤的次子、继承者、钦察汗国的创立者)的封地后,他通过任命家臣出任平阳路都提河所官员,直接介入对当地水利社会的管理。蒙古宪宗元年(1251)拔都发了一道令旨给平阳路都提河所,命其裁定翼城县一起围绕翔皋泉水的水利争讼。平阳路都提河所达鲁花赤匣剌浑带着通事亲自前往发生用水纠纷的六个村子进行调查,确定了新的水程安排,之后在取得平阳总府的准许后,对武池村的几位水甲头发出帖文,了结该水利纠纷案件。而从有关此案的碑刻来看,从蒙古太宗七年(1235)开始,翔皋泉水利系统中六村的水甲头(各村水利组织头目)就需要从平阳路都提河所获得使水文历和使水木牌作为各自水程的证据,并且每年都必须赴平阳路都提河所更新这些凭证,从而保证翔皋泉水利系统的运行。[2] 显然,随着翼城县成为拔都的封地,拔都派匣剌浑等自己的属官到平阳路都提河所任职,使得该机构成为了作为投下领主的拔都干预平阳地区地方水利社会的工具。

忽必烈汗建立元朝后,除了限制世侯家族和投下领主的自治权之外,中央政权开始在发展和管理大型水利工程中发挥更大的作用。朝

1　圆融大师《五台山洪福院安公讲主寿塔记》,《定襄金石考》卷3.2a。
2　关于这一水案的研究,见井黑忍《分水与支配》,第89—103、109页。

廷设司农司、都水监、河渠司等负责水利的官僚机构,任命郭守敬等水利专家主持开发和修复一些大型水利灌溉工程。[1]司农司还颁布了有关水利灌溉的官方法规,包括农田灌溉和磨坊运作的规定。例如,法规要求磨坊主只能在农田灌溉完成之后才能使用渠水。元朝政府还鼓励建水车,如果当地用水者不知道如何修造,朝廷会要求地方官员帮助他们建造。[2]担任地方官期间,农学家王祯在许多地区教授过农民如何运用包括各种水磨在内的先进农业技术,元仁宗皇庆二年(1313),王祯完成了插图本《农书》。中央政府将该著作刊刻行世,并分发给地方政府。[3]

在地方层面,朝廷任命的官员开始在开发大型水利工程中发挥重要作用。例如郑鼎在任平阳路总管期间(至元三年至七年,1266—1270)带领平阳路的地方百姓,引汾水(山西最大的河)开凿利泽渠,灌溉洪洞、赵城和临汾(平阳府所在地)三个县的千余顷农田。在他们完成了这个水利工程后,官员们依照当地的习俗,任命地方水利组织来负责管理利泽渠水利系统的日常运行。[4]

因此,在元代地方水利社会的权力关系中,主要参与者包括政府官员或与政府有关的机构、水利组织的成员以及其他有权势的社会组织代表,尤其是佛寺道观。在阐释这些参与者之间互动关系的同时,本章强调佛道团体在水利系统的运作中扮演领导者的角色,这是山西水利社会历史中只有在蒙古统治时期出现的现象,也是蒙古统

1　关于蒙古时期水利开发和管理的综合研究,见长濑守《宋元水利史研究》,第281—320页。

2　《通制条格校注》卷16,第459页。

3　《东鲁王氏农书》,第4—7页。

4　《平阳府志(1615)》卷4.82;《元史·郑鼎传》卷154,第3636页。在一些案例中,例如陕西泾渠,我们看到地方官吏直接管理大型水利系统的日常运作。见陈广恩《〈长安志图〉与元代》。

治时期北方社会经济秩序的一个显著特色。[1]

　　本章将重点讨论洪洞地区的水利社会（包括过去的赵城和洪洞县，这两个县在 1954 年合并为今天洪洞县），不仅因为水利在当地社会具有持久的重要性，更因为当地保存了极为少见的有关传统水利社会的丰富资料。洪洞地处晋南临汾盆地北部，东面是霍山，西面是吕梁山，汾河自北而南纵贯县境中部。当地的山川地形造就了丰富的泉水资源，使得洪洞成为山西水利灌溉最为发达的地区之一。根据当代的调查结果，洪洞 105 个村庄中大约有 126 股大小不同的泉水，大部分泉水都用于水利灌溉。宋、金、元时期是当地开发水利灌溉的巅峰：北宋时期开凿了 7 条水渠，灌溉农田 16 000 亩；金代开凿了另外 4 条水渠，灌溉农田 23 000 亩；元代又开凿了 4 条水渠，灌溉农田 44 600 亩。[2]

　　已出版的渠册、碑刻等洪洞县水利资料极为丰富。[3]这些水利资料以及通过田野调查收集的新材料，允许我们探讨蒙古统治时期当地村民是如何与僧道结盟解决用水纠纷、进行水资源分配和管理，以及在

1　例如在邻近的陕西地区，1247 年，知名全真高道王志谨（1177—1263）动员了1 000 多位全真道士开凿了十几公里长的渠道，引涝河灌溉大片农田，为上百座水磨提供动力，迅速提高了当地的农业生产力。见薛友谅《栖云王真人开涝水记》，《道家金石略》，第 620—621 页。

2　《洪洞县水利志》，第 2—3 页。

3　除了地方志和资料汇编中收录的碑刻铭文之外，笔者在本书中使用了三本主要的出版物。第一本是孙焕仑编纂的《洪洞县水利志补》，这本书是孙焕仑 1915 年在洪洞担任县长时基于他对洪洞 41 条水渠的仔细考察而写成的。在书中，孙焕仑绘制了这些水渠的详细渠系图，并从石碑和渠册文献（大部分渠册可以追溯到16 世纪以后，但许多声称源自 12 世纪）中抄录了当地许多水利渠册的内容。第二本是《洪洞县水利志》，是由洪洞水利局的技术人员和地方学者于 1986 年至1990 年间编撰完成的。这本书大部分内容是关于现代水利工程和管理的，但它为地方水利工程的地理、地势和历史情况提供了一个有用的介绍。第三本是 20世纪 90 年代晚期中国和法国学者在山西和陕西进行的水资源管理的综合调查的成果。该项目发表了他们实地调查研究中搜集的四卷水利资料，其中一卷包括洪洞县——《洪洞介休水利碑刻辑录》。

战乱和自然灾害引起的社会失序之后重建地方水利系统(包括修建供奉水神的庙宇)的。为方便读者理解山西水利系统的运作,我们将先描述一个简单化的典型的水利系统,然后再回到对上述问题的讨论中。

典型水利系统略述

在山西历史上,早在宋代以前,当地人就已发明了独创性的方法来计算用水量,使得村庄之间的水资源分配简单明了:他们调查每个村的水浇地,计算总亩数,然后根据每个村中水浇地的总量按比例分水,通过开关水闸来控制每个使水周期中输送到每个村庄、水户的水量(图4.1)。起初,水闸控制从干渠(当地称为"母渠")流到每个村庄支渠中的水流。水闸的大小和位置决定了一定时间内流出的水量。当轮到一座村庄接收水时,其他村庄都理应关闭他们的水闸门,这样干渠的水可以进入接收村的支渠中去。

11世纪晚期,山西村民开始利用水为磨坊提供动力(图4.2)。从那时起,经营磨坊赚取的可观利润不断吸引当地人投资建造磨坊,尤其是那些富裕的家族和寺院群体。磨坊主常常与农民争水。一些水利组织不得不限制磨坊的建造,以此来保护田主的利益;其他一些水利组织则会让田主优先使用渠水灌溉农田。[1]

175/176

176/177

---

[1] 润源渠渠册(系年为1700年,但写于1026年)中提及,如果想要在水渠旁建造一座磨坊,那么需要向八村的水渠组织提交书面申请。如果一些有势力的地方家族在没有获得许可的情况下建水磨,那么村民可以强行拆除,并且向磨坊主征收罚款(《洪洞水利志补》,第79页)。15世纪建造的副霍渠下,磨坊主们被禁止在田主使用渠水灌溉农田时候运作他们的水磨。如果一些"邪恶"的磨坊主无视并违反此规定,那么水渠管理者会将此事上报县政府,并处罚这些磨坊主。同时,磨坊主也被允许在无须灌溉农田的雨天使用渠水(《洪洞水利志补》,第99页)。

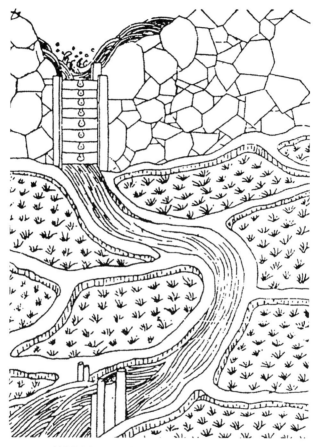

图 4.1　14 世纪王祯《农书》中水闸的图示。因为用水权十分珍贵,村民若偷偷调整水闸的宽度和深度,经常会造成村庄、水户之间的激烈冲突。在左上角,干渠的水流在一座墙形的水坝后面流得很快。水闸在水坝的中间。当闸门打开时,水渠中的水会流到接收村的支渠中,支渠绘制在图示的中心位置。采自王祯《东鲁王氏农书》,第 567 页。

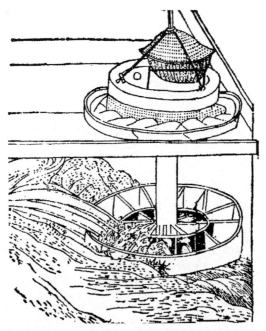

图4.2　王祯《农书》中展示的水力磨坊。早在5世纪,中国就已经有了水磨,佛寺通过运作磨坊来获得额外收入有悠久的历史。14世纪的水力磨坊通过一个水平水轮来碾碎谷物,图片显示顶部有一个正在转动的上盘,而底部有一个固定住的下盘,上下盘通过一根垂直的竖轴相连。水轮由下盘水平固定。当水撞击水轮时,水的力量转动竖轴,从而带动磨石的运转。采自王祯《东鲁王氏农书》,第607页。

　　由于磨坊的兴建,每个村的土地数量已不再代表其对水的需求量。地方民众转而通过"夫"(劳工)来计算每个村的用水需求。"夫"原本是水利组织派工征款的单位,用夫计算水量的办法,本质上是将每个村所得的用水量与应该承担的渠系内公共工程的劳动义务(例如修水利设施和水神庙)联系在一起。水利组织会确定村庄中一定亩数的水浇地(在不同的水利系统中亩数有变化)折算为一夫,而每一座磨坊折算为一定数量的夫。最后的计算结果是将夫转换为水量,以"水程"作为用水量的标准,决定每个村庄的闸门在一个使水周期中会打开多长的时间。

以下是这种计算方式如何实施的一个示例。假设在一个水利组织中，每个村每50亩水浇地需要1夫，每一座磨坊需要2夫。一个使水周期是10天，水利组织中所有村庄的夫的总数是40。如果一座村庄需要4夫（2夫给100亩土地，2夫给一座磨坊），那么该村在每10天的周期中有权使用十分之一（4/40）的水，即一整天的水。在这个例子中，4夫等于一天的水程。当然，这是对一个复杂机制的极简化描述。在实际操作中，水利组织成员通过烧香计时，固定的使水周期不仅用天数而且用小时来计算。[1] 通常而言，每个村庄需要固定数量的夫。在一些例子中，两个或更多村庄的水浇地因为某种原因（如土地彼此相邻）是合起来计算的，他们会合作使用夫。[2] 原则上，一个单位（一个村或几个村庄组成的某个渠段）中夫的数量决定了每年需要支付的水费，这些水费会用于处理平时的公共工程和临时突发事件。

山西大部分水利系统都遵循自上而下或自下而上的轮灌模式。[3] 大多数水利组织采用后者来保护下游渠众的用水。但是正如"以上把下"的地方俗语所示，在两种模式中，上游的用水者都具有天然优势。当下游渠众要求获得公平的水资源分配时，不可避免会造

1　例如，在南霍渠水利组织，使水周期从每月6天改成了每月4天，后又改成35天16小时。见《洪洞水利志补》，第71页；天野元之助《中国における水利慣行》，第136页。

2　例如1139年有关南霍渠的渠册提到赵城县的道觉村和曹生村共有15.2顷农田，一共需要30.4夫。同时，道觉村单独为6座磨坊提供12夫，为2座水车提供2夫（《洪洞水利志补》，第66页）。

3　洪洞的一些水利组织结合了这两种原则，并有多种具体的操作模式。比如，第一年会自上而下分配水，第二年则反过来操作。或者，干渠使用自下而上轮灌的模式，而支渠则使用自上而下的模式（《洪洞水利志补》，第81页，第137、141页）。

成冲突。为了解决这个问题，水利组织经常建立有利于下游用水者的管理机制（例如仅从下游村庄中选择水利组织的领导者），利用社会力量来抵消上游群体享有的自然优势。

水资源分配和管理的日常运作依靠水利组织的领导者，这些领导者常被称为渠长或渠首、渠司、水巡和沟头。这些水利领导者的职责范围揭示了水利管理的层级式、集权式结构。作为水利组织的最高头目，渠长除了主持每年的水神祭祀，还需要为水资源管理的日常运作作主要决策，包括筹措渠灌经费、按照渠例统筹渠务、特殊情况下主持对水例的修改，以及召集渠众参与挑浚河渠、修缮水神庙等公共工程。渠司辅佐其工作，尤其在处理用水纠纷问题上。作为渠长的直接助理，水巡在各个村庄之间不停巡视，监督普通渠众的用水秩序和渠道维护。沟头是水利管理组织中最底层的职位，负责记录连接干渠和村庄支渠的闸门的开关情况，带领村民清理和修缮支渠，监督提防水贼，并在渠长带领下组织村民参与公共工程以及缴纳水费。[1]

在水利组织中，成员村庄之间有效的沟通机制是维护日常用水秩序的关键。除了口头交流外，至少从蒙古统治初期开始，山西农民就已经发明了被称为沟棍或水牌的地方性信息传递机制。[2] 村民用这些水牌（大多为木牌）在用水者之间以及在成员村庄之间交接用水权。[3] 水户用水时会在田间立一块水牌。当一座村庄完成从母渠放

1 李孝聪、邓小南、筱君《导言》，《洪洞介休水利碑刻辑录》，第31—34页。

2 井黑忍《分水与支配》，第106—107页。

3 在一些社群中，渠长的书面文件会贴在沟棍上来强化其职权。在其他一些社群中，当一位新渠长上任，他需要将旧水牌上交给地方政府来换取新水牌。《洪洞水利志补》，第43—44、110—111页。

水入田后,该村用水者会将水牌送到下一个村。村庄之间的有效沟通也依靠所有水利组织管理者的日常工作。无论三更半夜还是大雨滂沱,沟头都必须步行到附近的村庄传送沟棍。水巡在每个使水周期会进行例行巡视,以检查每个村的用水情况。渠长和渠司有时也会做视察工作。他们常常需要日复一日地奔走在渠系内的不同渠段和不同村庄之间。

农民是水利社会的主要成员,尽管他们不会读写,但是仍然热衷于将水例或水利规约付诸文字,因此造就了大量水利文献。这些文献有两种物质形态,在水利社会的运行中起到了重要作用。一种形态是刻在石头上的碑文,常称为渠碑、水碑或水利碑。有些水利碑刻记录水神灵异事迹,但更多的是记录各种水利事件,包括开凿渠道、建造或修缮水神庙、记载水事纷争的由来和处置经过,以及水例的创立或修改。例如金熙宗天眷二年(1139),一位女真官员(镇国上将军、平阳府尹兼河东南路兵马都总管完颜谋离)在霍泉水利系统立碑(这块碑至今仍然竖立在本章开篇提到的水神庙中),记录了洪洞和赵城二县民众自宋仁宗庆历年间(1041—1048)以来的主要争水纠纷、官府的历次处置,以及他经过现场调查后制定的新的分水方案。[1]

另一种物质形态的水利文献是被称为渠册(或渠条、水利簿)的手抄或印刷文本。渠册除了记载水渠及浇灌各村农田的具体情况,还记录了各项规定,如水利组织的形式、各层级领导的资格和推选方式、水的分配、兴工派役、水费征收、对破坏水例者的惩罚以及祭祀水

1 杨丘行《都总管镇国定两县水碑》,《洪洞介休水利碑刻辑录》,第4—5页。关于这块碑更具体的研究,见井黑忍《分水と支配》,第38—56页。

神的仪式程序等。在北宋以后的山西,按照传统,当地政府会在渠册上盖上官印,赋予这些民间水例国家认可的法律权威。例如在宋仁宗庆历六年(1046)拟定了《小霍渠条》,水利组织成员(最有可能的是他们的渠长)在金熙宗天会十四年(1136)和金世宗大定二十九年(1189)两次为这个新的渠册向赵城县政府申请使用官印。[1]

水利碑常立于公共场所,例如当地的水神庙或地方衙门;但公众与渠册接触较少,它们通常由水利组织的领导者妥善保管。水利组织成员非常珍视渠册,渠册中记录了许多因疏忽渠册而受到的惩罚。例如一份没有纪年的南霍渠册中指出渠册应以特殊方式保存以防破损。如果有人需要将渠册带去别处,不可以将它塞入靴子或衣袖中。当前任渠长将渠册传给继任者时,他们必须仔细检查渠册每一页是否完整以及是否书写清楚。如果任何一页破损或丢失,那么负责保存渠册的人会被罚一定量的米以示惩戒。[2]

水利碑和渠册在水利社会的权威性提出了乡村民众识字率的问题,这在传统社会始终是个棘手的问题。村民立水利碑、造渠册,大多数情况下不是为了他们自己阅读,但可以通过受过教育的人、识字的僧道以及地方官员获得解释。不识字的村民相信文字的力量可以解决未来的纠纷,原因就在于水例是地方社会具有法律效力的习惯法,水利碑和渠册是水例的重要记录媒介。水例规章是重要的文化资源,掌握了这种文化资源,山西的用水者就能创造和强化符合他们自身利益的用水秩序。在这一节,我们在抽象层面了解了典型的水利系统在理论上是如何运作的。接下来我们将探讨具体的山西水利

1 《创修副霍庙记》,《洪洞水利志补》,第93页。
2 《洪洞水利志补》,第72页。

系统在实践中的运作,以及蒙古统治时期僧道群体在这些规模和复杂性各异的水利系统中扮演的多元角色。

僧道和小规模的水利系统

水利组织的形成和运作往往反映出水利社会内生的张力,这种张力来自一对无法消解的矛盾:即保证水利系统运作的整体利益需要各方参与者协调合作,但各方参与者为了各自的局部利益又持续竞争,乃至冲突。这种内在的张力会破坏水利社会内部既定的等级化秩序,不管是用水秩序还是管理秩序。而这些原定的秩序会在地方冲突中不断地被挑战,直至被重新定义(尤其是缺水和产生水资源纠纷时),这种内在的竞合机制即使在小规模的水利系统内也普遍存在。所以在水利社会这个竞争激烈的乡村场域,僧道和村民之间变化的权力关系最能说明宗教团体在蒙古统治时期社会经济结构中的特殊地位。以下两个个案研究将说明僧道与村民在保留旧水利系统或创建新水利系统中的关系,第一个例子中两者是合作关系,第二个例子中则是相对的强制性关系。

第一个案例涉及元初发生在洪洞附近霍邑县杜庄村的一起用水纠纷。在这起纠纷中,杜庄村民利用一则历史典故来证明他们对一条水渠的垄断权,并阻止该水渠经过的其他村庄村民以任何方式使用水渠中的水。纠纷了结之后,杜庄村民立了两座石碑以固化新的用水秩序。这两座碑的碑文使我们得以窥见 13 世纪乡村社群之间互动的一个缩影,这些互动的细节我们很难在其他传世史料中看到。这个例子展现了山西村民如何创造性地使用一切可用的资源来合理化他们垄断水权的主张。在这个案例中,僧道作为杜庄成员与其他村民合作争取共同利益。

这则历史典故讲了唐太宗李世民(627—649 年在位)在率领军队讨伐隋炀帝过程中与杜庄村人互动的一个故事。元初杜庄村民对这个历史典故的复述,被记录在至元十二年(1275)所立的《唐太宗御赐杜将军神泉记》碑中,碑文记载:

> 隋末天下大乱,太宗起义兵于太原,过介休为吕州(贞祐二年改为霍州)宋老生据其隘而不能前。时有一白发老翁(乃霍山神也,张天觉诗云:丹书亡智伯,白发诣秦王)告之以盐商古道(今千里迳是也)。太宗弃辎重,潜师宵进,巡霍山而南,次于东城。是日军中阙食,原谷无水,太宗患之,仰天祝曰:"炀皇不道,万民愁怨,天实肆予克除暴乱,何困我如此?"会杜庄大族杜十万者献粮千斛,或又报主之乘马跑地而嗅,顾人长鸣,似有所告,太宗视之,解其意,亲以剑掘地,泉水涌出,将士惊异而贺,曰:"天赞我也。"号"马跑神泉"。明日与老生战于龗涧之北,隋师败绩,老生死之。于是唐兵大振,长驱入京师,如蹈无人之境。及隋灭而太宗即位,封霍岳中镇为应灵王,建祠于山中,令岁时致祭。拜杜十万为大将军,且多赐金帛。杜公辞曰:"臣世本农家,以父祖之灵,衣食稍备,但所居之地不可凿井,艰得之货,唯水而已。富与贵,非臣之所欲也。"帝遂以马跑神泉赐之,敕有司禁邻迩之民无使侵用秽污。犯者有罪。后人相因,世为水例。[1]

---

1 高鸿《唐太宗御赐杜将军神泉记》,《山右石刻丛编》卷 25.45a—46a(《石刻史料新编》第 1 辑第 20 册,第 15535 页)。

在这则典故中,李世民的军队途经霍邑县时缺粮少水,杜庄村富户杜十万捐赠了大批粮食给李世民解其军队的燃眉之急,同时,李世民的战马神奇地探到地下泉水。军队在解决了水粮问题后一鼓作气打败隋军,灭隋立唐。贞观元年(627)李世民登基称帝,为感谢杜十万,将马跑神泉的永久所有权和专用权赐给了他,并禁止邻近的所有村庄使用该泉水。杜庄村民后来继承了"马跑神泉"的所有权。由于这股泉水地处偏远,杜庄村民开凿了一条水渠将水引入村庄,还制定了水规,并刻在石碑上,以强调水渠沿岸的其他村庄无权使用渠水。

杜庄村民的证词展示了一种定义地方乡村用水权的独特机制。不管神泉典故是真是伪,这一叙述为杜庄村民垄断马跑神泉的有限水资源提供了强大的话语权,并迫使其他村庄接受他们对泉水的控制权。这是水利社会中"礼物"经济的生动体现。除了将水与神力联系在一起的通常叙述(在这个例子中是马跑神泉的神祇),这个典故还强调了水是皇权(在这则故事中是著名的唐太宗)赐予的礼物。对杜庄周边同样缺水的村庄来说,挑战现有的用水秩序就意味着必须首先颠覆杜庄对马跑神泉专有权的话语,即否定这个典故的真实性。事实上,没有相关历史文献可以佐证这个典故,说明它很可能是杜撰的。

而杜庄村民则用高超的叙述技巧,为他们的马跑神泉典故增加可信度,或者说为颠覆这个典故增加了难度。除了将杜十万献粮得泉的故事与李唐灭隋的历史正义性及唐太宗个人极高的历史威望捆绑在一起,杜庄村民还巧妙地将神泉的典故与另一个当地广为流传的唐太宗与霍山神的故事黏合在一起。如上文碑文所示,在杜庄村民的叙述中加入了霍山神化身白发老翁为李世民军队指路的情节。

与马跑神泉的典故不同，霍山神帮助李世民的故事被广泛记录在唐代的官方文献中。李世民登基后也确实赐予了这位山神极高的荣誉，为其修庙立传，并不断派使臣前去祭祀。[1]虽然霍山神显灵的故事与杜十万赠粮的故事没有显性的关联，但霍山神显灵和马跑神泉的"神迹"之间是有内在逻辑关系的：两者都是显示天命在唐太宗的吉兆，即碑文中李世民所说的"天赞我也"。而马跑神泉的故事与杜庄得水的典故是一体的。因此当杜庄村民将他们的故事与有官方文献记载的霍山神传说混在一起讲述时，其故事的可信度得到了加强。

随着时间的流逝，杜庄村与另一个村结盟，放弃了他们对渠水的专有权。杜庄村民在元世祖至元十二年（1275）所立的另一块题为"霍邑县杜庄碑"的碑文提及，由于马跑神泉水量少而渠道上下长远，出现了水流不到杜庄的棘手问题。为了解决这个问题，杜庄村民获得渠道中游沿线宋壁村的许可，利用该村一个废弃的蓄水池来储存渠水，等蓄满水后打开水池闸门让渠水顺畅地流到杜庄。作为回报，负责开闭蓄水池闸门的宋壁村民获得了用水权，但其他村仍被禁止使用该渠水。[2]这样的变化说明村庄间的合作常常不是因为管理水资源的必要性，而是直接由村民之间达成的协议所导致。

有意思的是，其他邻近村庄的村民似乎也接受他们无权使用渠水的原则，但他们不断违反规定，用詹姆斯·斯特科（James Scott）所

---

1 《旧唐书》卷21《礼仪志一》，第819页，《唐会要》卷22，第427页。这个受官方认可的传说在当地非常流行。一些学者认为明应王殿的东南墙壁画就是描绘的这个传说（Jing, *Water God's Temple*, 73）。

2 《霍邑县杜庄碑》，《山右石刻丛编》卷25.43a—44b（《石刻史料新编》第1辑第20册，第15534页）。

说的"弱者的武器"以微弱的方式挑战现有秩序。[1]"霍邑县杜庄碑"很罕见地提到了两位女性,记录了宋圣村两位村民的妻子破坏了渠坝,而另外两位村民则让牛在水渠喝水的细节:"至元十年(1273)宋圣村任二妻子、赵三妻圻讫上顶泊池根底石垛,又被宋圣村赵一赶牛五只、赵大赶牛一只相水渠内饮牛,抛粪秽污。"事发后,杜庄村4位村民立即去县衙连名状告宋圣村这些破坏水例的人。连名状告是许多人签名的诉讼,是山西水利社会成员经常使用的策略,用来引起地方官员对用水纠纷的关注。

但是,宋圣村被告村民并没有与杜庄的原告在县衙对峙以争取更合理的用水秩序,而是在县衙受理诉讼期间,委托4个邻村的多位社长和一位乡老直接找杜庄村民劝和协商。最后,他们达成了一份私约。该私约规定:

> 今后除宋壁村人户食用外□不敢相。杜庄村古旧有倒食用水内及足水泊池,并上下渠内饮孳畜匹、淘菜洗衣裳秽污等事,及任二妻、赵三妻将原圻讫泊池根底石垛依旧修垒了当,如今后但有违犯之人,情愿准罚白米三十石,充本村祗应用度,及有依时耕种,过往牛畜及上秋后撒放大倒□□至在科罚之限。[2]

该私约命令宋圣村两位妇女修复毁坏的渠坝,不仅承认了杜庄对马跑神泉渠水的垄断地位,还详细描述了一系列包括杜庄村民和渠道

---

1 Scott, *Weapons of the Weak*.

2 《霍邑县杜庄碑》,《山右石刻丛编》卷25.43a—44b(《石刻史料新编》第1辑第20册,第15534页)。

上下所涉村民的用水规约,规定了未来对违反水例者的处罚措施。

邻村的社长、乡老参与此案的私了调节,表明乡村社会中民众有自己的地方人际网络和民间协调的机制,可以在官员不参与的情况下解决小规模的纠纷。在元代,这些乡村人际网络经常与忽必烈在至元七年(1270)建立的新乡村管理机制"社"相重叠。按照规定,每50户被组成一个社,由从社员中选出的社长领导。社长的主要职责包括劝农桑、监督水资源管理和处理纠纷。为了奖赏其工作,社长会获得免役的权利。[1]

然而在这个例子中,杜庄村民在立私约的同时,仍将私约连同之前的连名状告一起送到县衙,坚持走官府的渠道正式了结此事,并通过官府的认可使他们的私约合法化。用他们自己的话说:"今事情等忖得在手口无系官勘信凭据,切恐已久致昏昧。此合行陈告,伏乞霍邑县详酌给据各行事。"[2] 对于杜庄村民而言,官方对其私约的批准强化了该私约所规定的水例的权威性,以及杜庄村在未来用水争端中的地位。换句话说,对于地方水利社会来说,政府扮演着重要角色:它是认可村庄在冲突后达成的新等级秩序的最高权威。巩固这种新秩序的重要方法是制作新的水利文献。杜庄村民在收到核实此案最终决议的公据之后,请求县令高鸿为他们撰文记录马跑神泉的"历史",因为他们声称原本记录该泉水及杜庄水权的古碑在金蒙战争中毁于战火。高鸿同意了杜庄村民的请求,他基于当地老人的讲述撰写了《唐太宗御赐杜将军神泉记》。至元十二年(1275)三月,

---

1 《元典章》,第2册,第916—921页;杨讷《元代农村社制研究》。

2 《霍邑县杜庄碑》,《山右石刻丛编》卷25.44a(《石刻史料新编》第1辑第20册,第15534页)。

31 户杜庄村民共立石碑,将原始的连名状告、私约以及官方公据都一起刻在石碑上,即《霍邑县杜庄碑》。四个月后杜庄村民再次立碑刻写高鸿《唐太宗御赐杜将军神泉记》。杜庄村民在这一次水案中获得胜利,并通过立碑的方式巩固了有利于他们的用水传统。

在这起纠纷中,对杜庄村民而言,僧道的角色不仅是发起诉讼的 4 名本村原告之一,而且还是获得外界帮助的人际关系的提供者。如上文所引的《霍邑县杜庄碑》内容所示,连名状告和私约中的语言极为浅陋,显然其作者的受教育水平相对较低。或许作者是该村没有接受过太多教育但有读写能力的村民,然而更有可能是乡村寺院中学习宗教经典的僧道。在赴县衙递交连名状告的 4 位村民中,有一位是僧人惠吉祥。在立《霍邑县杜庄碑》的 31 户杜庄居民中,有 3 户显然是佛寺道观:金田院、妙峰院、遇圣院。时任平阳路都道判的周复斋为高鸿所写的碑文撰额值得注意。杜庄村民可能是通过村内僧道的人际关系网络联系到道官周复斋的。宗教人士自身的关系网络是有用的社会资源,不识字的村民可以因此联系到外界受过教育的人来帮助其制作水利文献。

第二个案例涉及平阳路绛县孝义乡张上村的华山大阴寺。该案例中僧侣直接组织当地农民开渠、分水和制定用水条例,在此过程中建立了大阴寺优先的用水秩序。有关这个案例的史料,主要来源于大阴寺于后至元三年(1337)所立的水利规约碑,碑文载:

华山大阴寺　　□大□□县胡诚

绛州绛县孝义乡张上村华山大阴寺,尊曾【笔者案:"曾"当为"宿"】威讲主等□有□华山一□□□□苇沟内出到清泉山水二处,合渠一道。威讲主等令大阴将军下七村人等,通同议得,将前项清泉山水为本寺修盖使用罢,□□余长流泉水与下次村,分三十四日为始。张上村一十一日,大阴寺在内,韩庄五日,曾村五日,范村四日,卫庄三日,□□三日,李□[村]二日,止轮下次,周而复始,各依日程浇溉。如有一村却行幡悔,不依番次使用,强行□水□人,依乙卯年元立文字,□随军白米一十硕,更罚本县祗应羊贰口。外有□□□泉地土不在番次,依旧使用。一定以后,故立文字为据。

大德四年闰八月　日 立文字人　威讲主

卫庄村　李□长　同立文字人　李福　董福政

曾村　梁顺　郑德　王迪　孙成　常兴印

范村　马羊

韩庄村　□海芦成　姜通事　白珍　张彬　基德　王进

吉享　侯世

大元至元三年岁次丁丑八月

立石人　尊宿、前解州僧判智渊惠济□□大师陈天叶岁

□□□吉印[1]

该水规首立于大德四年(1300),以大阴寺僧威讲主与七村代表立文字公据的方式出现。其中"乙卯年(1255)元立文字"的记载提示,供大阴寺修盖和七村村民灌溉农田之用的水渠,应在1255年之前就已经开挖完工,而威讲主似乎也参与了渠道的开挖。

分水是水利社会中的核心事务,上述碑文表明,在大德四年

---

1 《河东水利石刻》,第187—188页。

（1300）水利规约制定后形成的用水秩序中,大阴寺和所在的张上村的优先地位非常明显,占了一个使水周期的三分之一。从碑文的上下文来看,大阴寺僧人似乎获益于与寺院有关系的"大阴将军"与7个隶属邻村之间的等级关系。这位"大阴将军"的身份不详,可能曾经是当地百姓供奉的神祇,也可能是受封七村之地的蒙古权贵。碑文在违反水利规约的惩罚条例中提及,根据蒙古宪宗五年（1255）7个村庄拟定的水例,违反该水例的村庄会被罚向军队提供10硕白米,并向县衙提供2头羊。对违规者处以上缴当地政府一定财物的惩罚,这在山西水利社会中是常见的做法。但供应"随军白米"的处理,似暗示某一驻军和七村之间有密切的关系。前文多次提到1236年窝阔台汗分封蒙古诸王,平阳路成为宗王拔都的封地,据郝经《河东罪言》所记,当时"王府又将一道细分,使诸妃、王子各征其民,一道州郡至分为五、七十头项,有得一城或数村者,各差官临督"[1]。拔都王府下属某一蒙古贵族受封绛县孝义乡七村,也不无可能。在这种情况下,大阴寺之名可能直接来自实有其人的"大阴将军",而该寺则有可能承担着为其管理属下七村的代理人角色。

　　不管实际情况怎样,不可否认的是,七村相对于大阴寺有某种程度的隶属关系,这种关系深刻地影响到彼此在水利系统中的角色,大阴寺僧人在分水中有主动权。"威讲主等令大阴将军下七村人等,通同议得"的表达方式以及威讲主作为主要"立文字人"的身份表明,威讲主在大德四年（1300）修订水例时有绝对的权威,是水利组织中相当于"渠长"的最高领导者的角色。大阴寺也确实获得了用水优先权,在每个使水周期拥有最长的用水时间。大德四年（1300）以后,僧

1 《全元文》,第四册,第91页。

人在这个相对较小的水利系统中仍然保持优先地位。元顺帝至元三年(1337),另一位僧人将大德四年水例刻在石碑上,从其"尊宿、前解州僧判"的系衔来看,他除了有前僧官的地位,更具有大阴寺僧人的身份。他在威讲主立规约三十多年后将水例刻在石碑上,暗示大阴寺僧团可能希望借此巩固有利于本寺的既定用水秩序,同时也证明了僧人在当地水利系统中的持续影响力。尽管采取了不同的策略,大阴寺僧人与杜庄村民立水利碑的目的是相似的,他们都竭尽全力为其用水特权辩护。

186
187

总之,杜庄和大阴寺的案例说明了僧道及其寺观在蒙古统治时期地方水利系统中所扮演的两个角色:用水者和用水规则制定者。当时的僧道既有能力帮助他们寺观所在村的村民垄断水利系统中的用水权,又有能力为自身所在的寺院获得想要的用水量和优先权。当然,这两个例子只涉及了单个水利组织,即只有一条水渠的水利系统,以及只有几个村庄组成的相对简单的水利社会。

僧道和大规模的霍泉水利系统

规模较大的水利系统涉及更多的利益相关方,彼此的关系也更为复杂。例如,在本章开头提到的霍泉水利系统中,多个水利组织、宗教团体和不同级别的政府都在蒙古征服和大德七年(1303)大地震后参与了水利系统的重建。大型水利系统中衍生出的地方性的理念、原则和机制也将僧道与村民凝聚在一起重建地方社区,但其凝聚的方式与先前各章所见完全不同。在霍泉水利系统的案例中,我们将看到,一方面,广胜寺僧人在他们的寺院与作为霍泉水利系统信仰和仪式中心的水神庙之间建立了理念和制度上的联结。另一方面，霍泉渠系中作为水户的佛寺道观，利用其宗派和人际网络来帮助其隶属的村庄和水利组织在战乱和灾后重建水利基础设施，并与地方政府官员进行交涉，而且它们的住持也频繁担任霍渠水利组织从渠长到沟头的领导者角色。

霍泉水利系统的发展经过了一个漫长的历史时期。霍泉源自霍山下的一条地下河，并在霍山西南麓(今洪洞县东北17公里处)形成了一个大水池。从唐代贞观年间开始，当地人修建了北霍渠和南霍渠两条主渠，从霍泉引水灌溉赵城和洪洞的农田。北宋政府在宋仁宗庆历五年(1045)规定北霍渠和南霍渠的配水比为7∶3，之后这一比例没有再变(见图版6)。[1]之后的几百年里，当地人又扩展了三条水渠，创建了一个更为复杂的由两条主渠和三条副渠组成的霍泉水利灌溉系统。11世纪后期，当地人利用两条主渠多余的水开发了小霍渠和清水渠。这两条副渠灌溉了赵城和洪洞另外9个村的农田。15世纪初，当地人又开发了另一条副渠，即副霍渠(图4.3)。[2]

霍泉水利系统为当地居民的农业和生活都提供了有利的环境。正如元世祖至元二十年(1283)的一则碑刻铭文所述："赵城、洪洞二境之间，四渠均布。西溥汾墟，方且百里。乔木村墟，田连阡陌。林野秀，禾稻丰，皆此泉之利也。其神祠峙乎泉上，有自来矣。"[3]对于当

1　北宋政府在解决了一系列争水纠纷之后于1045年确定了这一比例。根据政府使用的官方数据，当时的两条水渠一共可以灌溉964.178顷水田，并为两个县130个村庄中1747户家庭的45座水磨坊提供动力。见杨丘行《都总管镇国定两县水碑》，《洪洞介休水利碑刻辑录》，第4页。

2　张商英在作于宋哲宗元祐三年(1088)的《题霍岳》诗中写道："水涵千顷富，源发四渠长。"可见当时霍泉水利系统的四渠结构已经完全成形。见《霍山志》，第123页。

3　刘茂宝《重修明应王庙碑》，《洪洞介休水利碑刻辑录》，第9页。

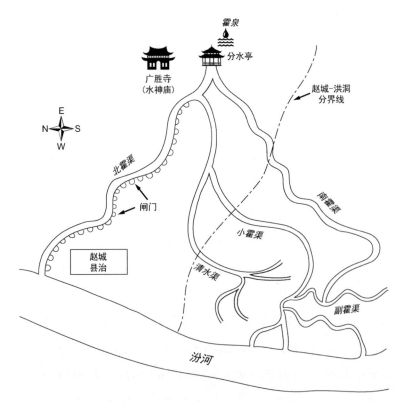

图4.3　20世纪初的霍泉水利系统。用来分配水资源的分水亭（图版6）位于该图的顶部，以7∶3的比例将霍泉水利系统中的水分成两股。左边的水流入赵城县，占七成。右边的水流入洪洞县，占三成。五条渠道（北霍渠、南霍渠、小霍渠、清水渠和副霍渠）的形成历时约8个世纪，跨越唐、宋、金、元和明五个朝代。除霍泉外，山西省最大的河流汾河是洪洞地区另一个主要的水利资源。本图由赵洁敏基于张俊峰提供的插图绘制。

$\dfrac{188}{189}$ 地居民来说，霍泉丰富的水源使得水稻的种植成为可能。[1]

　　为了表达对霍泉水神的感激之情，当地人在霍泉边上建造了庙宇供奉霍泉神。史料记载和当地传说都在神灵属性上把水神描述为

1　在某些水利系统中，水资源的缺乏阻碍了水稻和其他水生植物的种植。例如，1571年清水渠的渠册表明，当地村民在1024年开发了清水渠之后，渠水只能用来灌溉种植麻类植物、蔬菜、小麦和粟的农田，莲花、香蒲或稻米是禁止种植的。见《洪洞县水利志补》，第110页。

龙王、霍山神长子,俗称"大郎"。由于"大郎"拥有降雨的强大力量,北宋政府为该庙赐额"明应"。后来当地人又将此庙额和水神的封号混在一起,称水神为"明应王"。[1] 随着霍泉水利系统的发展,水神庙成为这些渠系水利组织——特别是北霍渠和南霍渠——信仰和祭祀水神的中心。

广胜寺与水神庙

金朝末年,广胜寺僧人开始积极介入水神庙的事务,并开始在霍泉水利社会中发挥重要作用。元世祖至元二十年(1283)十一月初一,一群广胜寺僧人出资立碑,以纪念长达49年的重建水神庙工程的竣工。碑文写道:

> 每岁季春中旬八日,谓神降日。箫鼓香楮,骈阗来享者甚众。金季兵戈相寻,是庙煨烬。居民遑遑,孑遗者生有不给,奚暇水神之祀哉?……自时厥后,广胜寺戒师,前平阳僧录道开,闵兹荒废,有修复之志。乃叹曰,"是庙济人之源,祀典所载,虽责在有司,亦我寺之福田也。忍使久埋废乎?"乃鸠材命工,筑以新基,弃其旧址。有北霍渠长陈忠等附益之,创为正殿十有八楹,又□僧徒构屋其旁,以备洒扫,时大元甲午(1234)岁也。[2]

显然,广胜寺僧人并不属于霍泉水利系统中的任何渠系水利组织,但

---

1 《宋会要辑稿》礼20.101。景安宁认为水神本身就是霍山神,霍泉水神和霍山山神被有意地结合在一起(The Water God's Temple ,104 – 115)。这显然是一种误解,他们是不同的神。
2 刘茂宝《重修明应王庙碑》,《洪洞介休水利碑刻辑录》,第9页。

自 1234 年以来一直扮演着水神庙看守人的重要角色。

正如戒师道开的故事所示，金元之际广胜寺僧人与北霍渠水利组织以及后来加入的南霍渠水利组织合作重建了水神庙。金末平阳地区遭受战乱重创，居民无力、官府无心恢复战前的水利祭祀，这是道开带头修水神庙的社会背景。道开死后的四十年中，广胜寺僧人仍然是水神庙修建工程的主力，北霍渠渠长仅协助僧侣准备"瓦殿、砌基、立像及采□、丹腰"等建筑材料。[1] 值得注意的是，正是在蒙古统治时期，广胜寺僧团在宗教理念、建筑空间和艺术表现等诸方面，将其影响渗透到明应王水神信仰的传统中，建立了广胜寺与水神庙之间牢固的体制性关系，从而将广胜寺本身嵌入霍泉水利系统。

首先，道开等广胜寺僧人使用了佛教中"福田"的概念，证明自己修建水神庙的正当性。从佛教思想的层面而言，道开"是庙……亦我寺之佛田"的说法暗示了寺和庙之间的内在等级关系。佛教中"福田"的概念与世俗社会对佛教僧团的供养有关。正如魏明杰（Michael Walsh）所述，"福田"一词的含义是"对僧侣的任何供养都像在'福田'中种下种子——它会生根发芽，并让供养者所得比他们最初捐赠得更多"。[2] 供养者所得就是"福"或功德。尽管僧尼也可以通过为圣物和圣地资助庄严具来获取功德，但一般指的是佛教中的圣物和圣地，例如佛塔、佛寺和佛像。[3] 换句话说，对于僧尼而言，通常只有佛寺才被视作福田。道开的说法似乎表明水神庙已是其寺院

1　刘茂宝《重修明应王庙碑》，《洪洞介休水利碑刻辑录》，第 9 页。

2　Walsh, "The Economics of Salvation," 361.

3　关于印度和中国佛教中"福田"和积功德的概念，见 Kieschnick, *The Impact of Buddhism on Chinese Material culture*, 157–64; ter Haar, *The White Lotus Teachings*, 24–28.

的一部分,因此在实际中成为了一个佛教空间。就佛教僧侣对民间信仰的态度而言,早期汉地僧人或是征服地方神祇,或是试图与民间信仰和平共处,以换取对自身合法性的认可。[1] 道开的说法更倾向于前者,暗示作为民间神灵的霍泉水神对佛教的皈依,水神庙因此是从属于广胜寺的。

然而,水神不是普通的地方神祇,他是当地霍泉水利系统的重要组成部分。有些汉文佛经明确将水渠的建设列为俗人获得功德的一种途径。[2] 重建水神庙将间接帮助维护水渠,因为霍泉水是水神的"礼物",而缺少专门供奉水神的庙宇会导致水量减少,甚至消失。因此,通过修缮和照看"济人之源"的水神庙,广胜寺僧人不仅做了惠及民众的慈善,也帮助寺院周边的俗人供养了一片重要的福田。在将佛教教义和民间思想融合在一起的概念语境下,广胜寺僧人得以在理论上合法地充当水神的功德主。广胜寺一旦确立自己作为水神功德主的身份,它相应地成为了至关重要的"礼物"经济的守护者,这种"礼物"经济随着霍泉水从水渠流至田间或转动水磨,将惠及水利系统中的每一位渠民,因此广胜寺在霍泉水利社会中就有了不可替代的角色和地位。

除了从理论上证明他们与水神庙的密切关系外,广胜寺僧人还通过在水神庙旁边建造下寺,从建筑空间上将寺和庙联系在一起,并通过这种联系逐渐确定广胜寺在霍泉水利系统中的独特地位。广胜寺保存至今,有上寺和下寺两个建筑群。[3] 上寺位于约 1.6 公里外的霍山山坡上,建于唐中期。[4] 下寺紧邻水神庙,仅一墙之隔。但现存

1 B. Faure, *Chan Insights and Oversights*, 156–159.
2 Walsh, "The Buddhist Monastic Economy," 1293.
3 关于该寺院建筑和下寺壁画,见 Jing, *The Water God's Temple*, 200–225。
4 《唐大历四年状请置寺文碑》,《广胜寺志》,第 37—39 页。

史料没有提供明确的建寺时间。从前述碑文来看,道开带领门人弟子重建水神庙时,在水神庙新址旁边建造了房屋以备洒扫。这座房屋很可能就是广胜下寺的起源。艺术史学者对下寺正殿壁画的研究(现藏于纽约大都会博物馆和堪萨斯城的纳尔逊·阿特金斯艺术博物馆)提供了部分证据。这些研究表明壁画完成于13世纪末或14世纪初,间接证明广胜下寺正殿可能建于蒙古统治时期,正好是广胜寺僧重建水神庙的时期。[1] 随着广胜寺通过与水神庙的关系成为霍泉水利系统的一部分,广胜寺还从水利组织那里分得当地用水者缴纳的水费。广胜寺僧人在霍泉水利系统中的义务和权利也逐渐被确定下来,写入了渠册、渠碑等水利文献中,从而从制度上确定了与水神庙的关系。[2]

此外,广胜寺与水神庙之间的等级关系,还通过图像艺术的方式被呈现出来。水神庙主殿明应王殿建成后,广胜寺僧继续与南北霍渠渠众合作,雇人绘制明应王殿内的壁画,壁画完成于泰定元年(1324)。在西壁正中描绘地方官向明应王祈雨的画面中,明应王的正上方画有三尊佛,[3] 暗示在神界佛居于龙王之上,与前文所述"水神庙为广胜寺佛田"所蕴含的深层佛教思想一致,间接强调广胜寺对水神庙的优势地位。

蒙古统治时期广胜寺在地方水利社会中的优势地位有现实的政治基础,即广胜寺僧团得到了蒙古皇室的支持。延祐六年(1319)的《重修明应王殿之碑》载:

1　Baldwin,"Wall Paintings of the Assembly of the Buddha."
2　王应豫《水神庙祭莫文碑》,《洪洞介休水利碑刻辑录》,第49—55页。
3　柴泽俊《山西寺观壁画》,第225页。

泉之北,古建大刹精兰,揭名曰广胜,不虚誉耳。视其佳丽绝秀,非大雄能栖此乎?殿廊斋舍,仅可百楹,僧行称是。世祖薛禅皇帝御容、佛之舍利、恩赐藏经在焉,乃为皇家祝寿之所由。[1]

广胜寺不仅藏有忽必烈所赐藏经,还有忽必烈的画像,这在元朝对于佛寺而言是特权的标志。[2] 广胜下寺壁画主题的选择也能体现这一点。据艺术史学者的研究,广胜下寺主殿壁画(现藏纳尔逊·阿特金斯艺术博物馆)和前殿壁画(现藏美国宾夕法尼亚大学博物馆)频繁使用炽盛光佛(Tejaprabha)为主题,除了在1303年山西大地震后表达防地震的强烈愿望(炽盛光佛在佛教经典中掌管天空星辰运行,有防止自然灾害的神力),还可能有褒扬忽必烈的内涵,因为炽盛光佛在佛经中同时又是手握金轮的转轮王,与文殊菩萨信仰有密切关系。[3] 这些佛教艺术的表达某种程度上可以理解为广胜寺僧团为巩固蒙古皇室支持而所作的一种努力。

蒙元初期,重建水神庙离不开广胜寺僧人的努力,但整个修庙工程始终进展缓慢。从1234年道开修庙始,到1283年完工,历经半个世纪。问题的根本在于水神庙的重修不仅是广胜寺僧人自揽的责任,更是霍泉水利系统内各渠系组织内在的责任。而这些渠系组织

---

1 王剌哈剌《重修明应王殿之碑》,《洪洞介休水利碑刻辑录》,第15页。

2 据洪金富的研究,拥有忽必烈画像的佛寺(例如北京的白塔寺和大圣寿万安寺),通常建有一个特殊的影殿。元代大多数皇帝和皇后的影殿都建在北京地区的皇家佛寺中,仅有一小部分在其他地方。见洪金富《元〈析津志原庙行香〉篇疏证》,第23、30页。

3 Marilyn Gridley, "Images from Shanxi of Tejaprabha's Paradise," *Archives of Asian Art*, 51. (1998/1999), pp. 7-15.

内部，特别是南北霍渠两大主渠组织之间，长期存在冲突。北宋以来各个时期都有洪洞县南霍渠渠众与赵城县用水者之间严重的争水纠纷记录。12世纪晚期，因为他们之间存在强烈的敌意，《赵城县志》甚至称这两个县的人不再通婚。[1]霍泉水利社会中长期存在的问题意味着需要依靠比水利组织更高层的权力机关来协调不同的利益，从而推进重建水神庙这样需要各方参与的大型公共工程。广胜寺僧人在当时虽然有影响力，但没有足够的能力将南北霍渠水利组织联合起来，只有政府官员才有这样的能力。

官府的作用

重建水神庙的转折点出现在至元十五年（1278）的夏天，由于连续干旱，当时刚被任命为赵城县令的张祐来到尚未竣工的水神庙求雨。在向水神祈祷时，张祐暗中发下誓言，如果天降大雨，他将完成水神庙的重建。张祐回到县衙之前，竟然真的天降大雨。水神的灵应让张祐高兴不已，他决定亲自监督修建水神庙。[2]这类叙述在中古社会并不新鲜，我们可以找到许多相似的碑刻，这些碑刻记载地方官为了感激地方神祇降雨而致力于建造新的庙宇。

这个故事的特殊之处在于，张祐在凝聚不同水利组织方面起到了重要的作用。根据至元二十年（1283）《重修明应王庙碑》的记载，张祐先是亲自督导北霍渠长带领渠众，分工合作完成北霍渠建造大殿的任务："凡三间为一司，左右分司者八。"当修庙工程进入南霍渠负责部分时，张祐又积极与洪洞县令合作，要求他召集南霍渠渠众完

---

1 《赵城县志（1827年）》卷36.1。
2 刘茂宝《重修明应王庙碑》，《洪洞介休水利碑刻辑录》，第9—10页。

成分配给他们的任务：建造水神庙的正门。碑文载："继而将兴三门,南渠之役也。南渠所溉民田,隶属两县,公移牒洪洞,以给其役,令有不尊者行之,民有不齐者一之。使渠长胡源、师甫等伐材辇木,朴梓挥斤。"在两位县官的共同敦促下,南霍渠终于加入了之前一直由广胜寺僧和北霍渠在推进的水神庙修建工程。[1] 同样地,至元十六年(1279)夏又遭遇旱灾时,平阳府治中李汝明来到水神庙求雨。他下令除了南北霍渠外,小霍渠和清水渠也必须加入到水神庙未完成的建造工程中。[2]

尽管地方官府在协调霍泉水利系统的不同利益方面发挥了重要作用,但在水利组织日常工作中的作用则很有限。如上文描述的张祐、李汝明等地方官员的例子所示,山西地方官府一般不派官吏直接管理水利系统的庙宇建设或水资源管理,而是通过命令、督导各渠渠长的方式起到权威性协调者的角色。也就是说,官府认可水利组织本身的管理层次和以渠长为代表的地方精英,并委托这些地方精英执行日常的渠务管理。

政府在帮助当地社会灾后重建中发挥的作用也很有限。大德七年(1303)大地震后,元朝中央和地方政府都没有采取足够的赈灾措施。朝廷最初只是派出了3位特使向霍山神献祭,恳求仁慈的神祇结束这场地震。[3] 由于持续的余震,朝廷于大德九年(1305)将平阳路改名为晋宁路,将太原路改名为冀宁路。尽管元朝中央政府后来做

---

1 根据另一块 1283 年石碑的记载,南霍渠最终完成了正门的建造,并制作了两个门神雕像。该石碑还记录了当时南霍渠管理人员完备的组织层次,包括 2 位渠长、1 位渠司和 13 名沟头。见许思温《南霍渠成造三门下二神碑记》,《三晋石刻大全·临汾市洪洞县卷》,第 65 页。
2 刘茂宝《重修明应王庙碑》,《洪洞介休水利碑刻辑录》,第 10 页。
3 《山西地震碑文集》,第 8—9、11、65 页。

出了一些自上而下的赈灾安排,但选择优先帮助官员、军户、站户以及僧道。[1] 此外,地方官员的残酷无情和腐败使情况更加恶化。[2] 霍州地区的官员在大德九年(1305)逼迫 3 个包括赵城县在内的下属县出资,用于州衙建造接待宗室的新衙署。[3] 如前文所述,赵城县是大地震的震中,许多村庄被完全摧毁,当地幸存的居民迫切需要政府的救济。然而,当地市官在给上级报告时甚至淡化所在县的地震破坏程度,以便继续征收商税。[4] 很少有地方官员组织埋葬荒野的横尸、为受伤者提供医疗援助或安置无家可归者。[5] 总的来说,政府将重建地方社会经济秩序的任务留给了地方民众自己,与之相对,水利组织和宗教组织等社会机制,在带领幸存的地方社群进行灾后重建中起到了关键的领导作用。

震后重建中的水利组织

尽管元朝政府应对不力,南北霍渠水利组织在大德七年(1303)大地震后的二十年内完全恢复渠务管理的运作,证实了它们是强大的民间组织,能够在紧急情况下迅速整合不同的人群和机制重建当地经济和社会秩序。最重要的是,他们成功地团结了地方官员、僧道和平民百姓来恢复水利灌溉,使得农业经济得以复兴。大地震发生三个月后,北霍渠渠长郭髦发起了修缮受损水渠的工程,并向平阳路总管府报告了当地水渠的状况。之后平阳路总管府指派了两名地方

1 《元史》卷 21《成宗纪四》,第 459、462 页。太田弥一郎甚至认为,蒙古政府的无力赈灾标志着王朝衰落的开始(《元大德七年(1303 年)山西》,第 273 页)。
2 《元史》卷 21《成宗纪四》,第 454 页。
3 《霍州创建公宇记》,《山西地震碑文集》,第 13—14 页。
4 《郑制宜行状》,《山西地震碑文集》,第 62 页。
5 《山西地震碑文集》,第 51 页。

官——霍州倅李某和赵城县尹刘某——来负责开淘水渠、恢复灌溉之事。这些官员委托郭髦组织渠众清理堵塞的渠道。在这一阶段，洪洞县的官员或渠长都没有参与进来，而参与这些渠道修缮工作的渠众也仅来自北霍渠。

恢复渠水灌溉后，尽管当地经济状况仍然不佳，南北霍渠仍组织渠众开始重建水神庙，因为只有依靠水神庙才可以保住水神的珍贵"礼物"，并重构水利社会庞大的社会关系网络。水利组织的领导者是这个人际关系网络的主要参与者，他们将自己所属的不同村庄、渠系组织中的水户和"外人"联系起来，这里的"外人"包括了邻近的水利组织、政府官员以及当地有影响力的个人、家族和机构。重构这个庞大的关系网络使得在地震后的二十年内重建当地复杂的水利系统成为可能。

水神庙在地震后彻底沦为废墟，这种状况持续了两年。大德九年（1305）秋，晋宁路万僧都宣差（具体身份不详）来到水神庙进香。在看到水神庙一片废墟的状况后，他召见了赵城县官和北霍渠渠长史珏商议重建水神庙事宜，并决定由主簿申公提调。在接下来的14年中，南北霍渠合作重建了水神庙的主殿，但没有重建整座庙，完整的庙宇结构至少还应包括一座正门和前后殿。这次重建的主殿保存至今，即今日游客可以看到的明应王殿（见图版7）。

元仁宗延祐六年（1319），明应王殿建成，北霍渠渠长高仲信等霍泉水利社会中的地方精英和地方官吏一起在新建的水神庙中立了"重修明应王殿之碑"，该石碑至今仍屹立在明应王殿的东角。立这块碑的过程反映了霍泉水利社会关系网络的运作及处于该网络中的重要角色，据碑阳记文载：

仲信切思之曰："从草创讨论,修饰润色者,非出一手,恐久而湮没,刊诸金石,以寿其传,庶有激劝于将来。"府吏段士良屡注意于是,一日,率老而德者史珪、郭景文、郭翊、高仲实、石克明、翟天锡、天宁宫提点赵思玄等,踵门求记于予。[1]

碑文所列的求记者,都是和官府有人脉关系的地方精英,有些是霍泉水利社会的领导者,如史珪是前任北霍渠渠长,翟天锡是现任北霍渠渠司。求记对象是赵城县尹王刺哈剌,他是一位通晓汉语的蒙古人,他用相当雅致的古汉语写下碑阳《重修明应王殿之碑》的记文。同时刻在碑阳的立碑者进一步印证高仲信所说的重建水神庙"非出一手",而是多方协作。除了起协调作用的赵城、洪洞两县官吏,最重要的力量有两方:一是以南北霍渠为主的水利组织,立石者为北霍渠长高仲信、渠司翟天锡、水巡孔兴;南霍渠长许亨、王泽,渠司王温。二为广胜寺等宗教组织,参与立石者为广胜寺尊宿胜提点、住持春讲主、宝严寺尚座行开。广胜寺的角色前文已述,碑文中提及的天宁宫、宝严寺等寺观所代表的宗教组织在霍泉水利系统中的角色将在下文讨论。[2]

　　"重修明应王殿之碑"的碑阳和碑阴内容是我们了解水利组织和宗教组织如何领导地方民众重建灾后水利系统的关键史料。首先,碑阳王刺哈剌的记文详细解释了南北霍渠如何在地震后成功重建水利系统。水利组织建设的既定章程以及过去处理紧急情况的经验,使得水利社会能在地震后迅速开始自我恢复。王刺哈剌描述了南北

1　王刺哈剌《重修明应王殿之碑》,《洪洞介休水利碑刻辑录》,第16页。
2　王刺哈剌《重修明应王殿之碑》,《洪洞介休水利碑刻辑录》,第16—17页。

197
198

210　蒙古征服之后

霍渠水利组织的主要义务和规定：

> 定其陡门、夹口、堤堰，设其渠长、沟头、水巡，俾富豪强，不
> 敢恣其情，次上、中、下乃得节其便。岁中值霖雨涨溢，防埂缺
> 坏，验民之富贫、役力之多寡，即塞实之。颇有少缓而堕者，科罚
> 无虚示也。而旧立条款，斑斑若日星，又谁敢增减一字哉！[1]

这些义务和规定，作为水例的一部分，为恢复水利系统的正常运行提
供了至关重要的指导。的确，地震后的恢复始于北霍渠渠长郭髦领
导下的水利基础设施修复工程。同样重要的是，水利组织能够利用
其成熟的组织能力，获得灾后重建所需的物资和人力。[2] 既定的水例
则允许渠长行使管理渠众的职权，强化其执行处罚的权力，例如"俾
富豪强，不敢恣其情"。计算劳役的做法基于渠众的贫富而不是
"夫"，显示出极大的灵活性。鉴于许多渠众死于地震或因震灾而陷
入贫穷，这样的做法对适应灾后的新形势有特别的意义。

这种灵活性也体现在重建水神庙的合作工程中。根据王剌哈剌
的碑文记载，大德九年（1305），"珪（指北霍渠长史珪）与南霍杜玉、
胡福渠长鸠工，各量使水村分，计置修造，富有者施财，贫薄者出力，
创起正殿木装。始经营之时，时有寺僧聚提点亦尝施工，继而刘思直
塑像结瓦，郭景信造门成趣"。[3] 显然南北霍渠渠长带领渠众展开集

---

1 王剌哈剌《重修明应王殿之碑》，《洪洞介休水利碑刻辑录》，第15页。
2 我们并不知道南北霍渠渠长们为公共项目召集到的具体人数，但数目应该不小。
在晋东南沁水县的一个案例中，根据一则1337年的碑文，一位姓佺的村民分别
在1327—1329年和1332年成功地动员了750多名和1100名劳工开挖河道来引
水和排水。见《至元三年修渠灌溉规条碑》，《沁水碑刻蒐编》，第387—388页。
3 王剌哈剌《重修明应王殿之碑》，《洪洞介休水利碑刻辑录》，第16页。

体行动,制定详细周密的计划,以村和渠系为单位分工协作,同时有能力、有意愿的其他机构和个体则见缝插针地贡献其所能。总体合作同时单独分派任务的策略可以最大限度地减少组织之间的冲突。除了建造主殿外,南北霍渠还分别负责明应王殿东西墙壁画的彩绘,并在泰定元年(1324)立了两块石碑分别记录其彩绘壁画经过和参与人员。[1]

在霍泉水利系统的日常运行中,南北霍渠还必须合作定期举行庙会,庆祝水神三月十八的生日。王剌哈剌称:"每岁三月中旬八日,居民以令节为期,适当群卉含英,彝伦攸叙时也,远而城镇,近而村落,贵者以轮蹄,下者以杖履,挈妻子、舆老羸而至者,可胜既哉!争以酒肴香纸,聊答神惠。而两渠资助乐艺、牲币、献礼,相与娱乐数日,极其厌饫。"[2]庙会中使用的财物,特别是向水神献祭的东西,通常来自南北霍渠两个水利组织向水户收取的常规水费。在庙会中通常会有娱乐表演,而这些"乐艺"的首要目的不是娱乐来参加庙会的城乡民众,而是"酬神"。

如同祭物和祭祀仪式,音乐和戏剧表演也被视为对水神的献祭,以回报水神的珍贵礼物,即霍泉水。霍泉水利系统的用水者被要求集资聘请专业的戏班,资助戏剧演出成为两个水利组织的固定职责。南北霍渠很可能在泰定元年(1324)举办了庙会,并聘请临汾当地受欢迎的剧团前来表演。在明应王殿的壁画中,最著名的是一群男女演员演戏的场景(见图版8)。在壁画中,顶部的横额上写着"尧

---

1 《北霍渠彩绘东壁记》和《南霍渠彩绘西壁记》,《洪洞介休水利碑刻辑录》,第25—30页。有关这些壁画的学术研究,见 Jing, *The Water God's Temple*, 70–199.
2 王剌哈剌《重修明应王殿之碑》,《洪洞介休水利碑刻辑录》,第15—16页。

都见爱,大行散乐忠都秀在此作场,泰定元年四月"。

"重修明应王殿之碑"碑阴所刻的《助缘题名之记》展示了南北霍渠的组织架构,以及霍泉水利系统内部复杂的权力关系,包括村庄之间、渠系组织之间以及寺院群体与村庄渠系之间的权力关系。《助缘题名之记》共列出230多人,他们为修建明应王殿付出了财力和劳力。霍州医学正薛国瑞负责编辑了这份名单,[1] 他列出了每位捐赠者的所在县、水渠、村庄、水利组织中的职务和姓名。在这些捐助者中,有209人在水利组织中任职,这些人来自28个北霍渠系村庄和13个南霍渠系村庄。[2] 从这份名单来看,到元仁宗延祐六年(1319),南北霍渠水利组织已完全从大德七年(1303)的地震中恢复过来。

更重要的是,该名单体现出村庄之间的权力等级关系,有些村庄垄断了某渠系渠长的职位。例如,在北霍渠水利组织中,渠长都来自郭下村,该村位于北霍渠源头靠近水神庙的地方。由于地理位置优越,郭下村具备获得水资源的天然有利位置。但是,仅凭这一点,并没有为所有渠长都来自该村提供充分的理由。晚期文献资料表明,北霍渠渠长的重要任务是监督霍泉分水口的堤堰、水闸等水利设施。[3] 分水口(如图版6所示)对于维持北霍渠和南霍渠之间7：3的分水比例有极为重要的作用,同时也是两个水利组织之间众多争水纠纷的焦点。王剌哈剌的碑文提到水利组织负责确定"陡门、夹口、堤堰"的大小和位置。但实际上,个别水户、村庄乃至某个渠系集体经常公开或秘密地更换或损坏水闸和堤堰,以获取更多的水。北霍

1　蒙古统治者模仿庙学建立了一个新的医学学校系统,以培训各路州县的医生。见Shinno, "Medical Schools and the Temples of the Three Progenitors in Yuan China."

2　薛国瑞《助缘题名之记》,《洪洞介休水利碑刻辑录》,第20—22页。

3　王应豫《邑侯刘公校正北霍渠祭祀记》,《洪洞介休水利碑刻辑录》,第45页。

渠系的村庄必须依靠郭下村民守住霍泉的分水口,提防南霍渠用水者偷水。作为回报,他们愿意让郭下村民垄断渠长的位置。这种安排再次表明水资源的管理协调往往取决于村庄之间达成的社会契约。

南霍渠水利组织选择渠长的方法与北霍渠不同,体现出不同渠系的村庄之间存在非常不同的权力关系模式。《助缘题名之记》的名单中,南霍渠的 13 个村庄(赵城县有 4 个,洪洞县有 9 个)有 5 人被选为渠长:2 人来自赵城县的 2 个下游村庄(西安村和东安村),3 人来自洪洞县的 3 个下游村庄(冯保村、周村和封村)。显然,这样的安排旨在抵消下游村庄普遍的劣势。该名单同时还突出了 4 个赵城村庄与 9 个洪洞村庄的疏离。在名单中,薛国瑞将赵城村庄与洪洞村庄区分开来,这是两县用水者之间长达百年的权力争执导致的。在持续的权力斗争中,每一次争水都给用水者提供了重新定义等级秩序的机会。这些村庄经常会暂时同意一个等级秩序,之后再挑战它,再创建一套新的习惯做法,构建一个新的等级秩序。[1]

《助缘题名之记》还记录了非汉人家族参与水利组织的情况。布达兀(显然是外族名字)是郭下村的 9 名沟头之一,这个名字本身并不能表明他是蒙古人还是使用蒙古名字的汉人。然而洪洞的水利文

---

1 根据 1139 年的南霍渠渠册记载,南霍渠最初灌溉赵城最南端四个村庄的稻田。8 世纪末,赵城附近的洪洞村民获得了使用南霍渠余水的许可。1045 年,在解决了一系列水纠纷后,北宋政府规定了南北渠之间的分水比例为 7:3,赋予了洪洞和赵城用水者同等的合法权利。到了 1139 年,从 3 个下游村庄(冯保村、周村和封村)中选出南霍渠渠长已成为一条固定下来的水例。然而,这两个县之间的争水纠纷并没有停止:上游的 4 个村庄和下游的 9 个村庄之间的冲突仍在继续,有时甚至发展为暴力。1218 年,平阳府命令赵城县的 4 个村庄和洪洞县的 9 个村庄分别选出他们的渠长。从那时起,南霍渠下赵城县渠段内的村庄和洪洞县渠段内的村庄开始独立进行水利管理,并发展为南霍渠固定的传统。见《洪洞县水利志补》,第 65—66、70 页。

献提及,从蒙古征服华北地区初期开始,一些蒙古人就强行侵占了当地农民的水浇地。例如,根据当地的渠册记载,13世纪50年代起,两个蒙古家族定居在隶属于连子渠水利组织的两个村庄中。这些蒙古人强行占领了稻田,并将其租给当地农民耕种。数年后,当这些蒙古人被命令移居另一个府时,连子渠水例组织的几个水户(可能是蒙古人的佃农)付钱赎回了他们的田地。[1]这个故事说明晋南地方水利社会中的确有蒙古人。尤其在平阳路成为拔都大王的封地之后,该区域的蒙古居民就变得更为显著。蒙古统治政权下令必须有一定数量的蒙古家族居住在蒙古宗王投下的村庄中,这就是那两个蒙古家族在连子渠系中两个村庄定居的直接原因。

显然,村庄和渠系是霍泉水利社会中最重要的社会经济单位。水利组织强大的结构可以充分调动所属村庄参与重建水利基础设施,并不断建构和重构彼此之间的权力关系。这个组织本质上并不需要其他机构(例如佛寺道观和地方学校)的参与。而这些机构之所以在水利组织中占有一席之地,主要是因为他们的水户身份。他们在水利组织中发挥的强大影响力和领导作用则表明,与当地农民水户相比,僧道寺观水户具有更优越的社会经济实力。

作为水户的佛寺道观和学校

《助缘题名之记》所列名单最引人注目的地方在于,它揭示出僧道作为水利组织领导者非同寻常的显著地位。除广胜寺外,还有11座佛寺和12座道观为水神庙的建设作出了贡献。更重要的是,其中21座佛寺道观的住持在南北霍渠中担任渠长、渠司、水巡和沟头等职

---

1 《洪洞县水利志补》,第166页。

位。这些寺观大多位于水利组织的隶属村庄中（7座道观和6座佛寺来自12个北霍渠村庄，4座道观和2座佛寺来自4个南霍渠村庄）。有些村庄有不止一座寺观和不止一位僧道身份的水利组织头目。比如，北霍渠胡坦村的7位沟头中2位是僧人（普济东寺主、普济西寺主），永乐沟村的6位中也有2位（容摄寺主、圆明寺主）。[1]

几乎所有担任南北霍渠水利组织领导的僧道，都不是以个人的名号而是以"某观主""某寺主""某院主"的身份记录在《助缘题名之记》的名单中的，这说明在寺观里常住的僧道是以整个寺观团体为一户来参与水利系统的日常事务的。这一户在蒙古统治时期的户籍制度中属于与民户相区分的"僧道户"，在水利系统中则是与民户无差别的"水户"，而作为这一户"户主"的寺观住持很有可能是各村社的常任渠长、沟头。比如，《助缘题名之记》名单中，北霍渠下董村沟头中有一位"玉虚观主"，在泰定元年（1324）《北霍渠彩绘东壁记》记载的各村"沟头人户"中有"董村崔知观"。[2] 这里的崔知观应该是玉虚观住持，但不一定和1319年时任玉虚观主的道士为同一人；而玉虚观住持常出任董村沟头。寺观住持能长期担任南北霍渠水利组织的领导角色，又与他们作为"僧道户"的宗教身份在蒙古统治下所享有的政治、社会、经济特权分不开。

南北霍渠渠系中的这些寺观，有许多是在13世纪宗教组织蓬勃发展的背景下建立起来的。北霍渠上纪落村长春观便是绝佳的例子。今天上纪落村仍有两块元代石碑屹立在长春观遗址上。一块碑的具体立碑时间不详，但应该是在蒙古统治早期，其铭文题为

1　薛国瑞《助缘题名之记》，《洪洞介休水利碑刻辑录》，第21页。
2　《北霍渠彩绘东壁记》，《洪洞介休水利碑刻辑录》，第25页。

《长春观记》，但大多文字已漫漶不清。另一块碑立于元顺帝后至元元年(1335)，其铭文题为《长春观常住田土记》，碑文内容保存完整，使我们得以了解霍泉水利系统中的一座乡村道观从蒙古统治初期到后期的变化情况。[1]

后至元元年(1335)的碑文描述了一群全真道士如何在元初定居该村并与村民互动，致力于修建道观和开发水利经济中的两种主要资源，即水浇地和水磨坊：

> 晋宁属县赵城，邑治之南，村落曰上纪。地形高阜，左仰霍山之云岚，右瞰汾川之陇亩，前临崖壑湾转，有古龙洞，树木森郁，溪洞间寂。适值道士任志蹇偕同流过之，盘桓游憩，瞻此佳胜，地僻泉甘，注意不忍去矣。因而相谓曰："实吾侪隐逸者也，可留居焉。"奈无得地。是时皇元开创，政尚无为，田野多芜，民俗简朴，人人乐相施与。会里人任德辈，盖亦忘世而慕仙者，遂割己□为筑园堵、结庵，俾永住持焉。自时厥后，道门俦侣相求而□者众，遂谋建殿宇，增葺日盛。继而王志杳克纂前修，率众课瓜，赖田租备斋粮之费。

尽管景色秀丽之地是宗教修行的理想场所，但任志蹇与其同道愿意留在上纪落村，也是因为那里肥沃的农田和甜美的泉水有利于道观的建造和道众生活的维持。此外，上纪落村的村民们也欢迎任志蹇

1　两座石碑的铭文都已在近年发表。见梁师孟《长春观记》(早于1335年，精确纪年未知)；王好古《长春观常住田土记》(1335)，《三晋石刻大全·临汾市洪洞县卷》，第53页和第77页。

们留下来建观。如第 2 章所述，金元之际华北许多村民信仰全真教，并邀请全真教男道女冠落户其村庄，住持村内道观。从村民的角度来看，正如碑文所示，上纪落村的许多农田荒芜，需要新居民来开垦以恢复本村的农业经济。而这些新的居民往往是全真弟子或侍从，长春观为他们提供了组织基础。确实，根据更早期的《长春观记》碑文载，任志寋等四名全真道士留在上纪落村后，几年内长春观的道士人数增加到 20 人，"为添粥计，增修水碓，假力农耕"。[1] 显然，为了支付道观的日常开销和道众衣食，长春观的第一代全真道士以务农为生，融入了上纪落村的农田水利经济，并通过增修水磨来增加收入。但如王志杳的故事所表明的，后世道士逐渐依靠从当地农民那里收取佃租来供应道众日常之需，说明长春观的全真道士们从元初落户上纪落村到大地震发生之前的三十多年里，发展了相当规模的以田产为主的道观产业。

由于僧道在上纪落村拥有水浇地和水磨，长春观因此成为北霍渠系中一个独立的水户。《长春观常住田土记》碑文的后半部分记述了长春观在大地震后发生的变化：

> 迫于大德七年，坤舆大震，观洞屋庐摧圮为之一空。道徒数少，暨乎唯王君道全嗣守故业，服田力穑，积岁累月。收获之余饶，贸易什物。改作正殿，库庾斋□，靡不完辑，轮奂更新，可谓肯堂肯构，乃亦有秋者也。一日，道全集□□曰："夫道流，异性类聚，得不离睽，以义居者，食用足也。食用之□□□□□畴之所出矣。契券虽存，虑或残毁遗失。欲将若干顷亩□□

1　梁师孟《长春观记》，《三晋石刻大全·临汾市洪洞县卷》，第 53 页。

以□诸石,传之不朽。"[1]

长春观几乎所有的道士都在地震中丧生,王道全作为少数幸存者之一,不得不亲自耕田种地,在养活自己的同时,以多余的粮食换取日用品和修观所需的建筑材料。如果碑文所载属实,那么王道全一定成为了长春观的住持,延祐六年(1319)《助缘题名之记》中,上纪落村沟头下有一位"长春观主",很可能就是指王道全。地震后,王道全凭借地契继续持有田产,因此他有资格担任沟头。值得注意的是,后至元元年(1335)的碑刻铭文完全没有提及北霍渠,我们可以理解为在这块记载长春观庙产的碑刻中,长春观的首要身份是宗教机构,而在北霍渠水利组织中它与农民水户一样首先是水户。

然而,与同村的农民水户不同,作为水户的佛寺道观还有独立的宗派和各种关系网络。僧道居住在隶属于水利组织的不同村庄中,可以通过宗派纽带建立联系。例如,北霍渠系中的柴村全真观和南霍渠系中的道觉村灵泉观都属于同一个全真宗派。来自河南省孟县的一则题为《栖元真人门众碑》(约1278)的碑文记录了来自洪洞县和赵城县12座全真道观和庵堂的男道女冠。4名道士来自柴村全真观,1名道士来自道觉村灵泉观。[2]如第2章所示,金元之际全真道士经常云游各地,并与同派道士密切合作,致力于各种宗教、社会事务。鉴于全真观和灵泉观属于同一全真宗派,又彼此相距不远,来自这两个道观的道士很可能平时就有来往。

---

1 王好古《长春观常住田土记》,《三晋石刻大全·临汾市洪洞县卷》,第77页。
2 《栖元真人门众碑》,《金元全真教石刻新编》第173页。石碑上列有来自河南和山西约20个州县的全真道士220多人。

此外,在来自郭下村的 7 名渠长中,3 人是佛寺道观的住持:天宁宫主、卧云观主、宝严寺主。前文提及,天宁宫提点赵思玄是邀请赵城县尹王刺哈刺起草 1319 年《重修明应王殿之碑》碑文的地方精英之一,宝严寺尚座行开参与了这次立碑。[1] 天宁宫和宝严寺的僧道之所以会参与水神庙事务,是因为这两座寺观是北霍渠系中的水户。奇怪的是,虽然天宁宫、卧云观和宝严寺的住持出任北霍渠的"郭下渠长"(如前文所述,郭下村历来垄断北霍渠渠长之职),但这三座寺观没有一座位于郭下村。根据后来的地方志记载,这三座佛寺道观建立较早,都位于赵城县城区或城郊,从位置来说都在北霍渠的下游。[2] 但它们显然在北霍渠水利系统内有特殊的地位。很可能这三座寺观拥有大量分布于北霍渠灌溉网内的常住田地和水磨等产业,甚至有的就在郭下。[3] 这些寺观住持,既具有作为水户的一寺之首身份,又由于在蒙古统治的政治秩序中享有特权而本身具有社会精英的身份,因此有资格担任渠长。

文化素养和受教育程度是一些人被选为水利组织负责人的因素之一,这样的人包括了僧道和儒士。[4] 除了列出的数十座佛寺道观

---

1 王刺哈刺《重修明应王殿之碑》,《洪洞介休水利碑刻辑录》,第 16 页。

2 天宁宫(建于 976 年至 983 年之间)位于赵城县城内的桂林坊,卧云观(建于 956 年)和宝严寺都在县城以东约 800 米的城郊。见《赵城县志(1760)》,第 184—185 页。

3 当时佛寺道观常会在较远的村庄购买土地。例如一则 1253 年的碑文称,霍山洪岩寺的一位和尚在隶属北霍渠系的柴村买了 11 亩水浇地。见鸠安《洪岩兰若记》,《三晋石刻大全·临汾市洪洞县卷》,第 979 页。

4 早期的水利社会在选择领导人时就已将文化素养视作重要标准。丰岛静英提到,1157 年山西汾州孝义县的地方居民在成立水利组织时任命了两人担任渠长,因为他们都有阅读能力,而且为水渠的发展作出了贡献。其中一人来自当地的士人家族,另一人擅长数学。参见豊島静英《中国北西部における水利共同体について》,第 35 页。

外,《助缘题名之记》名单还显示当地书院也参与了大地震后霍泉水利系统的重建。北霍渠董村的七名沟头中,与一般民户身份不同的,除了前文提及的"玉虚观主",还有一位"晋山书院主"。书院成员大多来自儒户,包括在元朝教育体系中任教的士人和学习儒家经典的学生。[1]地方书院的士人和学生在文化素养上显然高于普通的农民用水者。晋山书院是由士人和学生组成的社会机构,和佛寺道观一样,被视作独立的水户。僧道因其宗教人际关系将人际网络扩展到水利社会之外,相似地,晋山书院的人在元末繁荣起来的官学和书院体系中也有自己独特的社会纽带。例如晋山书院的山长曾帮助汾阳县有权有势的樊氏家族邀请朝廷官员为一所书院起草碑文,该书院是凭借樊氏家族捐赠的 300 亩良田建造的,目的是教育家乡的年轻族人。[2]

晋山书院出现在延祐六年(1319)《助缘题名之记》的名单中具有更广泛的意义:它表明书院在元代从南到北逐渐扩张。书院产生于私学激增的南方地区,后来成为凝聚士人群体的重要社会机制,士人通过书院形成了以道学为纽带的群体认同。南宋时期,书院与官学网络并存。元世祖至元十六年(1279)蒙古人征服南宋后,元朝政府将书院并入了官学机制,任命书院山长、支付山长薪俸、赐予书院学田,并规定书院从学田收取田租的额度。[3]元朝中后期,新建的书院数量有所增加,部分原因是向书院捐献学田的人可以免除劳役。[4]此外,在唯一推崇儒学的蒙古皇帝元仁宗爱育黎拔力八达统治期间,

---

1 有关元代学校和书院的讨论,见徐梓《元代书院研究》。
2 《有元创建卜山书院记》,《汾阳县金石类编》卷5,第 325 页。
3 Bol, *Neo-Confucianism in History*, 229–236.
4 Endicott-West,"The Yüan Government and Society," 6:607.

朝廷于延祐二年（1315）恢复了以道学四书为主要内容的科举考试。为了应试，晋山书院的士人和学生们很可能学习道学的课程。《助缘题名之记》记录的 209 名水利组织领导人中，只有一名儒士。然而，他的存在预示着在蒙古统治结束后官学、书院师生这一地方士人群体的崛起，并成为水利社会的领导者。[1]

总而言之，尽管大德七年（1303）大地震造成了严重的人口和经济损失，但延祐六年（1319）的《明应王殿之碑》标志着南北霍渠水利组织的迅速恢复，这是通过普通村民、佛道群体、书院以及地方官员的合作实现的。在自然灾害之后，水利组织必须迅速重建水利系统，因为渠水是当地农业经济中最宝贵的资源。僧道在领导震后水利系统重建中扮演着独特的角色，不仅因为他们是用水者，还因为他们是社会精英，是包括赋役、赈灾在内的多项官府政策的受益者。换句话说，相对于普通村民，即使在村民自己的组织中，僧道仍占据优势地位。

元代末年僧道与村民关系的变化

在元朝统治的最后三十年中，对佛道教团有利的政治形势开始发生变化。村民与水利组织中僧道之间的关系也开始出现重大改变。从 14 世纪 30 年代开始一直到 1368 年元朝灭亡，华北地区灾害频仍，灾后重建变得越来越困难。[2] 除了自然灾害，在元仁宗延祐七年至元顺帝元统元年（1320—1333）之间皇位继承引发的政治混乱（在此期间皇位频繁更迭，有 7 位皇帝登基），造成了整个蒙古帝国巨

1　森田明《清代華北における水利組織とその性格：山西省通利渠の場合》，邓小南《追求用水秩序的努力——从前近代洪洞的水资源管理看"民间"与"官方"》。

2　有关元代华北地区自然灾害的全面调查，见王培华《元代北方灾荒与救济》。有关这十年来政治动荡的详细描述，见 Hsiao Ch'i-ch'ing, "Mid-Yüan Politics."

大的社会动荡。蒙古军队往来于大都和草原时经常途经山西,每当皇位更迭爆发内战,山西的一些地方就会陷入困境,百姓妻离子散,许多寺观和村庄聚落瓦解。[1]元朝末代皇帝妥欢贴睦尔(元顺帝,1333—1368 年在位)统治期间情况进一步恶化,饥荒和瘟疫在华北平原造成大量人员死亡,许多地区发生了暴乱,随后从南方开始的农民起义最终结束了蒙古人在中国的统治。

因为史料匮乏,我们对元朝末年的动荡如何影响僧道在霍泉水利组织中的地位知之甚少。然而一些个案表明,村民与僧道之间的关系整体上从合作转向竞争甚至对抗。上文提及的北霍渠上纪落村后至元元年(1335)《长春观常住田土记》的碑刻预示了乡村社会中僧道的权力正在衰弱:仅王道全等少数道士在大地震中幸存,此后靠他一人重建受损的道观,而不像元初的全真教团有充足的人力资源补充。山西其他村庄的一些碑刻表明,在社会动荡不安的情况下,僧道与村民之间的冲突在元末有所增加,尤其是在寺院土地管理方面。在一个事例中,为了争夺寺观土地,汾阳县永丰渠孝文村的村民通过诉讼,巧妙地将女冠经营的抄真观(该观也起着永丰渠水神庙的作用,观内的灵显真君殿供奉水利之神)改造成由全体村民所有的玉皇庙,并在将道观改成村庙的过程中从女冠手里夺取了全部庙产。[2]另一个至正三年(1343)蒲县的例子中,当地一个民户向道观提起诉讼,要求归还祖先布施给道士的土地。[3]

---

1 王复初《重修兴真万寿宫记》,《山右石刻丛编》卷 38.28b—30a(《石刻史料新编》第 1 辑第 21 册,第 15827—15828 页)。

2 《重修庙堂记》,《汾阳县金石类编》,第 317 页。有关此案的详细分析,见王锦萍《宗教组织与水利系统:蒙元时期山西水利社会中的僧道团体探析》,第 49—52 页。

3 《李公遗爱碑记》,《蒲县碑铭志》卷 10.20b—21b(《石刻史料新编》第 3 辑第 31 册,第 443—444 页)。

村民与僧道之间关系的变化,与元顺帝统治期间宗教政策的重大调整相对应。元统二年(1334),中央朝廷下令开垦过去皇帝授予佛寺和道观的土地。[1] 同年,朝廷不仅撤销了僧道的免税待遇,而且还要求所有僧道同民户一样服役。[2] 我们很难确定这些政策在当地的执行情况。但至正七年(1347)全真道士在芮城县永乐宫立的圣旨碑能够说明一些问题。该圣旨碑刻了两位蒙古宗王分别在后至元四年(1338)和五年(1339)颁发的两道令旨,这两道令旨都重申了僧道的免役权,但未提及僧道是否应缴纳地税和商税。[3] 僧道在得到蒙古贵族的扶持后重新获得了免役权,但很可能失去了更关键的免税特权。

14世纪五六十年代,元朝中央政府仍然控制着包括山西在内的华北大片地区,但失去了对南方的控制。至正十一年(1351)夏,"红巾军"民变大规模爆发后,元朝政府再也无法阻止全国范围的民众起义和暴乱。至正十五年(1355)以后的华北,行政权和军权转移到地方军阀手中,这些军阀或是起义者,或是镇压起义的朝廷将领。但是山西地区并未发生大规模的民变。至正十八年(1358)以后,山西成为了察罕帖木儿(卒于1362年)的权力基础。察罕帖木儿是元末朝廷镇压义军最得力的将领,依靠在山西征粮和募兵来保障他几乎所有的军事需求。为了确保物资的征收,察罕帖木儿与其继任者王保保(后来被称为扩廓帖木儿,卒于1375年)严格控制着山西,地方官员由他们任命。直到至正二十八年(1368)末扩廓帖木儿被明朝开国

---

1 刘迎胜《元统二年(1334年)》。
2 陈高华《元代佛教寺院赋役》,第14页。
3 《兔儿年和猴儿年令旨碑记》,《永乐宫壁画》,第69—70页。

皇帝朱元璋的军队击败,扩廓帖木儿对山西的控制才告终结。[1]

　　元朝末年的社会动荡扰乱了霍泉渠系水利组织的正常运作。但我们对元末的霍泉水利社会知之甚少,唯一的史料是晋宁路官员熊载于至正二十七年(1367)夏向霍泉水神祈雨所作的祈雨文。在文中熊载称自己是皇帝——尽管更有可能是扩廓帖木儿——任命的官员,他请求水神怜悯遭受了四个月干旱的当地百姓。[2]记载祈雨文的现存石碑上提到赵城县官员陪同熊载一起祭祀了水神,但没有南北霍渠渠长等水利组织领导的名字。史料的缺乏使我们无法判断元末水利组织是否仍在发挥作用,僧道是否仍在这些组织中担当领导者的角色。

小　结

　　蒙古统治时期,佛道教团深入渗透山西独特的乡村水利组织。水利组织本质上是分配、管理水资源的独立民间组织,该组织提供了结构化水利系统内一整套社会经济关系的重要机制。蒙古统治时期,宗教组织在水利社会中广泛而持续的存在是由两个因素造成的:水利组织的机制使得村民能够将各种不同的人群和机构整合到他们的组织中;蒙古统治时期的宗教组织权势极大,使得僧道在水利社会中成为有影响力的地方精英。

　　水利组织是根据源于地方的思想、原则和规范建立起来的,正如

1　《元史》卷45《顺帝纪八》,第952页;卷141《太不花传》,第3386—3387页;卷207《逆臣传》,第4601—4603页;Dardess, *Conquerors and Confucians*,119-146。
2　熊载《祭霍山广胜寺明应王殿祈雨文》,《洪洞介休水利碑刻辑录》,第31页。

水利碑和渠册所示,水利组织成员崇拜水神。源于地方的思想、原则和规范将水看作水神的"礼物",并在共享这个"礼物"的村庄之间建构起社会经济的等级关系。水利组织的成立和运行往往基于两种现状之间的内在张力:水利系统内部协调合作的需要和成员村庄之间不断的竞争冲突。因此,水利社会中现有渠册、水利碑所规定的等级秩序是不稳定的,并常常在地方冲突中被不断地挑战和重新定义,尤其是在缺水和出现用水纠纷的时候。

蒙古人的征服或大德七年(1303)大地震等重大外部事件也为重建等级秩序提供了契机,而新的等级秩序需要得到成员村庄的认可,使新的协调合作关系成为可能。在这个过程中,元朝中央政府和地方官员发挥了重要作用,他们通过向地方水利组织发放许可凭证来承认其渠册的权威性,从而保证水利组织内部关系的平衡。持续的竞争与合作重构了水利组织用水者之间的社会关系。因此,尽管会受到地方精英群体变化和朝代更替的影响,水利系统中的乡村社会经济秩序始终得以保持活力。争水往往是村庄之间合作与竞争的前提,而围绕争水展开的冲突则巩固了水利组织成员对特定地方身份的认同。

在蒙古统治下的山西,民间水利组织的独特机制能够整合地方社会中的各种用水群体,包括汉人和非汉人家族、跨行政单位的乡村社群、佛寺道观以及儒学学校。它还可以使水利组织与多个官方机构打交道,包括不同级别的政府官员以及蒙古投下领主及其设立的投下管理机构。在战争和自然灾害之后,这些不同的势力或一起、或各自致力于解决争水纠纷,发展水利基础设施,并重建当地社会。

同时,水利组织机制也具有排他性,因为它们本质上不需要其他社会机制的参与,更不用说领导了。因此,在山西水利组织长时段历史的大背景下,蒙古统治时期是极为特殊的一页,在这一时期佛寺道观在当地水利社会中扮演极其重要的角色。佛寺道观不仅拥有大量的灌溉良田和许多靠水渠供水的磨坊,而且僧道还长期担任水利组织的领导工作。他们是水利经济的积极参与者、水利系统的开创者,以及水利规约的制定者和维护者(乃至挑战者)。僧道的文化水平通常高于普通农民用水者,他们也有更广泛的社会和政治人脉,使其更容易接触到政府官员。从村民的角度来看,僧道的宗派和人际网络是有用的社会资源,对于村庄在水利系统内的竞争以及与地方政府的关系都至关重要。广胜寺的例子显示,一些佛寺甚至通过立碑、建庙及壁画,以文字、建筑空间和图像艺术为多元媒介,用佛教理念来界定佛寺与作为水利组织信仰和仪式中心的水神庙之间的等级关系,并将它们在水利系统中的地位制度化。

213
214

然而,佛寺道观在山西水利组织中的惊人渗透力在蒙古统治之后逐渐消失。从元末开始,随着僧道开始失去朝廷授予的特权和精英地位,村民转而与其他可以提供有利的类似社会资源的机构和社会团体(比如学校和儒士)合作。明清时期,以"生员"为主的地方乡绅的领导成为山西水利组织的一大特色。与此同时,僧道及其寺观则在明代完全不同的社会政治环境中艰难求生。

214
215

5

明代地方主导权的
连续与变化

明神宗万历三十五年(1607),晋北崞县县令刘辑济重修了县志,在有关佛寺道观的部分中,刘辑济写道:

> 金元之际,琳梵之节,藐以加矣。我朝定制,每府僧道不过四十人,州不过三十人。县不过二十人,寺观多所并省,如县之崇福、吉祥、福胜、慈氏、福堂、观音、洪福、福田、佛堂、二广济、二法胜十三寺则入于崇圣。华严、善庆、功德三寺则入于吉祥。吉祥、显庆、福堂、花池、正觉五寺则入于土圣。宁国、功德、柏塔、二福思五寺则入于普济。大觉、释迦、广济、清凉、文殊、云花、观音、善堂、正果九寺则入于惠济。兴龙、福田、善惠三寺则入于楼烦。崇真、清征、清阳、瑞云、玉清、三清、宝真、天保、玄元……则入于神清。盖虽未尝人其人,火其书,庐其居,而亦浸以□弱矣。[1]

在这段文字中,刘辑济一一列举了明初省并寺院政策下被合并

---

1 《重修崞县志(1607)》卷 8.9。

的 38 座佛寺和 10 座道观的名称,它们分别被合并为 6 寺 1 观。刘辑济的描述无疑指向了元代之后佛道教团在明代的衰落。刘辑济并非唯一指出该现象的明朝人。

对比这段文字和前几章的讨论,我们看到了佛道在元明两朝截然相反的两个面貌:它们在元朝臻于全盛,而到 17 世纪初明朝末年时几乎湮没无闻。本章试图解释这两个时间点之间发生了什么:进入明朝以后,佛道教团如何一步步丧失它们在元朝取得的所有社会、政治和经济势力?在元朝形成的有利于宗教的独特社会秩序如何在明朝逐渐被瓦解?关于元朝的遗产和明以后华北社会转型的新方向,历史告诉了我们什么?

首先需要说明的是,佛道教团的衰落并非像刘辑济叙述中暗示的那样,在明初遭受朝廷打压后立即衰落,相反,这是一个长期演化过程的结果,即在国家政策变化的大背景下,各种地方社会机制之间持久的权力和理念竞争,而这些竞争的本质是对包括土地、人口在内的物力和人力资源以及地方事务控制权的争夺。在山西许多地方,僧道及其寺观的边缘化经历了从明初至明中叶近两百年的时间。其间许多僧道在势力强大的庇护人支持下,继续在公共事务中发挥积极作用。僧道的社会角色及其与新的庇护人之间的关系,恰恰证明了元代形成的地方主导权的格局对明代社会有持久影响。本章探讨明朝山西佛道教团的转变,以阐释这种影响是如何持续存在的。

洪武元年(1368),丐僧出身的元末红巾军领袖朱元璋(1368—1398 年在位)在南京建立了大明王朝,结束了蒙古人在中国长达一个世纪的统治。在朱元璋(庙号"太祖")统治的三十年中,他发起了一系列政治和社会改革,以纠正他认为的蒙古统治下的错误政策,恢复汉人的制度和文化。继蒙古统治之后,明初的这些改革导致了中古史上政治统治和社会结构的又一次范式性变化。

首先,明太祖君臣从国家制度设计的层面重新构想并调整了国家与社会的关系,通过立法和建立各种国家机制来推动自上而下中国社会秩序的重整。比如在基层,明太祖颁布了《教民榜文》,建立了十分重要的里甲制度来重建农村社会秩序,其目的是增强乡村社区的团结稳定。[1]此外,与蒙古统治者相比,明太祖君臣并不愿意将行政职能让渡给大型有组织的非政府机构,比如佛道教团。明朝通过法律和政治手段大力整顿、限制乃至打压宗教组织,成功地消除了元朝佛道教团在公共职能方面获得的合法性和能力。

同时,明初积极支持理学士人的呼吁,重建儒家社会秩序。[2]洪武十七年(1384),明朝恢复了以理学经典为主要内容的科举考试,并赋予所有中第者永久性的政治身份和优越的社会地位。[3]科举考试再次成为从儒士中选拔官员的主要机制,生员、举人、进士等功名成为了令人向往的社会精英地位的标志。此外,明太祖将父系宗族看作理想社会秩序的主要组成部分,赐予了宗族组织比宗教组织和地方信仰团体更多的法律优势。在国家支持下,南方社会的许多家族和宗族抓住了这个千载难逢的机会,接管了许多地方祠庙和佛寺,从而牢牢把控了地方社会的主导权。[4]

然而,正如明史学家鲁大维(David Robinson)所指出的那样,即

1　Farmer, *Zhu Yuanzhang and Early Ming Legislation*, 9–17 and 74–75.

2　Dardess, *Confucianism and Autocracy*, 185–187.

3　明代通过县级科举考试的人称为生员,可以免除劳役并获得国家俸禄。更高的两个等级是举人和进士,指分别通过省试和殿试之人。见寺田隆信《明代乡绅的研究》,第6—8页。

4　McDermott, *The Making of a New Rural Order*, 169–170.

使明太祖竭力将他所建立的新的汉人政权与他认为的有弊病的元代政治相区别,他仍保留了大量元代的制度实践。鲁大维在研究明朝宫廷时提出了两个重要观点。首先,蒙古人的遗产对明代皇室的身份认同产生了深远的影响。其次,研究士人书写以外的材料,对于揭示新的历史具有重要价值,这些历史的主体是与士人品味和观点不一致的、被边缘化或被忽视的社会群体、思潮、实践以及物质文化。[1]本章呼应了这两个观点,并将说明明太祖创建的王府(或宗藩)和卫所如何揭示出元朝的制度性遗产对山西省内权力结构的影响,以及这两个机构(尤其是王府)如何通过庇护被边缘化的僧道来参与塑造山西地区的社会关系与社会秩序。关于地方主导权,相比官方律令法规所描述的,山西地方文献资料中呈现出来的是完全不同的一番历史图景。

本章第一部分将介绍明代宗教政策及其在山西的实施,概述明初打压佛道期间以及之后这两种宗教的情况。第二部分简要回顾明代山西省内三足鼎立的官方权力结构:地方行政、王府和卫所。第三部分讨论王府如何成为佛寺道观的庇护人,并与僧道建立起一种新型庇护关系。第四部分通过藏山祠个案研究,阐明这种庇护关系的运作,并考察它如何在 16 世纪中叶之前帮助僧侣在与乡村组织的竞争中保持优势。藏山祠个案也揭示出 16 世纪中叶以后山西社会中的种种变化。第五部分将总结这些变化,重点关注士绅在地方社会领导地位的提高、日益重要的乡村信仰组织"社"以及佛寺道观向社庙的转变。

因此,正如本章标题所示,这一章将探讨从元到明地方主导权的

---

1 Robinson, "The Ming Court and the Legacy of the Yuan Mongols," 407–408.

连续性和变化。关于连续性,本章突出了 16 世纪中叶之前明朝与元朝在权力结构上的相似性。和元代的投下宗王类似,明代王府和卫所形成了文官政府以外的合法权力中心,在山西这样的边境省份中成为超越地方行政力量的强大势力,具有显著的社会影响力。且这些势力往往大力支持佛寺道观。关于变化,本章强调 16 世纪中叶以后,在作为乡村社区生活的组织中心这一重要功能上,佛寺道观被地方祠庙全面取代。这一变化说明了在帝制时代晚期存在一种独特的北方社会组织模式。在山西以及华北许多地区,不是宗族组织而是以地方信仰为基础的地域性乡村组织——比如水利组织和"社"——最终取代了佛道组织,成为 16 世纪中叶以后在乡村社会占主导地位的社会机制。这类社会机制居于家与国之间,是塑造不同区域社会结构和文化的重要基石。总而言之,本章将讲完本书的核心故事:新的社会秩序有始,也有终。在山西的历史上,由僧道等组织性宗教主导的充满活力的乡村权力结构在蒙古人的统治下形成,并展开了相应的社会实践,最终在明代被一种新的秩序所推翻和覆盖。

明初宗教政策与地方对策

明太祖朱元璋在洪武朝(1368—1398)最初几年的举措,反映出他在统治初期对宗教力量的信赖。他认为宗教可以为新政权提供合法性,同时也能重建象征性的秩序。[1] 然而,在洪武十四年(1381)左

---

1 例如明太祖在洪武元年至五年(1368—1372)间举办了三个佛教仪式,称为"广荐法会",并在战场上建寺庙以安抚战死者,从而恢复冥界秩序。见 Heller, "From Imperial Glory to Buddhist Piety."

右巩固统治之后,正如先前宋朝所做的那样,朱元璋开始颁布沉重打击佛道教团的新政策,旨在降低僧道的政治地位并减少僧道人数,使僧道最终完全臣服于国家。[1]洪武十五年(1382),朱元璋建立了新的宗教管理机构,保留了等级较低的佛教行政机构,废除了跨区域的释教都总摄所(见第 3 章)。此外,还降低了僧官、道官的官阶。比如,元代府一级的僧正官秩正五品,在明代仅为从九品。朱元璋还恢复了宋朝的政策,取消了地方僧道官的俸禄,并于洪武十七年(1384)禁止僧道官参加地方上的官方祭祀活动,并下令三年发放一次度牒。[2]

全面限制佛道教团的举措始于洪武二十四年(1391),两项新的国家政策最为重要。一、省并寺观,控制寺院数量和僧道人口。二、向寺院常住田地征税,从而抑制寺院经济。这两项政策打击了佛道宗教地位的内核,即其寺观组织的社会经济实力。

洪武二十四年(1391),朱元璋颁布法令,严格限制府州县中的佛寺道观和僧道数量:"凡各府州县寺观,但存宽大者一所,并居之。凡僧道,府不得过四十人,州三十人,县二十人。民年非四十以上、女年非五十以上者,不得出家。"[3]刘辑济在万历三十五年(1607)编纂的《重修嶧县志》中提到了这一旨在大幅度减少地方寺观数量和规模的法令。由于缺乏系统的统计数据,我们很难评估该政策在全国范围内的执行情况,但一些区域记载表明该政策的贯彻程度很高。[4]最重要的是,这项省并寺观政策将大多数的地方佛寺道观置于法律上的

---

1 何孝荣《试论明太祖的佛教政策》。
2 《明实录》第 5 册,第 2262—2263 页;第 6 册,第 2485、2563 页。
3 《明史》卷 74《职官三》,第 1818 页。
4 根据周绍明的研究,洪武二十四年(1391)的法令明显造成了徽州地区佛寺的衰落(*The Making of a New Rural Order*, 214-217)。

弱势地位,增加了当地人侵吞挪用寺观财产的可能。

朱元璋还废除了僧道在元朝享有的免税特权。每座寺观现在都必须在新的里甲制度下注册为户,并履行相应的职责,尤其是缴纳地税。[1]朱元璋的改革甚至剥夺了僧尼群体惯有的免役待遇。根据洪武二十四年(1391)颁布的另一项法令,所有拥有土地的僧道都必须在黄册中登记(黄册是明朝记录每个里甲户详细信息的官方文件),僧侣需要像普通里甲成员一样缴纳常住田地的税粮并提供劳役。[2]洪武二十七年(1394)的另一项新规则要求,所有的大型佛寺道观设立称为"砧基道人"的职位,负责与税粮有关的事务以及与俗世的其他联系,寺观的其他僧道则应过着与世隔绝的生活。[3]

这些限制性政策使得明代的僧道群体不再享有元朝国家授予的特权和精英地位。他们中的大多数甚至都不可以与俗众互动。第3章讨论过元代的僧侣(特别是僧官)是有权势的政府官员、孝子和有为的丈夫,而这些社会认知在明初都消失了。如果彻底执行朱元璋的所有政策,僧道与寺观将很快像国家希望的那样在明代社会被边缘化,但事实并非如此。

明朝对佛道的打压状态并未持续很久。明史学者指出,朱元璋在位期间,佛道的政治地位和社会现实都没有法律规定得那么糟糕。而且到了15世纪,明朝皇帝也已经放宽了太祖对这两种宗教实施的限制条例。[4]15世纪中叶以后,用于控制僧道人数的度牒

1　有关里甲制的研究,见梁方仲《论明代里甲法和均徭法的关系》,载于氏著《梁方仲经济史论文集》,第577—603页;Hejidra, "The Socio-Economic Development of Rural China during the Ming," 458–464.

2　梁方仲《明代的黄册》,载于氏著《梁方仲经济史论文集》,第163—184页。

3　《明实录》第8册,第3372页。

4　Gerritsen, "The Hongwu Legacy," 63.

制度失效,从太祖洪武年间到明宪宗成化年间(1465—1484),僧道人数从约 12 万人增加到 30 万人。[1] 明朝后来的皇帝虽然并未公开废除太祖关于省并寺观和限制度牒的政策,但他们也没有贯彻执行这些政策。

朱元璋的继任者们的确维持了一项对佛道教团有深远影响的政策:废除僧道的免税免役特权。总体而言,明朝不仅结束了佛寺道观作为个人和群体避税手段的时代,而且要求几乎所有寺观都需要和普通民户一样为常住田地缴纳税粮(明朝皇帝钦赐的田地除外)。尽管太祖在洪武二十七年(1394)修改了这项政策,免除了寺院常住田地的杂派差役,但该政策的实施方法因地而异。根据竺沙雅章的开创性研究,江南和福建地区的僧侣在明朝自始至终都被要求承担与寺院土地数量相应的各种徭役——如担任里长、甲长,负责征收和运输税粮,供给士兵,安置马匹,供给盐丁等,其结果是佛寺道观常常不得不支付大笔钱雇用平民来替僧道履行差役。[2]

记录明初山西地区宗教政策执行情况的地方文献寥寥无几。当地的碑刻资料显示,许多州县确实实行了省并寺观的政策。比如定襄县的两块碑刻铭文表明,只有大型寺院幸存下来,比如第 3 章中提到的安横村大永安寺,接收了 7 个被废弃寺院的僧尼。[3] 一些地方志(比如刘辑济编纂的县志)也记载了州县中被省并的佛寺道观数量。[4] 然而,大部分明清时期编纂的地方志并没有提及太祖朝有多少

1 赵轶峰《明代僧道度牒制度的变迁》。
2 竺沙雅章《明代寺田の賦役について》。
3 郭瑄《重修永安寺记(1429)》,乔震《重修永安寺记(1491)》。这两则碑刻铭文尚未出版,我抄录自碑刻原文。
4 另一个例子,见《太原县志(1551 年)》卷 1.14a—16a(《天一阁藏明代方志选刊》第 3 册,第 329—331 页)。

座地方佛寺道观遭到废弃或者省并。

有关山西僧道土地和赋税的史料更为零散。但当地碑刻铭文的确表明明初一些寺观被其他乡村组织夺走了土地。比如位于灵石县某个村庄的佛寺,在元代时拥有超过 100 亩灌溉农田,而在永乐年间(1403—1424),该村的里甲组织以弥补田税不足为名,拿走寺院的一些农田。僧侣对此无能为力。[1] 正是因为明初佛寺道观成为官方打击的对象,所以在地方的碑刻铭文中并不认为里甲侵占寺院土地有何不妥。[2] 16 世纪的文献提到晋东南羊头山佛寺的僧侣像平民一样缴税并服劳役,这似乎表明山西的僧尼确实承担了赋役责任。[3] 不过僧道是亲自服役还是出钱让他人承役,则情况不详。

尽管上述个案性的材料尚不足以让我们对明代山西佛寺道观的命运得出一般性结论,但这些材料说明了两个重要问题。首先,在明太祖和永乐帝统治期间,佛寺道观在短期内确实面临很大困境。其次,限制性宗教政策与明朝的强制性赋役制度密不可分,特别是里甲这一国家重整乡村社会的关键性制度。

明初山西宗教政策实施情况的史料匮乏也意味着,我们需要换个角度来看待这个问题。一个有用的指标是国家认可的新建寺观数量。通过研究山西新建寺观如何获得国家的认可,我们能观察到明代地方权力结构的变化。对山西地方志的综合考察表明,与元代的寺观数量相比,明代新修建的佛寺道观数量并没有我们想象中那样

1　《建水陆殿碑记》,《三晋石刻大全·晋中市灵石县卷》,第 35 页。
2　像这样在地方层面占用寺院土地的做法很可能在较早时候就发生了,但元代通常更多记录的是相反的案例,即寺院侵吞乡村社区的土地。
3　朱载堉(1536—1611)《羊头山新记》,引自邱仲麟《明清山西的山地开发与森林砍伐:以晋中、晋南为中心的考察》,第 14—15 页。

急剧下降。我在下文中给出了平阳府和太原府(明代山西主要的两个府)最具代表性的数据(表1和表2)。

表1　平阳府新建佛寺道观的数量
（根据1736年版《平阳府志》）

县	北宋	金	元	明
临汾	2	6	27	10
襄陵	4	5	9	2
洪洞	6	4	24	6
浮山	1	1	1	0
赵城	10	2	7	1
太平	0	3	3	5
岳阳	1	1[1]	0	0
曲沃	2	7	3	1
翼城	6	3	13	0
汾西	1	1[2]	2	0
灵石	1	1	1	0
霍州	1	2	1	2
总计	35	36	92	27

表2　太原府新建佛寺道观的数量
（根据1783年版《太原府志》）

县	北宋	金	元	明
阳曲	6	5	20	29
太原	2	3	9	4
榆次	8	13	10	10
太谷	11	31	17	0
祁县	2	12	15	7
徐沟	8	7	8	18
交城	4	1	6	22
文水	2	3	8	24
岢岚州	4	2	4	3
岚县	1	2	2	2
兴县	0	1	2	1
总计	48	80	101	110

　　1. 延庆观(建于1120)在洪武年间的省并政策中幸存下来,成为道录司的所在地,同时它整合了当地7座道观。见《平阳府志(1736年)》卷33.16a。
　　2. 作为道录司的所在地,冲祐观(建于1123)整合了当地3座道观。见《平阳府志(1736)》卷33.20b。

　　这些数据远不够精确,两个府的佛寺道观实际总数可能更多,但它们可能是目前我们能找到的最好数据。平阳府的数据显示,11—17世纪中,元代是新建佛寺道观的鼎盛时期,考虑到元朝实行的独特宗教政策,这并不奇怪。与之不同的是,太原府的数据显示明代是高峰,这令人倍感意外。值得注意的是,太原所有新建寺观中超过五分之一是由晋藩(在山西建立的三个藩王府之一)或与之有联系的人资助或支持的。

作为皇权的直接代表,明朝藩王有能力保护佛寺道观。正如王岗(Richard Wang)所指出的那样,大多数明朝藩王都热衷于扶持道教:111个藩王府资助了至少386座著名道观,此外还有许多无名道观。明朝藩王们支持道教宗教仪式和编写道教书籍,甚至有些人献身道教修行。[1]尽管在法律和政治层面,大多数明朝的僧道不再受到朝廷的支持,但他们中的许多人仍然受益于明代藩王等权势人物的庇护。

的确,当僧道在明朝失去独立的制度性权力时,他们在很大程度上需要依靠特定当权者的支持。寺院功德主的组成在不同地区变得多样化。卜正民(Timothy Brook)认为江南的地方士绅在晚明成为了佛教的主要功德主。[2]在北京及其周边(河北地区),内廷的太监和妃嫔们扶持了数百座佛寺。[3]

在山西这样王府和卫所鳞次栉比的边境省份,我们可以期待一个相当不同的故事,即一个山西佛寺道观在王府和卫所庇护下生存、发展,并与其他社会组织持续竞争的故事。但在阐述这个故事之前,我们有必要先描述一下明代山西的政治秩序,来说明僧道及地方社会所面对的是怎样的官方力量。

明代山西的官方权力机构

明代山西省的统治系统可分为3个并行又交叉的领域:民政机构、卫所和藩王府。对于文官机构而言,明太祖将山西(曾是元朝腹

---

1 Richard Wang, *The Ming Prince and Daoism*, 83.
2 Brook, *Praying for Power*.
3 陈玉女《明代二十四衙门》,Naquin, *Peking*, 58.

地的组成部分）划为明朝的十三省之一（省是最高的行政单位，在明朝称布政司），下辖3个府——平阳府（元代的平阳路或晋宁路）、太原府（太原路或冀宁路）和大同府（西京路），以及5个州。[1] 政府官员负责管理省、府、州、县各级行政事务，这些官员大多数是通过科举考试选任的。明仁宗洪熙元年（1425）之后，除少数特例外，只有考中进士的人才能进入官僚机构，获得从七品以上的官职。[2]

除了常规的行政机构外，明朝还有两个独特的机构在山西拥有强大的势力，即卫所和藩王府，两者都反映了元朝遗产在明朝政治和军事体系中发挥的作用。尽管蒙古人于1368年后从汉地撤回到了蒙古草原，但他们对明朝的威胁始终存在。山西的要塞地位使之再次成为中原汉地与北部草原世界之间的重要缓冲区。明朝在山西，尤其是太原府和大同府地区，加强了军事力量。从洪武五年（1372）起，明朝开始在山西全省范围内设一系列的军事城、镇、关口和要塞。[3] 明太祖采用元朝的做法，建立了被称为"卫"（每个卫有5 600人）和所（每个所有1 120人）的驻军单元，部署了明朝的主力部队，建立起了北疆军事布防。同时，太祖借鉴元朝的宗王出镇制度，施行九王守边制度。这一体制在永乐以后逐渐演变成九边长城军镇体制。[4] 大同府位于北部边境的战略要地，大同镇是九边镇之一。永乐十三年至永乐十九年（1415—1421），明成祖朱棣将都城从南京迁至北京，大同在保卫北京方面有关键性作用，整个山西在国防上也因

1　泽州、潞州、汾州、沁州和辽州。1595年，潞州升为潞安府，汾州升为汾州府。

2　Elman, *Civil Examinations and Meritocracy*, 41.

3　《明实录》第4册，第1442—1444、1465—1466、1486页和第1527页；赵现海《明代九边长城军镇史》，第76—78页。

4　Taylor, "Yuan Origins of the Wei-so System."

此变得更加重要。嘉靖二十一年(1542)以后,太原还建立了新的边镇——山西镇,该镇控制着一支数量庞大的军队,负责除了大同外山西省所有的边疆戍守等军政事务。[1] 比如,明穆宗隆庆三年(1569),仅山西镇就拥有 47 181 名士兵和 14 034 匹马,部署在具有战略意义的内长城三关(偏头关、宁武关、雁门关)周围。[2]

卫所极大地影响了山西省的社会结构,特别是在靠近汉蒙边境的大同府和太原府。为了供给卫所,明朝继续实行元代的军屯制度,其居民——大部分是世袭军户中选出来的士兵及其家人——在随时准备从军的同时,需自行耕作以获得所需的粮食,但军屯的屯田享有免税权。[3] 在严重军事化的边境地区,军户及其家人占人口的大部分。许多当地人矜勇尚武,在职业选择上偏爱从军而非习文或业农,而且倾向于支持宗教庙宇而非儒学学校等文教设施。[4] 由于卫所经常成为罪犯和逃税者的庇护所,且侵占平民农田,因此常是当地的乱源,即使地方官员也不敢惩罚卫所。[5]

大量军队的进驻也影响了山西全省的经济秩序。在整个明代,山西的大部分税收都作为军事补给运到边境。15 世纪中叶军屯体系崩溃,此后州县运送军需物资的负担日益繁重,这促使山西省税收货币化,也推动了晋商的崛起,他们从与边防军队的贸易中获利。[6]

---

1 赵现海《明代九边长城军镇史》,第 476—478 页。
2 张友庭《晋藩屏翰》,第 129 页。
3 Serruys, "Remains of Mongol Customs in China," 144 – 145.
4 张友庭《晋藩屏翰》,第 138—140 页。
5 《明实录》第 94 册,第 923—924 页;赵世瑜《卫所军户制度与明代中国社会:社会史的视角》。
6 李三谋、方配贤《明万历以前山西农业货币税的推行问题》。

藩王府构成了山西省统治系统中第三个正式的权力机构。朱元璋授予皇子的封地主要位于帝国西部和北部边境省份,并允许他们各自统领军队,这种实践在唐朝或宋朝并不存在,很显然是蒙古人的遗产。正如许多学者所总结的,它是直接借用了元代投下分封制度中的宗王出镇体制,让世袭藩王在边疆地区长期镇戍,担任镇戍区的最高军政首脑。[1]山西建有三个藩王府,分别是晋王府、代王府和沈王府,分别属于朱元璋的三子朱㭎(1359—1398)、十三子朱桂(1374—1446)和二十一子朱模(1391—1431)。每座藩王府都坐镇一座城市:洪武十一年(1378)以后太原的晋王府、洪武二十四年(1391)以后大同的代王府、永乐六年(1408)以后潞州(今长治市)的沈王府。根据明代法律,每位亲王的嫡长子继承亲王爵位和主要的王府财产,其他正室的儿子则获得低一级的郡王爵位,并建立规模小一些的郡王府(见地图 3)。郡王的儿子们则依次获得更低一级的爵位。[2]作为宗藩,山西的三座亲王府以及更多郡王府(整个明朝约有 70 座)的男女宗亲都可以获得每年朝廷给予的定额岁禄,并享有免于民事处分的特权,[3]他们在当地社会形成了一个特权阶层。

明初藩王拥有强大的军事力量,但永乐朝以后他们的后代逐渐失去了统兵权。明初,太祖所封的亲王可以指挥明帝国边境的主力

1　佐藤文俊《明代王府の研究》,第 34—50 页。有关元朝与明朝藩王权力异同的详细讨论,见赵现海《明代九边长城》,第 134—139 页。

2　郡王嫡长子继承父亲的爵位,其他儿子获得更低的将军或中尉爵位,将军相当于文官系统中从一品至从三品的等级,中尉相当于从四品至从六品。有关明代诸王爵位更详细的解释,见 Richard Wang, *The Ming Prince and Daoism*,3。

3　例如明孝宗弘治十五年(1502),有郡王(出身晋王府)殴打他人致死,但他受到的惩罚仅是削减一半的俸禄。见《明实录》第 59 册,第 3464 页。

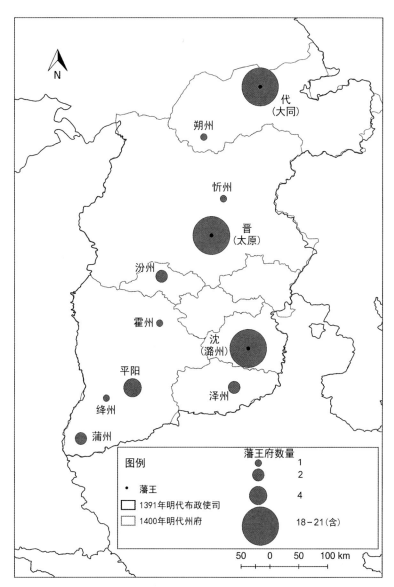

地图 3　山西亲王府和郡王府分布。地图采自" Ming Dynasty Provinces in 1391"
和" China Prefectures 1400"，下载自 https：//worldmap. harvard. edu / data /
geonode：ming_dynasty_provinces_in _1391_xdq 和 https：//worldmap.harvard.
edu /data /geonode：china_prefectures_1400 _ux0, respectively. Harvard CHGIS.

部队,并被赋予了相当程度的自治权,第一任晋王朱棡是九位最有权势的亲王之一。15世纪初,政治局势发生了巨大变化。太祖死后,驻守北京的燕王朱棣率重兵发起4年内战,篡夺了侄子建文帝(1398—1402年在位)的皇位。这场政治危机暴露了授予亲王封地统军权的潜在危险。朱棣成为永乐帝后,实施了限制藩王的新政策,以削弱他们的政治和军事实力。除了贴身侍卫外,明代藩王在法律上被禁止拥有军事指挥权、不得参政、不得担任官职、不得入朝、不得与官员或其他藩王来往。[1]此外,所有藩王及其获得爵位的后代未经奏准不得离开封地。[2]这些藩禁政策实施得并不顺利,其间藩王曾多次发动暴乱。16世纪中叶,也就是一个多世纪后,朝廷才最终剥夺了藩王的政治权力。[3]

230
——
231

尽管如此,宗藩仍然享有法律特权、社会地位和可观的财富,这让他们跻身地方社会中最有权势的群体。[4]也许因为被剥夺了政治和军事权力,宗藩对三件事情的兴趣日益浓厚:生育更多后人(以增加朝廷拨付的岁禄常供)、攫取更多的财富以及介入地方社会的非政治性事务。山西一些王府的出生率极高(比如有一位庆成王有一百个子女),甚至令朝廷都感到担忧。[5]宋代认可包括远房疏属在内的所有宗室后裔,明朝遵循了宋朝的做法,因此宗室成员人数猛增。[6]到16世纪中叶,山西的三支宗藩中获得爵位的有9965人,仅晋王府

1 Richard Wang, *The Ming Prince and Daoism*, 10.
2 Ray Huang, *1587*, 18.
3 Robinson, "Princes in the Policy." 正如鲁大维所述,在16世纪初,明朝诸王仍然能够与卫所的将领们和地方官员建立联系,嘉靖二十五年(1546),代藩和川王府奉国将军发起了最后一次宗藩暴乱。
4 Robinson, "Princely Courts of the Ming Dynasty," 1.
5 安介生《明代山西藩府的人口增长与数量统计》,第101页。
6 Chaffee, *Branches of Heaven*, 273.

就有接近 5 000 人获得爵位。[1]

明朝藩王府拥有大量财产,尤其是那些被称为"王庄"的农田,其税赋不上交中央政府,而是直接交给王府。[2] 到 16 世纪初,仅晋王府就拥有 72 000 顷王庄(100 亩为 1 顷,这大约是 5.5 公顷)。[3] 根据嘉靖八年(1529)朝廷的记录,明初山西全省的应税耕地有 410 000 顷。更糟糕的是,弘治十五年(1502)应税耕地已经减少到了 380 000 顷,而嘉靖八年(1529)朝廷给晋王府的岁禄是明太祖统治时期的 87 倍(因为有爵位的宗室成员增加了 2 851 人)。[4] 在明朝前一百年里,从政府土地登记册中消失的 30 000 顷农田,有可能与三个王府(和卫所)占田有关。亲王和郡王成为山西最大的地主,造成了该省土地和财富分配的严重不均。

此外,山西的亲王府和郡王府成员利用各种方法从地方社会中牟利。他们迫使当地水利组织更改分水秩序和比例,以优先灌溉藩王王庄的农田。[5] 他们在封地开设店铺,向朝廷乞请大量盐引,或侵占原本由地方政府征收的商税。[6] 明朝皇帝对于有政治图谋的藩王绝不心慈手软,但通常容忍他们的经济和民事罪行。[7] 地方官员在与强大的宗藩打交道时经常感到有心无力,特别是因为明朝法律要求他们定期拜见亲王,并随时听从任何藩王

231
232

1　Clunas, *Screen of Kings*, 28. 到了明神宗万历三十八年(1610),山西有将近 2 万名宗室成员,其中十分之一住在太原城中。

2　有关明代王庄的综合研究,见王毓铨《明代的王府庄田》,载于氏著《莱芜集》,第110—241 页。

3　Clunas, *Screen of Kings*, 56.

4　《明实录》第 76 册,第 2403—2404 页。

5　胡英泽《晋藩与晋水:明代山西宗藩与地方水利》。

6　张德信《明史研究论稿》,第 128—129 页。

7　有关明朝王府宗室的经济罪行,见雷炳炎《明代宗藩经济犯罪述论》。

的召见。[1] 无论宗藩如何滥用职权，其宗室地位、物质财富和法律特权使他们成为其他社会群体的有力庇护者。不仅宗藩，与藩王府关系密切之人，包括王府府官、家人（为藩府宗室役使的各色人等）、仪宾（王族女婿）及姻亲等，都成为了地方社会有影响力的人物。[2]

官府、卫所和王府这三个官方权力机构的代表，对地方社会的僧道和宗教场持有不同态度。简而言之，有理学背景的文官倾向于支持国家打压佛道和摧毁淫祠（指不具有朝廷赐额的寺观庙宇），而来自卫所和王府的人则较少关注意识形态方面的对抗，他们很愿意扶持佛道。

在这方面，山西全省各地区之间存在明显差异。在晋南的平阳府，藩王和卫所的整体影响力不高，在国家重建的地方社会经济秩序下，僧道很难阻止寺观的衰退。当地水利组织中僧道的消失，看似一个很小的局部现象，却是宗教与乡村组织关系结构性巨变的缩影。以洪洞县和赵城县的霍泉水利组织（见上一章）为例，元明鼎革之际，该水利组织遭受了破坏，至 14 世纪末又恢复了正常运行。洪武二十五年（1392）的碑刻铭文中，记录的水利组织领导人中没有任何僧道。除广胜寺外，曾是南北霍渠水利组织成员的元代佛寺道观也都没有出现。[3] 15 世纪以后，这种总体趋势变得十分清晰：当地

1　张德信《明史研究论稿》，第 109—110 页。
2　例如施鼎（1488—1579），盂县人，在晋王府担任典膳官，捐赠了 1 000 石的食物以缓解长达四年（1548—1551）的地方严重饥荒。施鼎的捐赠受到了嘉靖帝的认可，他不仅赐予施鼎一块纪念性的匾额，还免除其家徭役。盂县县令立碑赞扬施鼎的正直行为。根据施鼎的墓志铭记载，从施鼎开始，施氏成为当地社会的名门望族。施鼎的孙子被选为宁河郡王府仪宾。见《旌表尚义典膳官施鼎输粟救荒碑记》和《施鼎墓志铭》，《三晋石刻大全·阳泉市盂县卷》，第 98—100、107 页。
3　兰昉《重修三门记》，《洪洞介休水利碑刻辑录》，第 35—36 页。

水利组织的管理团队将僧道排除在外。在整个明清时期，没有僧道担任霍渠水利组织的领导人。在洪洞县，《通利渠册》（基于洪武二十九年［1396］旧手抄本和清光绪三十三年［1907］重印本）明确禁止僧道担任渠长或沟头。[1]

相比之下，晋北的大同府和太原府是卫所和藩王权力最大的地方，因此影响力也最大。明代《大同府志》甚至将宗室和军队成员列为该府两个最富有的社会群体。[2]毫不奇怪，这两个府的地方文献也留下了佛寺道观受到军队和藩王支持的很多记载。[3]韩朝建最近的研究表明，大同府和太原府的军队和王府势力帮助五台山的僧侣和寺院在明朝前200年对抗地方政府的控制。晋王府、代王府以及驻于五台山的卫所不断与佛寺社群合作，合力控制五台山的山林资源，尤其是伐木和采矿这些有利可图的生意。卫所通过将寺观土地纳为军屯（其土地享有免税权），使佛寺免于向地方县衙缴纳田赋。作为回报，僧道必须和卫所分享寺观土地很大一部分产出。除军队外，晋王府和代王府也扶持五台山的寺院，并积极介入当地事务。五台山的佛寺直到17世纪初才开始受到地方政府的严密监管，此时明末税制改革和明清易代结束了卫所和藩王对五台山的影响力，增强了县衙等行政力量的权威。[4]

五台山是明帝国最重要的宗教中心之一，它可以说是特例。从永乐帝时起，除了卫所和王府外，五台山上的佛寺还不断受到朝廷和

---

1 《洪洞县水利志》，第303页。

2 《大同府志（1515年）》卷1.25b（《四库全书存目丛书》史186，第221册）。

3 例如，见《龙泉寺中洞碑记》《重修龙泉寺千佛洞碑记》《崇修朝阳洞记》《千佛洞皇图永固道退碑记》，《三晋石刻大全·忻州市宁武县卷》，第14、第18—20、22—23页。

4 韩朝建《寺院与官府》。

有权势宦官的特殊庇护。¹ 五台山僧侣的强大庇护网络使他们在很长一段时间内基本独立于文官系统的行政管理,僧侣们获得大量免税土地以及丰厚的伐木和采矿业务,也使五台山精英僧侣及其寺院相当富足,且在当地社会深具影响力。在同省的其他地区,僧道并未获得这样的有利条件,他们与庇护人和其他竞争者之间存在不同的关系。接下来的两部分将重点介绍太原府(晋王府在这里拥有很强的势力),从而探讨王府(有时也包括卫所)如何庇护佛寺道观,以及他们之间的庇护与被庇护关系如何在当地僧道与乡村组织的激烈竞争中发挥作用。

太原王府对佛寺道观的庇护

从第一位晋王——晋恭王朱棡起,晋王府就特别热衷于支持太原府的佛寺道观。地方志和碑刻资料记录了晋王府及隶属的郡王府扶持过30多座太原府的佛寺道观(表3)。王岗指出,尽管明太祖颁布了禁止私人建造寺观的政策,但第一代明代藩王"拥有足够的政治和军事权力规避法令的执行,并随其所好支持庙宇"。² 朱棡来到太原后,资助了府城中十几座佛寺道观的建造或翻新,其中包括规模宏大的崇善寺。这座寺院是朱棡为纪念已故的母亲马皇后建造的,他向该寺捐赠了40顷土地。³ 崇善寺至今仍是太原城中重要的历史建筑。

1 关于一些具体例子,见张骏《增拓普济禅寺记》《修铜瓦殿论文》和《广宗寺修铜瓦铜脊佛殿记》,《明清山西碑刻资料选》,第285—286、291—293页。

2 Richard Wang, *The Ming Prince and Daoism*, 89.

3 《太原府志(1793)》卷48.1b—2a。

表3　晋王府及其隶属的郡王府扶持的32座太原府佛寺道观

机　构	地　点	功　德　主
崇善寺	府城	晋恭王
文殊寺	府城	晋王
报恩寺	府城	河东王
普光寺	府城	晋王府
开化寺	府城	广昌王
善安寺	府城	晋王府官员、晋王、河东王
万寿庵	府城	晋王府
宝林禅院	府城	晋王府太监
白衣庵	府城	西平王府
玄通观	府城	晋宪王
普济观	府城	晋王府
纯阳宫	府城	晋王府
圆通寺	府城	方山王府
兴复寺	府城郊区崛围山	晋恭王
多福寺	崛围山	晋恭王
耄仁寺	府城西北,耄仁山	晋王府仪宾和军官
土堂寺	府城西北	晋王
保宁寺	府城西北	晋藩宗室
真武庙	府城西北	宁化王
神清观	府城东	宁化王和河东王
蛟龙砦古寺	府城东南	宁化王
隆国寺	府城东北	晋王府
洪圣寺	阳曲县	晋王府和宁化王府
法华寺	太原县南蒙山	晋恭王
寿圣寺	太原县西南天龙山	晋庄王
清居禅寺	宁化城南马头山	晋恭王

机 构	地 点	功 德 主
柏山寺	灵石县	晋王府
藏山祠	盂县藏山	晋王府和宁化王府
华严寺	榆次县	晋王妃
鸡鸣寺	榆次县	晋王府
诸佛寺	榆次县小牛山	晋王府
灵真观	榆次县	晋王府

236
237

资料来源：地方志《太原府志（1793）》卷 48.1a—43b；《太原县志（1551）》，《天一阁藏明代方志选刊》第 3 册，第 329—331 页；《阳曲县志（1843）》卷 1.21a—29a 和卷 2.7a—7b；《榆次县志（1863）》卷 3.9a—14b。碑刻铭文来自《三晋石刻大全》中的相关卷。

　　朱㭎对地方佛寺的支持扩展到了太原府以外的地区。他参观了一些著名佛寺后出资修复并扩建了这些寺院。[1]此外，他还派使者巡查名山，专门寻找古寺。发现古寺后，朱㭎将这些寺院列为晋王府的香火院（香火院经常作为王府的家族祠堂，明代王府成员在香火院祈求神灵的保佑）。以此方式，朱㭎资助了太原北部崛围山的两座佛寺的重建。[2]在朱㭎的扶持下，马头山清居禅寺成为晋王府香火院，其寺院建筑得到了扩建，并且获得了山上的农田和林地作为其常住财产。值得注意的是，清居禅寺曾是元英宗至治朝（1321—1323）蒙古保宁王的香火院，这表明元朝王府已经开始将佛教场所设为香火院，明朝可能继承了元朝的这种做法。[3]根据王岗的研究，

237
238

---

1 任九皋《抱腹岩重建空王佛正殿记》，第 303 页；朱胤龙《重修天龙山寿圣寺殿阁记》，《明清山西碑刻资料选（续一）》，第 497—498 页。

2 《崛围山兴复寺记》《晋省西山崛围多福寺碑》，《三晋石刻大全·太原市尖草坪区卷》，第 19—21、33 页。

3 《奉令谕马头山清居禅寺送幡输经记》和《清居禅寺除害重修碑记》，《三晋石刻大全·晋中市灵石县卷》，第 25、27 页。

明朝各地的藩王都会在王府辖区内建造、购置或指定某些道观作为香火院。[1]鉴于藩王的财产无须交税,香火院作为王府的私有财产可能享有相同的免税权。

山西许多佛寺道观的确因为香火院的身份免于被地方官员拆毁。[2]正如清居禅寺的例子所示,晋王帮助寺院将当地山地和木材变为寺院永久财产,晋王府也因此获得了马头山的丰富资源。这与五台山的例子相似,从木材和采矿等利润丰厚的山地资源中获取财富,是宗室庇护寺观的重要动机。

除了城市和名山中的佛寺道观外,藩王还庇护了一些乡村寺观。比如明武宗正德二年(1507)灵石县东罗村的两位佃农诉诸晋王并获得了晋王颁布的法令,该法令规定当地的恶棍不得侵扰前任晋王在永乐年间建造的柏山寺。该法令还要求这两位农民带领所有的佃农与5位常住僧侣共同照看寺院,如有任何违抗者需向晋王报告。此后,郡王府向柏山寺布施了4两白银,此外4位爵位为将军和中尉的宗藩成员拜访了该寺并布施石碑,僧侣们在石碑上刻写了晋王的法令。[3]藩王的法令、宗室的拜访和石碑显然标志着藩王对寺院群体的保护。

然而,为何晋王与宗室对偏远村庄的佛寺如此关注?藩王发布的法令提供了一种老套的解释:前任晋王建立柏山寺以祈求皇帝长寿,并为晋王府和当地百姓祈福。除了祈愿的套话外,选择在偏远乡村建造香火院,也透露出王府侵占乡村土地这个不那么崇高的意图。

1　Richard Wang, *The Ming Prince and Daoism*, 100 - 101.

2　例如,明孝宗弘治六年(1493),潞州知州计划拆毁一座当地佛寺,沁源王征得朝廷同意将这座寺院定为其王府香火院,该寺院才得以幸存。见《潞安府志(1770)》卷10.33a。

3　《灵石县东罗村柏山寺禁作贱碑记》,《三晋石刻大全·太原市杏花岭区卷》,第6页。

藩王与佃农——而不是僧侣——之间的直接联系表明晋王府在寺院拥有土地。[1] 一些东罗村村民可能把他们的土地"投献"王府作为其香火院的寺院土地,这些农民因此成为寺院的佃农。将土地"投献"王府以躲避赋役是当地社会的普遍做法。[2] 这并不足为奇,山西王府以利用各种手段侵占民田而闻名。比如他们常会将不同村庄百姓的税田指定为王府去世成员的墓地,并在实际上占用比墓地所需更多的土地。王府因此可以从侵占的民田中获利,同时继续向平民百姓收租。[3] 土地及其收益的诱惑使得城居的宗藩关注乡村。

此外,僧道向明代藩王们寻求各种形式的扶持,包括资金、土地和文字。僧侣要求藩王指示他人修缮寺院,或者邀请藩王为其寺院匾额题字或题词。[4] 后者并非新习俗。佛寺道观早就认识到邀请有势力的功德主题写碑文或寺院匾额是具有象征意义的行为,可以提高本寺观的声望。作为交换,题文或匾额者——无论藩王还是士人——可以扬名并获功德,即布施的果报。[5]

简言之,明朝的藩王和僧道(特别是那些香火院的僧道),建立了互惠互利的庇护人与被庇护人的关系。这种关系帮助宗室介入远离其住处的地方社会经济生活,并助力僧侣在地方公共事务中保持优势地位。正如我们将在下文看到的那样,来自卫所的军官经常与王府合作支持僧道,甚至听命于王府。在下一节里,我们将对一个地方

---

1 一个相似的例子,见《晋府承奉司为禁约事奉令谕》,《三晋石刻大全·太原市杏花岭区卷》,第 6 页。

2 《松窗梦语》,第 155 页;《明实录》第 91 册,第 1865 页。

3 《明代蒙古汉籍史料》,第 166 页。

4 《天龙寿圣寺碑记》,《明清山西碑刻资料选(续一)》,第 397 页;永年王《重修灵岩寺记》,《晋城金石志》,第 501 页。

5 Walsh, "The Economics of Salvation," 358–360.

信仰的庙宇——藏山祠做个案研究,该庙保存了极为详细的碑刻铭文资料,使我们能够探索明代宗藩与僧侣之间的庇护人与被庇护人关系是如何在竞争激烈的地方事务中运作的。

藏山祠的个案研究

本节关注的个案是位于太原府盂县藏山的藏山祠,这座祠供奉着春秋战国时期(前771—前476)晋国的三位英雄人物:赵孤、程婴和公孙杵臼。[1]北宋朝廷加封三位神祇藏山山神,并将他们列入官方《祀典》,因此这座祠在北宋成为了国家祭祀的庙宇。从那时起,藏山祠便是历朝历代地方官在寻求神祇帮助时(比如祈雨或祈晴)必定会拜访的庙宇。后来,县衙所在地建了一座官方行祠(重建于1200年前后),以省去官员和城市居民登山的艰辛旅程。[2]随着时间的推移,该地区的村民还建造了其他行祠。在明代,藏山上的藏山祠及其在县城中的行祠被公认为是官方祭祀的场所,因此不断获得国家的支持。[3]同时,藏山祠作为三个邻村(苌池、神泉和兴道)的社庙已有数

---

1 这座山后来被命名为"藏"(意为"隐藏"),因为据称这里是程婴为了躲避寻找赵氏孤儿的敌人而藏身的地方。赵氏孤儿是程婴主公晋景公的遗孤,其家族已遭满门抄斩。程婴和公孙杵臼为了保护这个孤儿,将程婴的孩子假冒赵氏孤儿呈给赵氏的敌人,并告发公孙杵臼私藏婴儿。公孙杵臼和冒名顶替的婴儿被杀后,程婴将孤儿藏匿在山上达15年之久,孤儿长大后终于杀死了仇敌并夺回了他的权利。此后程婴自杀以报公孙杵臼,程婴和公孙杵臼两人都因忠诚和正直而被铭记史册,这些品质是中国传统文化中至高的美德。这三人的故事最早见于司马迁的《史记》,后来成为元朝以后戏剧中极为流行的主题。直到今天,它仍活跃在舞台上。有关此剧在明朝宫廷的故事及其受欢迎程度,见 Idema, "The Orphan of Zhao."

2 蒲机《重修藏山庙记(1323)》,《三晋石刻大全·阳泉市盂县卷》,第32—33页。

3 有关明朝时期地方上的官方祭祀场所,见 Taylor, "Official Altars, Temples and Shrines."

百年历史,这些村庄轮流在藏山祠组织每年的庙会。[1] 换言之,藏山祠是官方和地方信仰的交汇点,因此成为了地方权力的竞争空间。

当藏山祠(以下仅指藏山上的祠庙,除特别说明外,不包括行祠)祈雨灵验的故事传到了县外,它在 15 世纪中叶获得了朝廷的青睐。景泰五年(1454),附近的阳曲县(太原府治所)发生旱灾,一些阳曲县的居民在县令和知府的命令下秘密前往盂县,偷走了藏山祠中的三尊神像。此举奇迹般地发挥了作用,神像来到哪里,哪里都会立即降雨。[2] 藏山祠的名声甚至传到了北京。成化二十年(1484)和弘治十七年(1504)山西发生旱灾,明宪宗(1465—1487 年在位)和明孝宗(1488—1505 年在位)便分别派钦差太监高谅与刘允前往盂县藏山祠祈雨。成化二十年(1484)求雨成功后,高谅与山西布政使司官员及盂县官员合作,共同修缮藏山祠殿宇。高谅和刘允还分别在藏山祠留下了"万岁朝廷香火院"的题刻,以表明该祠庙直接隶属于朝廷。[3]

朝廷的支持引发了地方参与者们一系列的行动,他们争相表示对藏山祠的支持。最有趣的是,自弘治十七年(1504)起,晋王府及其分支宁化王府(建于永乐七年[1409])不仅任命家臣,而且任命僧侣作为代理人参与管理藏山祠事务。由于僧侣和当地乡村组织在接下来的几十年中经常发生纠纷,两个王府不断参与到对僧侣的声援中,甚至下令在崖面上刻写成化二十年(1484)至明世宗

---

1 《重修神泉里藏山神庙记(1310 年)》,《三晋石刻大全·阳泉市盂县卷》,第 28 页。

2 《新建藏山大王灵应碑记(1455 年)》,《三晋石刻大全·阳泉市盂县卷》,第 58 页。

3 《藏山祠"万岁香火院"题刻》,《三晋石刻大全·阳泉市盂县卷》,第 68 页。

254 蒙古征服之后

嘉靖五年(1526)颁布的所有圣旨和宗室法令,并明确表示它们是
《钦奉护僧榜文》。[1]这个摩崖题刻长 3.52 米,宽 2.55 米,非常长且
内容详细。该摩崖石刻与立在祠庙内的石碑记录了官方权力与当

地势力互动复杂的故事,以及僧人在其中扮演的微妙角色。在展
开这个故事的过程中,下文将会分析藏山祠中宗藩与僧侣之间的庇
护人和被庇护人关系的运作方式,以及僧侣与村民之间日益紧张的
关系。

弘治十七年(1504),山西再次遭受严重旱灾,晋藩借这个机会开
始直接深入干预藏山祠事务。首先,晋王要求当地官员祈雨,并派遣
王府太监带着金牌前往藏山祠代替晋王进献。藏山神再次显灵,如
人们希望的那样带来了雨水。由于之前的山洪毁坏了大部分祠庙建
筑,晋王直接下旨命令当地居民重建祠庙以报答神祇的恩惠。据嘉
靖四年(1525)《崇增藏山神祠之记》载:

> 既蒙惠渥,庙可旌修,差内官蔡安等赍旨悬挂。兹而三村父
> 老本县状知;邑宰张帖,准居民纠首保举德行相应、堪膺提挈者
> 理之。是以众等请到本府阳曲县杨兴第三都贾庄上院火场洪圣
> 寺,系晋宁化北老三府家佛堂,守山僧法讳普道,雅号无极,龆年
> 脱俗,颖悟过人,无纤毫利己之心,有移山夺壑之量,实乃僧中翘
> 楚也。本县付帖,择期破土,官祝具工,委公率匠夫人等,揣度基
> 址,不惮其劳,不辞其苦。[2]

---

1 《钦奉皇王之命重修藏山摩崖题刻》,《三晋石刻大全·阳泉市盂县卷》,第84—
86页。
2 《崇增藏山神祠之记》,《三晋石刻大全·阳泉市盂县卷》,第78—80页。

晋王的修庙旨意被悬挂在藏山祠中,是王府权威深入藏山祠的最直接体现。藏山祠周边的三村首先作出回应,制定了修庙计划并上报县衙。县令批准该计划后指示三村纠首选出有才干的人来负责该工程。而推选出来的洪圣寺住持僧人普道又与晋藩有密切关系。洪圣寺是晋藩宁化郡王府下一个镇国将军府的香火院,即藏山祠碑文中屡次提到的"晋宁化北老三府"或"[晋]宁化三府"。而盂县官民"推举"这位三府家佛堂住持僧来主持藏山祠修庙事务,显然不仅仅是因为普道个人的才能,更重要的是其作为三府以及三府背后的宁化王府、晋王府代理人的身份。嘉靖五年(1526)的摩崖题刻载,宁化三府发布法令,搜寻这位"贤能"领导人的范围涵盖了晋北和河北的9个州县,其中包括著名的五台山。[1] 除了强调普道有资格担任该职务之外,这一表述也透露出王府有足够的影响力让其香火院的僧人成为最终候选人。

宗藩显然在藏山祠的寺庙建设中发挥了主导作用。由于明代法律禁止藩王和有爵位的宗室成员离开居住之城,因此他们通常会派家臣或仪宾作为代理人开展各项活动。[2] 他们也会任命香火院的僧侣为其代理人。因此,我们看到在重建藏山祠工程中,晋藩派出了三个代表:三府家佛堂提领修造僧人普道、助手悟忠、府差修造人仪亲张胜芳(概为王府姻亲)。此外,邻县村民刘荣(此人与王府的关系性质不详)及其家人奉王府的命令向藏山祠捐献了一座香炉。[3] 其他晋藩府官、内官也列名于嘉靖四年(1525)的扩建藏山祠的石碑上,包

1　《钦奉皇王之命重修藏山摩崖题刻》,《三晋石刻大全·阳泉市盂县卷》,第85页。
2　雷炳炎《王府家人、宗室姻亲》,第204—208页。
3　阎天成《藏山总圣楼香台记》,《三晋石刻大全·阳泉市盂县卷》,第77页。

括"申义王府奉御官云春,晋府典服官张喜,晋宁化北老三府内使任安、杜名"。[1]

作为晋藩王府的代理人,僧侣在藏山祠中扮演着非常独特的角色。普道和悟忠不仅负责藏山祠的修建,还尝试从制度上将其改为佛寺。[2]从弘治十七年到嘉靖五年(1504—1526)的二十年间,普道和悟忠力图按照佛教教义改造藏山祠的庙宇空间。比如,正德九年(1514),他们立石幢,禁止在藏山祠内宰杀动物。石幢碑文还清楚地写明,藏山祠隶属于太原府僧纲司,石幢上刻着4名来自太原府僧纲司的僧官的名字。[3]僧侣声称藏山祠是佛寺,而他们背后的晋藩王府可能持同样的看法,或至少支持他们这样做。值得注意的是,太原府僧纲司设在前文提及的崇善寺中,而崇善寺是晋王府主要的香火院。[4]虽然太原府僧纲司应受府衙管辖,但晋王府似乎在僧纲司事务中发挥重要的作用。正德九年(1514)所立石幢的铭文中,普道和悟忠的署衔是"□家佛堂洪圣寺下乡邑寺僧纲司护总领修造僧",表面上他们不仅隶属于宁化三府的香火院洪圣寺,而且还在太原府僧纲司任职。此外,嘉靖五年(1526)的摩崖题刻开篇是僧人的清规全文,该清规是明太祖在洪武五年(1372)颁布的,刻这份清规的目的应该是警告该祠庙的僧侣不要违反戒律,但反过来,这也使得庙中的僧侣对藏山祠的占有合法化。

---

1 《崇增藏山神祠之记》,《三晋石刻大全·阳泉市盂县卷》,第80页。
2 僧侣很早之前便与国家认可的地方神庙建立了制度性联系,明朝的僧侣们似乎特别乐意这样做。有关僧侣发起或参与国家认可的神庙建造的其他例子,见《重修后土五岳庙记》和阎鸣泰《重修五岳庙碑记》,《三晋石刻大全·忻州市宁武县卷》,第299和304页。在这两个例子中,僧人从宁武所的军官那里得到了支持。
3 《藏山禁宰杀幢记(1514年)》,《三晋石刻大全·阳泉市盂县卷》,第73页。
4 《太原府志(1783)》卷48.2a。

普道及其助手还巩固了藏山祠与其他佛寺之间的组织纽带。正德五年(1510),乡村佛寺——乡邑寺的僧人们恳求普道帮助他们重建破败不堪的寺庙并为寺院购买土地。普道答应了他们的请求。作为回报,普道的弟子成了乡邑寺的住持。普道及其弟子因此将乡邑寺变成了普道原属佛寺洪圣寺的一座下寺。[1]上文提到的普道和悟忠在正德九年(1514)石幢上的署衔,就明确了洪圣寺与乡邑寺之间的隶属关系。根据嘉靖四年(1525)纪念藏山祠扩建的石碑记载,洪圣寺、乡邑寺和藏山祠这三个机构的住持是互相轮换的,其中洪圣寺和乡邑寺为藏山祠的大规模修庙工程作出了贡献。[2]这意味着晋藩支持的僧侣们不仅控制了藏山祠,还将它纳入佛寺网络中。此外,普道为藏山祠带来了更多的僧侣资助。来自几个邻近佛寺的十几名僧人参与了嘉靖四年(1525)石碑的落成。其中三位为制作石碑撰文题字:龙居寺受具足大戒沙门守缘撰文,五台山佛光寺下襄邑[定襄县]高长洪福院住山受戒沙门广潮篆额,广秀书丹。[3]

僧侣在藏山祠的支配性地位使许多当地人感到不满,有些人甚至采取了暴力行动。摩崖石刻提及,一些"无知之徒"不断伤害僧侣,并损坏属于藏山祠的财产。这些人"意真不忿,恶毒怀心,故放田苗,偷盗夏秋,窃取神物,打损农器,折毁牌楼,神树无归"。铭文并未指出这些人的身份,而是将其描述为"城市、乡村往来人"。[4]仔细阅读该文本,这些人很可能来自三村及在城的藏山社。到嘉靖五年(1526),藏山祠周围组建的地方祭祀组织已存在了一段时间,其中包括两个

1 《乡邑崇绘龛图记(1539)》,《三晋石刻大全·阳泉市盂县卷》,第89页。
2 《崇增藏山神祠之记》,《三晋石刻大全·阳泉市盂县卷》,第80页。
3 《崇增藏山神祠之记》,《三晋石刻大全·阳泉市盂县卷》,第78页。
4 《钦奉皇王之命重修藏山摩崖题刻》,《三晋石刻大全·阳泉市盂县卷》,第85页。

245
246

部分：三村民众和在城众人，后者可能隶属于围绕县城内藏山行祠所建的信仰组织。[1]为方便起见，我们将这个城乡信仰联盟称为"藏山组织"。

面对当地社群的敌意，藏山祠的僧侣们愈发担忧。他们记得在之前成化二十年（1484）的庙宇建造工程中，一些好斗者害死了3名僧人。由于担心骚扰升级，一些僧人请辞并离开藏山祠。[2]晋王在得知藏山祠发生的事件后，向当地居民发布了法令，要求不得有针对僧侣的犯罪行为，被称为"十二耆老"的藏山组织领导人签署了保证书，僧侣得以留在了藏山祠。[3]然而，这种安排不过是藏山组织在王府压力下的暂时妥协。

危机过后，僧侣们继续受到晋藩特权阶层的支持。晋王派遣了一批家臣送钱物到藏山祠，并购买了更多的土地作为藏山祠的常住财产。据摩崖题刻载："晋王差内官蔡安、典服官张喜、门官郝寿谢、宣内刘拱、千户周升等上袍银两，赐缎布，施米粮等件，各费工修，置买地土、焚修护庙。"值得注意的是，太原府卫所也成为了藏山祠的功德主："太原前卫右所舍人邹秀、右卫张文英、张镇、张秀、张世、杨奉等上庙亲看是实，施牛二只、银三两。"[4]自从普道以晋藩的名义开展庙宇建造工程以来，当地官员和士人也表示了支持。根据嘉靖四年（1525）的碑刻铭文记载，约有20名盂县官员和胥吏、两名致仕高官以及十几名考取功名之人和学生不同程度地参与了藏山祠的修建。[5]为了

---

1 关于地方领导人，自1526年石碑以来，藏山祠中立的石碑都一致地将他们称作"三村纠首"和"在城纠首"。
2 资料没有告诉我们这件事发生在具体哪一年。
3 《崇增藏山神祠之记》，《三晋石刻大全·阳泉市盂县卷》，第80页。
4 《钦奉皇王之命重修藏山摩崖题刻》，《三晋石刻大全·阳泉市盂县卷》，第85页。
5 《崇增藏山神祠之记》，《三晋石刻大全·阳泉市盂县卷》，第80页。

说明这种联系,嘉靖五年(1526),普道立了新碑,刻写两位致仕官员撰写的关于藏山的诗。其中的乔宇(1457—1524)曾任朝廷吏部尚书,致仕后退居乡里,作为地方士人精英,他曾写过许多赞美山西风光的诗文。[1]

然而,村民与僧侣之间的紧张关系不会轻易化解。这两个群体对于藏山祠的庙宇空间有着根本性的不同看法,也从不同的价值体系去理解藏山祠及其神祇。如前文所述,三村每年在藏山祠举办的庙会有着上百年的历史,庙会上经常会宰杀动物作为供品,并安排演戏酬神。正德九年(1514)的石幢铭文中提及,因为宰杀动物会留下臭烘烘的粪便和血迹,吸引了成群的鸡、虫和苍蝇进入庙宇,僧侣们非常鄙视这种喧闹的庙会。而且据僧侣们所述,庙会期间人们聚集在藏山祠中,"酒迷良善,色引高人。神圣面前拴骡马,小鬼后头做卧房,诚思君子全无敬神之心,征贪口味,共害生灵,人多物水,长惹诤竞之情"。僧侣们劝告人们"上智高贤,既是舍心,供意之物何思己用之,利益难来,犹福不安! 将猪羊钱舍在庙内,修造各色买办使用。若无喜舍之,随回本处供奉"。[2] 僧人劝村民将用作牲祭的钱施舍给藏山祠,以供僧侣们修庙和日常所需之用,这吻合佛教中的"福田"思想。但在民间信仰的价值体系中,供给神灵的牲祭,名为酬神,也为己用。数百年来,僧侣们一直与地方信仰中的祭牲传统作斗争,但从未获胜。普道及其同道显然也不可能说服乡邻放弃他们的传统。正德九年(1514)的石幢可能只会加剧僧侣和村民之间的紧张关系。嘉靖五年(1526)的碑文提及,那些攻

1 《"藏山灵境"诗碑》,《三晋石刻大全·阳泉市盂县卷》,第82—83页。
2 《藏山禁宰杀幢记》,《三晋石刻大全·阳泉市盂县卷》,第73页。

击僧侣的人讨厌他们"有碍奉祠祀"。这项指控很可能指向僧侣们在正德九年(1514)对牲祭下达的禁令。[1]村民和僧侣们显然都十分关心祭祀采取的形式,牲祭对平民的重要程度与佛教徒对其厌恶的程度是等同的。

除了在祭祀方面几乎无法解决的张力外,僧道与村民的核心矛盾还在于对藏山祠土地的争夺。土地是各方关心的焦点:在普道的修庙工程中,县令侯某在拜访祠庙时询问了有关其土地的情况;晋王曾命普道出示一份列出所有寺庙土地的书面文件;多数所谓的"无知之徒"犯下的罪行涉及挪用祠庙土地和破坏标志其地界的牌楼。嘉靖五年(1526),县令汪良对藏山祠进行了彻底的调查,并重新确定了祠庙土地四周的地界。此外,有僧人(很可能是普道)在同意留下后创作了一首劝善诗,呼吁人们不要再觊觎祠庙土地:

劝君休生毒害心,为人在世有几能。

寺庙不了无感应,周毕又谤贪嗔化。

贤买地土焚香院,护持看守住安宁。

再休□事胡夺弄,亏天拔树□寻根。[2]

这首诗隐含两个论点。首先,住在藏山祠中的僧侣并不是为了从庙产中获利,而是为了照看藏山祠并祈求神祇的祝福,因此他们对当地社群是有益的。其次,攻击僧侣和占用藏山祠土地的作恶者(诗中的"君"和"周毕")将会在来世得到报应。这些作恶者很可能是藏

1 《钦奉皇王之命重修藏山摩崖题刻》,《三晋石刻大全·阳泉市盂县卷》,第86页。
2 《钦奉皇王之命重修藏山摩崖题刻》,《三晋石刻大全·阳泉市盂县卷》,第85页。

山组织的成员。同时,诗中还暗示僧侣得到了"贤"的支持,该诗中对"贤"的定义是为僧人焚香院(即藏山祠)购买地产之人,暗指晋藩王府成员,既然僧人背后的力量是代表皇权的王府,这些作恶者很可能在此生就会受到惩罚。然而,藏山组织和僧侣之间的冲突不会简单地消失。

村民们是否以及如何最终将所有僧侣从藏山祠中驱逐出去的情况不详,但可以肯定的是,僧侣们显然在接下来的几十年中失去了在藏山祠中的地位。[1] 嘉靖二十七年(1548)和明神宗万历二年(1574),两位县令在藏山祠祭祀并立碑,这两块石碑中都没有僧侣的名字。嘉靖二十七年碑上只有当地官员和学生的名字,[2] 这也许反映了嘉靖帝(1522—1566 年在位)在位时期新一波官方对佛教的打压,嘉靖帝本身更为推崇道教。万历十二年(1584),藏山祠立新碑时,常驻的神职人员已是 9 名道士。俗世捐助者的主要群体是 23 名生员,其他人包括十几名地方官员、一名武举人和两名卫所官员。[3] 晋藩王府在藏山祠的影响力显然逐渐消失了,宗藩成员的名字从此不见于所立的石碑上。这可能是王府本身实力下降所致。从嘉靖朝起,藩王府的巨大开销给朝廷带来了严重的经济负担,朝廷采取了多项措施来限制其不断增多的人口并削减其岁禄。[4]

随着王府和僧侣在藏山祠影响力的减弱,由地方士绅领导的藏山组织则在 16 世纪中叶以后兴盛起来。根据万历三十二年(1604)

---

1 普道一系的僧侣们在 1539 年仍控制着乡邑寺。见《乡邑崇绘龛图记》,《三晋石刻大全·阳泉市盂县卷》,第 89 页。

2 周梦彩《祀藏山赵文公碑记》、宋室《祀藏山大王说》,《三晋石刻大全·阳泉市盂县卷》,第 94—95、106 页。

3 《续藏山赵王庙记(1584)》,《三晋石刻大全·阳泉市盂县卷》,第 110 页。

4 智夫成《明代宗室人口的迅猛增长与节制措施》,第 123—125 页。

由庠生（即秀才）张淑问撰写的碑文记载,张淑问在万历二十六年（1598）"蠲银粟二十两,集乡耆在城贾超远等十五人,苌池村、兴道村、神泉村乡耆九人",发起了新的藏山祠修缮工程。从碑文所记来看,藏山组织仍然保持了三村和在城两股力量的组成结构。张淑问命令藏山组织领导者从城乡居民那里筹集资金,并亲自监督修庙工作。[1] 张淑问之所以在藏山组织中享有权威,因为其家境富裕又有官方身份;他的儿子张蕴当时担任直隶真定府通判,并为这一次重修藏山祠所立的石碑篆额。[2]

在明朝余下的时间里,道士始终居守藏山祠,但他们不再受到官方权力机构的支持,也没有像僧侣那样对藏山祠事务有主导性的影响,而是听命于藏山组织。根据万历三十二年（1604）碑刻铭文的记载,在前两位常驻藏山祠的道士离开（或去世）后,藏山组织任命道士李真元作为藏山祠的新住持,这一任命获得了县令的认可。李真元因为修缮了不同地方的几座庙宇而声名远播。[3] 碑文规定,从藏山祠的常住田地收获的定量农作物可用作藏山祠的日常供给:"租谷八石五斗,系本庙饬庖寝供费用之资。"在碑文的结尾,李真元记录了他和其他道人完成的新建筑、每个工程使用的银两数目以及从万历二十六年到万历三十二年（1598—1604）收到的租谷份额:"新建牌坊一座,共使过布施银一百二十两。本庙住持道人募化十方,创修两廊一

1　张淑问《重修大王庙记》,《三晋石刻大全·阳泉市盂县卷》,第120—121页。

2　张淑问及其家人还在1595年捐助了位于地方村庄的石角寺的重建。见张淑问《重修石角寺碑记》,《三晋石刻大全·阳泉市盂县卷》,第117页。

3　我们还在5座石碑上找到正一派道士常驻藏山祠的记录,这5块石碑建于1631年至1644年之间。见梁鸣岐《迁移玄天上帝洞楼碑志》,李储精《大旱作霖碑叙》,郑从仁《灵雨再记》,史文焕《藏山祠新建启忠祠碑记》,李伏、石重光《重修庙记》,《三晋石刻大全·阳泉市盂县卷》,第136、138、140—141、146、151页。

十四间,金妆绘塑五彩上下殿共五座,共享经资四十六两,外化布施四十三两。七年共享常住地内粟[后文因碑刻湮灭而不详]。"[1]这份详细的支出报告是写给藏山组织成员看的,因为藏山组织控制着这座祠庙,负责管理它的庙产并监督常驻道士。

总之,在明朝的大部分时间里,僧道(先是僧侣,然后是道士)持续在藏山祠居守。然而,16世纪中叶之前祠庙中的僧侣与之后的道士在藏山祠中的角色截然不同。16世纪中叶以前,在晋王府和宁化王府的大力支持下,僧侣作为王府代理人相对独立于藏山祠的地方祭祀组织。他们在藏山祠的意义和在庙产方面的竞争中也占据上风:僧侣们不仅控制了祠庙及其土地,而且还试图遵循佛教教义来改变藏山祠的建筑空间和仪式。相反,16世纪中叶以后,驻守藏山祠的道士很少受到乡村世界之外权势人物或机构的支持,他们的角色是藏山组织任命的庙宇看护人和日常事务管理者。在士绅成为藏山组织领导人之后,该组织变得越来越强大。在当地士绅的领导下,乡村组织的权威日益增强,这标志着在16世纪中叶以后山西社会秩序转型的新方向。

16世纪中叶以后的山西社会

士绅、村民和僧道

16世纪中叶通常被看作明朝历史的分水岭,在此期间发生了深刻的变化并出现了新的社会经济秩序。这一新秩序的特征是地方社会士人能动性的回归,士人活动广泛影响了其他社会群体,以及全国

---

1 张淑问《重修大王庙记》,《三晋石刻大全·阳泉市盂县卷》,第121页。

性商业化的急剧发展。

正如包弼德所言,明初低迷的经济和血腥的政治肃清阻止了南方士人像南宋和元代士人那样建立书院、乡约、义仓等理学机构。相反,国家接手了理学家改造地方社会的构想,通过创建一系列里甲等官方性的乡村机构,试图将地方社会改造成道德自律的社群。[1] 尽管明太祖励精图治,但这项国家主导的社会改造计划最终还是失败了。[2] 从 16 世纪开始,全国发生了重大的社会经济变化,为南方士人精英的崛起创造了有利条件。同时,对于受过教育的士人而言,通过科举入仕变得越来越困难,他们试图在地方社会通过扮演道德和社会领袖的角色来维持自己的精英地位。[3] 许多人带领当地社群重建理学机构或创建新的社会组织,比如慈善团体,以替代国家机构和宗教组织。[4]

随着官方机构的崩溃和商业经济的繁荣,用施姗姗(Sarah Schneewind)的话说,明末是"地方反击"的时期。与士人一样,明末几乎所有的社会团体都在建立适合其利益的组织和机制。施姗姗指出,地方机制之间的竞争体现了"谁来领导社会组织"的论战。[5] 除了由谁领导社会重组的问题之外,我们还应该问地方社会是通过哪些机制进行组织和整合的。

在南方,士人精英的实践,特别是宗族建设,迅速传播到非士人社会团体以及边缘地区。到了明中叶,理学思想家已将宗族充分吸

1　Bol, *Neo-Confucianism in History*, 256 - 261.

2　有关明太祖对乡村社会治理政策的频繁修订,见 Schneewind, "Visions and Revisions" and "Research Note."

3　寺田隆信,《明代郷紳の研究》,第38—40页。

4　Bol, *Neo-Confucianism in History*, 261 - 269.

5　Schneewind, *Community Schools and the State*, 138 - 139.

收到其建构理想社会秩序的蓝图中,以至于人们越来越多地将宗族与理学联系在一起。16 世纪 20 年代的"大礼议"争议期间,关于祭祖的法律发生了重大变化,加速了宗祠建造的流行,为许多地区宗族的快速发展铺平了道路。正如宋怡明所示,在福建沿海地区,商人和放高利贷者利用财富为当地社会作出贡献而因此享有权威,他们开始效仿士人的做法建造宗祠。这些非士人精英们通过建造宗祠,"从而在宗祠中获得领导地位、重建与宗祠相关的实践,以便更好地为他们的利益服务"。[1] 理学家的意识形态、仪式和制度也迅速传播到华南边陲,比如刚被整合到王朝国家框架之中的珠江三角洲。在华南边陲地区,宗族建设成为地方社会与国家进行周旋的有效合法手段,在 16 世纪到 19 世纪之间成为强力支配地方社会的社会组织。[2] 集团性的宗族在南方社会组织和整合中占据主导地位。

16 世纪中叶,山西士人的世界也发生了显著变化,该变化使得山西士人拥有了与南方士人类似的生活方式和理学思想。许齐雄(Khee Heong Koh)称,明初和明中叶,领导河东学派(主要由山西和陕西两省的学者组成)的北方理学家薛瑄(1389—1464)及其同道对南方理学并无兴趣。与南方理学家建立独立的理学机构的做法不同,薛瑄等北方理学士人倾向于依靠国家获得家族荣誉,并凭借国家资助的教育体系来推广理学。然而,在 16 世纪之后,河东学派学者开始模仿南方理学士人的做法:组织弟子聚会、公开讲学、建立书院,[3] 因此在理学精英的世界中,北方与南方越来越相似。

1 Szonyi, *Practicing Kinship*, 93.
2 D. Faire, *Emperor and Ancestor*, 105 – 107.
3 Koh, *A Northern Alternative*, 200.

16世纪中叶以后,考取功名的理学士绅群体在山西的社会组织和融合中也发挥了领导作用。[1]然而,地方社会组织和融合的方式却大不相同。首先,宗族在山西从未像在南方那样盛行。16世纪以后的山西,只有家族中多代多人考取进士并入仕为官,同时族人通过从事非士人职业(尤其是商人)获得稳定收入时,才会进行宗族建设。[2]这样的宗族主要集中在晋南,尤其是农业生产力最高、商业繁荣、文化发达的平阳府。[3]在山西省的其他大部分地区,士人文化较弱,拥有科举功名的宗族数量增长十分有限。此外,这样的宗族常常缺乏持续发展所需的连贯的管理组织和共同财产,而且宗族的实践几乎从未扩展至当地其他家族,因为这些家族始终对宗族组织持冷漠的态度。[4]

山西士绅并非主要通过建立宗族组织来重组和整合地方社会,而是以不同的方式发挥他们在当地的道德和社会领导作用,其方式之一是组织抵御蒙古人的地方防御。16世纪30年代以后,山西地方社会因为自然灾害频发和盗贼横行经历了频繁的动荡,最重要的是蒙古人的多次袭扰造成了长达二十年的边境危机。从嘉靖二十六年(1547)起,俺答汗(1507—1582)领导下的东蒙古(泛称鞑靼)每年春季和初秋都会骚扰明朝的整个北部边境。[5]山西的民众,特别是大同府和太原府的人,饱受蒙古军队的蹂躏。因为边防危机,地方社会亟

---

1 "士""士大夫"或"士绅"在中古史研究的语境中常被翻译为"literati",而在明清研究的语境中常被翻译为"gentry"。本书英文版前面的章节都使用了"literati"这个词,在本章中则使用"gentry"这个词,以更好地与学界关于明清士绅的大量讨论进行对话。相应地,在中文版前几章中主要使用"士人""士大夫",本章主要使用"士绅"。
2 常建华《宋以后宗族的形成及地域比较》,第177—244页。
3 《松窗梦语》,第45、82页。
4 杜正贞《村社传统与明清士绅:山西泽州乡土社会的制度变迁》,第189—196页。
5 Geiss, "The Chia-Ching Reign, 1522–1566," 467–468 and 471–477.

图 5.1 山西省定襄县留晖村(现名北社东村)洪福寺的高墙。这个扩建了的寺院空间(现在占地 3 300 平方米)有效地保护村民免受战争和盗贼的袭击。作者拍摄。

待建立防御工事、进行有组织的防卫以及调拨、分发救灾物资。当地士绅和富商率先担起这些地方责任,积极支援军队、组织民兵并向难民分发救济物品。[1]

比如,嘉靖二十九年(1550)蒙古军队突袭定襄县时,住在留晖村的致仕官员李东渠组织村民把守洪福寺(建在村外高地上)的战略要地。蒙古人离开后,李东渠带领村民在洪福寺周围筑墙,将整个寺院空间筑成防御性的堡垒。这座加固的寺院成为接下来数十年间留晖村村民的避难所,他们得以在蒙古人或盗贼的袭击中幸存。李氏家

---

1 例如,依据李嘎的研究,在明代山西的 646 个城市建设工程中,筑城高峰都是在蒙古人骚扰最严重的时期——明英宗正统十四年(1449)土木堡之变后的数年、明世宗嘉靖十九年至二十二年(1540—1543),以及明穆宗隆庆元年(1567)。关于第一次筑城高峰的文献记录并没有提及地方士绅,但他们经常出现在第二和第三次高峰的史料中,而且常捐助很大一部分的资金。见李嘎《边方有警:蒙古掠晋与明代山西的筑城高潮》。关于富商为当地防御作出贡献的例子,见马理《义士阳城王海表闾记(1542)》,《晋城金石志》,第 512—513 页。

族中考取功名的人继续在乡村事务中发挥领导作用,包括资助对村庄安全至关重要的洪福寺(图5.1)。[1]

地方士绅在村社组织中的崛起

在那些幸免于严重动乱的社区,山西地方士绅(特别是那些功名等级不高的士绅)通过领导既有的地方组织来追求自己在地方社会中的权威,这些地方组织中最具有山西特色的是围绕特定庙宇成立的信仰组织——"社"。晋东南阳城县下交村人原应轸的个案是一个很好的例子。原应轸是国子监生出身,曾担任庐州经府[2]这一低阶官职。致仕后,原应轸回到老家下交村,从正德五年至正德十年(1510—1515),他与两位原氏族人密切合作,倡议并主持村中汤王庙乐楼的重修。在嘉靖十五年(1536)的碑文中,士大夫王玹(原应轸的亲戚)解释了原应轸参与建楼的原因:

> 文壁【按:原应轸字文壁】建楼之意,岂为谄事邀福之举,尤有深意存焉。其心以为,林下之士,苟徒以诗酒为乐,几近于晋之放达,与是何益哉!然假庙享帝之余,为彦芳诱善之计。与乡人萃于庙庭,共宴神惠,必日耕读事神,诚善事也。尝闻:"作善降之以祥,作不善降之以殃。"使善者有所勉,不善者知所戒,而表正劝惩之典寓焉。[3]

1　李楠《重修洪福寺记(1608)》《重修北社洪福寺碑(1622)》。这些石碑上正反面的碑文都还未发表。我依据2014年7月拜访该寺庙时所拍照片抄录了石碑上的铭文。
2　作者注:可能指庐州府经历。
3　王玹《重修乐楼之记》,载于冯俊杰《山西神庙剧场考》,第222—223页。

值得注意的是,在致仕文人的传统理想生活"耕读"(第 1 章中提到)之外,王玹增加了新的内容,即"事神"。王玹认为,退居乡里的"林下之士"应以"事神"的名义组织劝善活动,从而在道德上教化乡人。

如果当地祭拜的神祇得到儒学礼仪传统的认可,那么这种说法更具有说服力。原应轸所"事"之神是汤王,是商代(约前 1600 至前 1045)的圣王,《尚书》中有对他在严重旱灾期间为祈雨而自我牺牲的事迹的歌颂。据称汤王卒于下交村西南 30 公里处的析城山,山顶上早年便修建了供奉汤王的庙宇。该庙成为当地汤王崇拜的祖庙,自北宋以来得到国家的认可。阳城县和其他邻县的村民经常到这座祖庙祈雨,并在自己的村庄里建行祠。[1] 建于 12 世纪的下交村汤王庙就是其中一座行祠。村民们为了祈雨而祭拜汤王,正如王玹所言,受过教育的士绅可以利用祭神的机会来解释庙中旧石碑上的铭文。这些通常出自像王玹这样的儒士之手的碑文,将汤王信仰置于儒学理念的框架中进行阐释。比如在王玹记文的开头,他引用了两部儒家经典《易经》和《尚书》来说明汤王庙的正当性,并赞扬汤王的美德。从原应轸和王玹的角度来看,受儒学教育的士绅可以通过合理地调和地方信仰与儒家正统思想,从而在道德上教化地方社群。

更重要的是,像原应轸这样的地方士绅将"社"改造成了有严密管理架构的村社组织。根据嘉靖十五年(1536)另一位士大夫为同一座汤王庙撰写的碑文记载,原应轸在嘉靖六年(1527)发起了规模较

1　一座 1280 年立于析城山汤王庙的石碑记录了这座祖庙下的所有行祠,该名单列出了在山西和河南超过 21 个府县建造的超过 86 座行祠。见《汤帝行宫碑记》,载于冯俊杰《戏剧与考古》,第 111—115 页。依据井黑忍的研究,这些行祠很可能是在金代建造的(《分水と支配》,第 139—147 页)。

大的修建工程,翻新了整座汤王庙,在此期间,原应轸将其乡邻分成了十二甲——该结构很可能模仿了官方的里甲制度——然后将每个甲的成员名字写在两块木牌上,其中一块木牌用来征收资金和物资,另一块用来为庙宇事务分配劳力。就像第4章中讨论的水利组织中的沟棍一样,这两块木牌代表着"社"领导者的权威,收到木牌的人需要承担被分派的任务。当有家族没有响应原应轸关于捐赠食物或参与庙宇建设工程的呼吁时,据说原应轸会拜访这个家族并跪在其家人面前,直到他们羞愧难当并同意履行自己的责任。据称,原应轸的坚忍品行说服了下交村村民,在他的领导下,进行了为期十年(即使在荒年也未动摇)的汤王庙翻新工程。[1] 正如杜正贞所言,原应轸的改革增强了下交村社群组织的权力,将它从一个松散的信仰组织改造为有固定管理团队的制度化的村社组织,其中包括3名总理社首和12名分理社首。原氏家族在明中叶培养了许多考取功名的人,但晚明人数减少,他们通过控制"社"的管理团队以保持在乡村社会中的精英地位。[2]

16世纪中叶以后,山西社会的地方控制权因而呈现出两个方面的特征。一方面,受过教育的士绅越来越多地在地方社会中扮演领导者角色,这类似于从南宋开始的南方士人精英的地方主义现象。另一方面,这些山西士绅并没有使用理学思想、礼仪和机制来改造地方社会,而是选择在现有的社会组织中获得权力,其中大部分是基于宗教信仰和实践所形成的社会组织。原应轸的例子代表了许多山西士绅的想法,他们将"社"看作能让他们按照儒家理念改造地方社会的有效平台,以此证明他们这样做的正当性,并通过控制"社"这样的

1　李瀚《重修正殿廊庑之记》,载于冯俊杰《陕西戏曲碑刻辑考》,第227—230页。
2　杜正贞《村社传统与明清士绅》,第162—166页。

村社组织来巩固其家族的地方权威。

"社"在16世纪中叶以后的山西社会变得越来越重要，还有其他原因。首先，它们深深扎根于地方信仰的悠久传统中。"社"的历史至少可以追溯到北宋时期，当时无数地方信仰被纳入朝廷认可的《祀典》中。山西作为中国古代文明的发源地，产生了许多神话和历史人物，这些人物后来被作为当地神祇在民间社会广受信仰和祭祀。在山西的许多地区，地方身份与神祇信仰有着密切的联系，这些神祇常与当地的山川融为一体，成为地方守护神，前文提及的藏山神和汤王就是典型的例子。

山西对地方神灵的信仰还与当地农业经济有着深远的联系。气候和地形条件是该省大部分地区长期缺水的原因。大陆性季风气候带来不稳定、不充足的年降水量，造成频繁的干旱。山区占山西全省土地的70%，97.2%的农田严重缺水。[1] 如上一章所述，在有河流和泉水等灌溉资源的地区，当地人会开发水渠，水利组织负责分配水资源。然而灌溉农业仅占山西省农业经济的一小部分。山西的大多数县，比如晋北的盂县和晋东南的阳城县，都没有丰富的灌溉资源。这些地区的农民完全依靠降雨来浇灌农田，仰仗于造雨神祇的恩惠。因此山西农民形成了强大的信仰传统，崇拜据说祈雨灵验的神灵。在地方社会，祭祀这些神灵的祠庙是重要的权力中心，山西几乎每个县都有一个或多个这样的祠庙，比如藏山祠和汤王庙。围绕这些庙宇，村民组织了"社"来定期供奉祭品、举行庙会以及在干旱时举行精心设计的祈雨仪式。

控制这些社庙和"社"的群体身份的变化，是观察王朝更替中地

1　董晓萍、蓝克利《不灌而治：山西四社五村水利文献与民俗》，第3页。

方精英变化的重要指标。盂县藏山祠的行祠提供了一个例证。元朝时僧侣经常在这些庙宇中扮演领导角色,但到了晚明,地方士绅已完全取代了他们。[1] 根据万历十九年(1591)一块有关另一座藏山神行祠的碑刻记载,当年东寨、北庄、南坪、桃园四村发起了修缮藏山行祠的工程。生员刘三策是该工程的领导人,其家人为主要资助者。刘氏显然是士绅家族,因为刘三策的父亲和儿子都是生员。该行祠是四村的社庙,据碑文记载:"合并四村疃,每岁于春三月十七、十八、十九大飨赛三日,相沿以为凤典者,亦非一二世也。"可见每年都会举办有戏剧演出的庙会。万历十九年的修庙就是为了建造一个用于酬神演戏的乐亭。尽管有4名道士住在该祠庙中,但他们只是看守者,没有管理祠庙事务的权力。[2]

除了作为当地人争夺社会权力的竞技场外,在16世纪中叶以后农村经济商品化的过程中,供奉地方神祇的社庙开始在乡村资源竞争中发挥作用,竞争的核心往往是能商品化、带来丰厚利润的资源,如土地、水、木材和矿。苌池村便是一例。苌池村是上文个案研究中提到的藏山组织的成员村庄。自元代以来,苌池村与王家庄村结盟,共同支持芝角山的紫柏龙神庙。该龙神庙将分别位于芝角山北部和南部的这两个村庄联系在一起。[3] 最引人注目的是,对龙神庙的扶持使这两个村庄获得了当地山林的所有权,当时的木材贸易兴旺,山林是获利极丰的资源。隆庆六年(1572),苌池村村民成功游说县令出

1　例如,李庄村村民于元顺帝至正十六年(1356)创建了藏山祠的行祠时,僧侣担任第一任住持,大约30名僧侣为行祠修建作出了贡献——包括两位帝师任命的资深僧侣和蒙古皇帝任命的五台山僧人。见高彦明《藏山祠记(1356)》,《三晋石刻大全·阳泉市盂县卷》,第49页。
2　《新创大王庙乐亭碑记》,《三晋石刻大全·阳泉市盂县卷》,第112页。
3　王化民《紫柏龙神重修碑记》,《三晋石刻大全·阳泉市盂县卷》,第123页。

示晓谕禁约,禁止偷伐庙宇附近的松树或破坏庙宇神像、碑记。若有违禁者,或有"通同本庙住人容隐偷砍者",许苌池村民告官,对砍伐山林、毁坏庙宇者"问罪重治,决不轻恕"。尽管该禁令下发给了"本都各村保正",但它特别针对了9位居民,表明后者可能曾试图通过破坏苌池村村民立的石碑来获得木材资源。为了给这份禁约增加合理性,苌池村村民称山上的树木是生长在龙神土地上的"神松树"。[1]这种说辞在当地社会十分普遍。明光宗泰昌元年(1620),邻近的柏泉村在本村的玉皇庙附近立碑,禁止人们砍伐当地的山林,他们称砍伐山林会打扰"圣境"的风水。[2]根据这种逻辑,扶持这样一座神祠,村民不仅是神境所有财产的监护者,也是这些财产的实际拥有者。从明末起,许多类似的碑刻开始在山西出现,大多都强调神祇祭祀与地方民众对厚利资源的专有权之间的因果关系,村社组织常常是这些主张背后的推动者。[3]

改寺观为社庙

正如研究明清史的学者们已充分证明的那样,自治性的"社"在晚明日益成为山西社会、经济和宗教生活中最重要的乡村组织。[4]然而,关于"社"的研究忽视了一个重要的层面:它们与佛寺道观的关系。"社"的兴起和佛寺道观的衰落是明末山西社会转型中两个相互关联的进程。

1 近河绰《重修紫柏龙神庙记》,《三晋石刻大全·阳泉市盂县卷》,第104页。
2 《柏泉村神山禁谕碑记》,《三晋石刻大全·阳泉市盂县卷》,第126页。
3 另一个例子,见《重修真泽宫记》,《明清山西碑刻资料选》,第451—452页。
4 山西省乡村组织的重要研究包括:D. Johnson, *Spectacle and Sacrifice* 和杜正贞《村社传统与明清士绅》。

"社"的蓬勃发展与民间信仰和习俗的兴盛是相辅相成的,民间信仰在明末取代了组织性宗教,发展迅猛,僧道日益面临来自政府和当地竞争对手的威胁。比如嘉靖三十七年(1558)晋东南沁水县龙泉寺所立石碑载:"钦差巡按山西监察御史陈按验照得:凡天下寺观田地,多被民间豪富侵占、盗卖者。"[1]据万历三十九年(1611)忻州九原乡温村崇明寺帖文碑载,地方政府给乡村组织"温村乡约"发帖,要求其负责监管崇明寺僧侣。[2]当僧道越来越难守住财产的同时,城乡民众为他们信奉的各种神祇建造社庙,而这些神灵来自儒释道和当地信仰的多元系统。晋东南的两名地方官员观察到这些发展趋势,并在万历四十七年(1619)编写的《潞安府志》中表达了他们的担忧:

　　　　右释老之宫皆汉唐以来奉敕修建者,近日崇奉者众,创建者多。郡邑乡镇闲为堂、为庵、为祠、为阁以事佛、菩萨、老君、仙众,或合为三教堂、十方院,无处无之,多者十余。不厌其烦。虽足以化愚顽而翌善良,然阴败风俗,事亦匪细,或亦佛老圣人所不欲闻乎?[3]

　　几乎所有的寺观和祠庙都没有获得政府的承认,最重要的是它们并非由僧道管辖,而是由俗众控制。两名官员在府志中有关学校的部分同样表达了对于民间信仰流行的担心。他们列举了万历四十七年

1　《三晋石刻大全·晋城市沁水县卷》,第47页。
2　这座石碑上的碑文还没有发表。我根据2014年7月5日在原址拍摄的照片抄录了碑文。
3　《潞安府志(1619)》卷8.15。

（1619）以前 6 所废弃的书院（其中两所建于宋元，其余的建于明朝），并感叹当前没有人传承这些书院的崇高教育使命，因为当地普通民众对宗教信仰的兴趣远胜于儒学。[1] 可以说，民间信仰庙宇的兴盛不仅以牺牲佛寺道观为代价，而且也牺牲了明末山西儒学书院的发展。韩明士指出了南宋以后南方地区宗教生活的"世俗化"，在这一点上我们可以认为北方地区在明中晚期以后也出现了与南方趋同的现象。[2]

　　山西的社庙并非都是在明朝新建的，许多是从 16 世纪开始由佛寺道观转型而来的。这种转型的一个重要标志是寺观空间中（特别是在佛寺中）出现用于戏剧演出的永久性建筑物，此类建筑直到 16 世纪才出现于山西的佛寺中。[3] 从元代开始，戏剧表演在山西地方信仰庙宇的庙会中变得越来越重要。当地人发展了独具特色的仪式，统称为"酬神赛戏"。姜士彬（David Johnson）表示，这些仪式聚焦于神庙中的神祇，在每年神祇的生日和其他重要场合举行，包括食物献祭和戏剧，会由专职人员或由受过训练的居民在礼仪专家帮助下进行。[4] 这样的庙会和仪式原先集中在地方信仰的祠庙中。然而从 16 世纪开始，许多佛寺为了迎合俗世邻居和功德主，开始举办庙会并着重于戏剧表演。

　　位于太谷县阳邑镇的净信寺的寺史，证明了寺院空间和活动的重大变化。正德年间（1506—1521），乡耆和僧侣合作扩建了寺院，增设了灰泉庙和乐亭。灰泉庙是为纪念春秋战国时期赵氏家臣韩厥创

1　《潞安府志（1619）》卷 7.9a—9b。

2　Hymes, "Sung Society and Social Change," 596.

3　最早关于佛教寺院中有戏剧建筑的记录是在 1478 年。该建筑建于宁武县二马营的广庆寺中。见冯俊杰《山西神庙剧场考》，第 161—163 页。

4　D. Johnson, *Spectacle and Sacrifice*, 2‑3.

建的,他以保护著名的赵氏孤儿(盂县藏山祠供奉的主要神祇)而闻名。根据当地的信仰,韩厥发现了后来用以灌溉周边田地的灰泉,因此被人们奉为泉神。在万历四十四年至四十七年(1616—1619)的神殿扩建工程中,乐亭被拆除,这给一年一度祭祀韩厥的庙会带来了不便。当地酒商杜希礼等为神殿建设工程筹集资金,组织附近的乡村社群,在明熹宗天启三年(1623)共同为寺院建造了一座新的乐亭。[1]修庙功德主们坚持在寺院中建乐亭,表明庙会和净信寺中的韩厥崇拜在地方社会日益重要。

此外,"社"的组织在净信寺的事务中占据了越来越重要的位置。万历年间,这些修庙工程都是由士绅领导的"社"的组织在推动进行的,内部有明确的分工。比如万历四十四年至四十七年(1616—1619)的修庙工程由杜金垒和杜继荣负责总理和督工(两人都有"奉意提调总管功德主"的头衔),其下有各社负责人分理其事。天启三年(1623)新建膳亭乐亭时,具有县庠生员身份的杜金垒继续担任"总理寺工纠首",并撰写了碑文。该碑文所列功德主名录中提及,杜继荣仍是"总管纠首",其下列"各社纠首"。17世纪以后,在寺院每年举行的庙会中,"社"和戏剧表演变得如此重要,以至于清世宗雍正十年(1732),寺院住持和阳邑镇社首合作在寺院内建造了一座社房,为"社"的领导们提供场所进行庙会事务的管理,而庙会事务的重头戏就是酬神演剧。为建造社房专立的碑刻中明确说道:"寺为合镇公所,酬神献戏,岁岁不绝,奈无社房以为共事之地,殊觉未便。"[2]从

1 姚震宇《补修阳邑镇净信寺碑记(1622年)》和杜金垒《阳邑寺新建膳亭乐亭并砖天王殿墙记(1623年)》,冯俊杰《山西戏曲碑刻辑考》,第354—364页。
2 《净信寺重修佛殿金妆圣像增建社房门亭记》,《明清山西碑刻资料选》,第373—376页。

晚明开始,净信寺成为阳邑镇居民的社庙,他们围绕该寺建立了一个高度组织化的"社"。

许多佛寺道观以类似的方式在晚明以后逐渐转变为社庙,在"社"的控制下成为当地的祭祀和娱乐活动中心。[1]这种转型表明,17世纪以后在寺观僧道与村社组织之间的权力关系中,村社占据了压倒性的优势。以晋东南泽州高平县的圣姑庙为例。该庙建于元朝,由道教女冠控制。明初至明中叶,为了抵抗周围乡村社群的压力,女冠们首先从附近的宁山卫获得护持,然后又得到了隰川王府的庇护(隰川王府是代王府下的一个郡王府,明英宗天顺五年[1461]时在朝廷的命令下从大同迁至泽州)。圣姑庙在正德元年(1506)成为隰川王府的香火院,一定程度上归功于王府女眷和该庙女冠之间形成的功德主与被庇护者的女性关系网络。根据隰川郡王颁布的令旨,圣姑庙的主要功德主是4位郡王和3位爵位更低的宗室成员的妻子。[2]圣姑庙在明朝的大部分时间里由女冠控制,直到明清鼎革之际。

清初,当地豪强侵占了圣姑庙的土地和山林,而圣姑庙则年久失修,破损不堪。直到清高宗乾隆二十七年(1762),邻近的七庄才决定对其进行整修。如赵世瑜所述,圣姑庙的性质已经从女冠们的道观永久性地变为了七庄的社庙,从一个在最高统治者的庇护下具有相对独立性和私密性的寺庙空间,变成了一个村社组织共管的、对更大地域开放的公共空间。[3]相似地,元朝全真教中心——永乐宫

265
266

---

1 如第4章所示,早在元末一些地方水利组织也发生了类似的情况。
2 《大明宗室隰川王令旨》,《明清山西碑刻资料选》,第434—435页。
3 赵世瑜《圣姑庙:金元明变迁中的"异教"命运与晋东南社会的多样性》。

和明初晋王府的香火院——清居禅寺也在清代成为邻近乡村组织的共有财产。[1] 17 世纪以后，山西乡村社会的主导权彻底发生了改变，自治性的村社组织获得了极大的权威，而佛寺道观则从此再也无力回天。

小　　结

国家与宗教的关系在元明之际发生了重要变化。在蒙古统治的大部分时间里，佛道既享受国家的优惠政策，也享受蒙古统治者和贵族的个人庇护。因此，这两种宗教获得了相当可观的体制性和组织性权力，具有强大的经济基础、跨区域寺院网络以及有力的人际关系。明初，在太祖朱元璋打压宗教的国家政策下，佛道教团在法律与政治层面失去了王朝国家的支持；同时作为社会机构，其力量也被大大削弱了。

国家与宗教关系的改变，导致财富和权力从佛寺道观那里转移到了它们在地方社会中的竞争对手手中，然而这种变革在山西十分曲折，经过了明王朝前 200 年的时间才得以完成。由于从具有特权的王府和卫所那里得到了新的庇护，许多山西的佛寺道观幸免于国家的镇压和当地各种势力对寺院财产的侵占。明初在国家建设方面继承了元朝的重要做法：朝廷给予驻守在山西等边境省份的王府相当大的权力。山西的三大亲王府——代王府、晋王府、沈王府——以及更多的郡王府享有法律特权并拥有巨大财富，而地方行政系统的

1　蒋荣昌《永乐宫地亩租课碑记》，《永乐宫志》，第 160 页；《重修清居禅寺禁伐山林植碑序》，《明清山西碑刻资料选》，第 12 页。

文官往往很难约束宗室的权力。明代藩王们作为寺观的有力支持者，通过将僧道的寺观变为其王府的香火院，与僧道建立起了互惠互利的庇护人与被庇护人关系。这种关系帮助王府增加了财富，并将影响力从其所在的城市扩展到了更广泛的城乡社会，同时也帮助僧道继续在地方事务中发挥积极作用。因此，虽然明朝时僧道群体失去了法律上的特权，但在明初和明中叶仍然有来自官方世界的强大庇护者。

当政治、社会和经济在16世纪中叶发生重大变化时，佛寺道观的地方权威逐渐减弱。随着王府的衰落，明朝加强了各省府州县文官主导的行政力量。与此同时，社会变革朝着新的方向发展。士绅通过组织地方防御、改造现有的社会组织，特别是日趋重要的"社"，而成为地方上的社会和道德领袖。地域性的乡村组织——"社"在山西持续扩张，在与组织性宗教的竞争中胜出，不仅不断侵占寺观的财产和空间，有的甚至将佛寺道观改成了社庙。换句话说，虽然佛寺道观在元朝（以及一定程度上在明朝上半叶）吸收了许多社庙和"社"，但在16世纪中叶之后，却是社庙反向占有佛寺道观。到17世纪初，僧道及寺观在当地社会中被严重边缘化了。在山西的社会组织中，佛道等组织性宗教占主导地位的时代终于彻底结束了。

结　　语

1211 年,成吉思汗及其将领们率领蒙古军队入侵华北,拉开了蒙古灭金战争的帷幕。这场战争持续了二十多年,对华北地区造成了毁灭性的破坏。将近半数人口流失,大量农田被毁,整个社会的基础分崩离析。在这场极端的灾难之后,华北地区的人们如何重建自己的社会?他们的努力如何改变了接下来几百年的地方社会?这是本书提出并试图回答的两个关键问题。对中国历史有基本了解的人都可能会说,足以回答这些问题的材料只存在于南方地区(半个世纪后的 1279 年,蒙古人也征服了南宋统治下的南方),特别是以士人文集的方式存世的史料。士人群体在蒙古人征服南方后成为当地社会重建的支柱。

正如本书所示,这些假设是错误的。华北地区(特别是山西省)保存着极为丰富的历史资料,但这些资料不是以文集而是以碑刻的形式留存至今,包括现存的碑刻以及抄录于各种文献中的碑刻铭文,特别是 19 世纪以后出版的各种碑刻文献汇编。通过研析这些资料,本书讲述了一个足够精彩但未受到学界足够重视的历史故事,即华北地区的男男女女如何适应艰难的环境,如何与外来的蒙古统治者互动,并在佛道教团的领导下重建一个全新的社会秩序。

这个新的社会秩序贯穿了整个蒙古统治时期,并且对随后的明朝产生了深远的影响。蒙古人征服金朝和南宋后,直到元仁宗皇庆二年(1313)才恢复了科举考试,但即便在那之后,蒙古统治者通过科举任命的官员也是少数。整体而言,科举功名不再是社会地位的重要标志。相反,除了依靠蒙古人和色目人统治中国,蒙古统治者还重用华北地区非士人的特殊技能群体作为重要的政治和社会精英,特别是军人和以僧道为主的宗教人士。僧道因此成为地方社会最有权势的社会群体。在蒙古人征服金朝和南宋后的岁月里,来自不同社会阶层的北方人——其中有数量惊人的女性——被宗教组织凝聚在一起,重建社会、重启经济、在佛道教团内外重塑社会价值。在某种程度上可以说,蒙古统治时期的僧道及其寺观组织获得了足够的权力和权威来支配家与国之间的社会空间。

　　尽管我所描述的这个新的社会秩序是针对华北地区的,但对理解中古历史十分重要。从北宋开始,南方社会出现了由新精英群体士人所主导的社会变革。南方的这一发展是一系列积极的国家制度设计(特别是对士人文化和科举考试的推动)相互作用的结果,同时也受益于社会各阶层财富的增加和教育程度的提高。科举功名使士人获得国家认可的同时,士人史无前例地成为了一个自我定义士人身份和彼此认同的社会群体。这种以士人为中心的精英生活方式和以科举考试为核心的国家与精英关系,是北宋以后南方社会的特征。即使在蒙古统治时期,汉族士人仍是南方地区推动社会转型的主要力量。

　　然而在华北地区,蒙古统治下推动社会转型的主导力量不是有科举功名的儒士,而是僧道这个新兴的社会精英群体。金末和蒙古统治初年最著名的儒士元好问亲身经历了这种转变,他见证了儒家秩序的瓦解、无数士人丧生于蒙古征服过程中的战乱,还有更多的北方人——包括他的士人朋友,甚至是自己的女儿——都加入了全真教。面对蒙古征服金朝后面目全非的华北社会,元好问不禁会想:是否天命如此,让全真教及其道士女冠取代儒学和士人,来拯救无数生灵免遭暴力、愚昧和动荡的困扰。无论天意如何,全真道士们的确取代了儒士,并领导了金蒙战争后华北地区的社会重建。

本书追踪了蒙古统治下这种新社会秩序在山西地区的兴起、发展及其在明代的消亡,这个完整的兴衰过程体现了华北社会变迁的独特路径。这条北方之路与以南方为中心的社会变迁叙事截然不同,而以南方为中心的叙事当前主导着我们对中古史的理解,以至于有影响力的中古社会史论述中很少论及北方。

社会变迁的北方之路

本书使用的"北方"和"南方"概念抽象性居多,并有忽视南北方丰富的地域多样性的危险。本书使用这些概念并不是说北方和南方所有地区都可以很好地归入这里提出的两种变迁模式中。它旨在强调在中古时期不同历史背景下南方和北方出现的社会变革与社会秩序模式的总体性差异。南方模式代表着这样一种社会的历史发展轨迹:士人群体是具有支配地位的社会精英,而其精英的身份认同部分独立于国家,士人群体建立了一系列受到理学思想影响的新的社会机制,并以此推动社会改造。北方模式代表着一个截然不同的社会:士人在群体规模及其主导的社会机制上都相当地弱,理学思想的影响也不强,但同时其他可选择的传统和机制——尤其是宗教传统和组织——却稳步壮大。

因此,主导性的社会精英和社会机制标记了南北方之间的差异。北宋和金朝时,儒学精英在南北方社会都占据优势,但蒙古人的入侵极大地破坏了这一秩序,特别是在北方。在南方地区,儒学精英继续在社会中拥有巨大影响力,但在华北地区,士人群体的规模之小和活跃程度之低,到了几乎可以忽略不计的程度。与此同时,非士人精英群体在蒙古统治时代强势崛起,并在北方社会始终保持强大的存在感和影响力。这一情况在明朝恢复全国范围的科举考试之后开始转变。但尽管如此,基于宗教的社会机制——包括地方信仰的庙宇以及一度兴盛的寺观——仍是北方社会重组和整合的焦点。

蒙古统治时代

蒙古人的征服为北方社会转型模式的出现提供了最重要的催化剂。前所未有的破坏造成了严重的经济崩溃、人口流失以及华北地区原有政治和社会机制的瓦解。在这个饱受战争摧残的社会中,人民的苦难超出了他们的想象。佛道教义中的普度众生思想,使佛道教团自然地关注公共福祉,当人们之间原先的血缘和地缘纽带被战乱和自然灾害屡屡破坏,佛道组织能够有效地提供新的纽带来重塑社群凝聚力。因此,在帮助华北难民渡过纷乱和组织战后社会重建方面,佛道这两种宗教都发挥了主导作用。

佛道教团之所以能够承担这一历史角色,首先是因为它们在新的蒙古统治政权中建立了显赫的政治关系,并形成了强大的组织实力。这两种宗教团体受益于至少三种重要的政治资源。第一,蒙古大汗给予了全真教和佛教包括免税在内的种种特权,并向它们提供皇家庇护。其次,作为投下主的蒙古宗王、贵族拥有极大的自治权,他们在华北扶持其封地内的僧道和寺观。第三,元朝政权将其认可
的宗教发展为新的合法政治权力中心,僧道衙门得以与俗世文官政府平行发展。这与之前的宋、金两朝文官密切管控佛寺道观的做法截然不同。在蒙古统治之前的朝代,剃度出家意味着不再有入仕的可能,但蒙古统治却为僧道提供了成为官僚的机会,宗教行政是蒙古统治政权重要的组成部分。

在蒙古统治政权和蒙古贵族强有力的政治支持下,丘处机领导的全真教团为金元之际地方社会的重组提供了领导者和包容性的组织机制。全真教提倡个人修行和社会救助并重的功行理念,吸引了跨越阶级、性别和种族界限的信众和功德主。在众多大规模的全真教活动中(例如刊印新的《玄都宝藏》和建立全真教区域性大宫观),山西宋德方等著名的全真高道们带领男女弟子建立了广泛的全真宫观网络,几乎遍及华北的每座城镇和乡村。全真教团为绝境中的地方民众提供物资、组织和思想上的支持,帮助重建了在蒙古征服期间遭到严重破坏的基础设施和地方社群。全真教的"会"和下院使得地方社群和全真教区域大宫观(例如晋南的永乐宫)之间建立了长期的、体制性的联系。因此,全真教团在基层建立了一种类似于会众制的宗教组织,使普通信众隶属于当地全真道观和庵堂,这与南方北宋以后道士的社会角色形成了鲜明的对比:南方俗众并不与道士保持长期的联系,只有在特定场合因为特定需求才与道士互动,例如聘用他们作法或驱魔消灾时。[1]

1　Hymes, "Sung Society and Social Change," 608.

华北地区全真教空前的组织力量使教团能够吸收新的社会群体加入，最为突出的是女性群体。金蒙战争期间，大量女性皈依全真教，并在教团推动下积极参与战后地方社群的重建。全真女冠的道观庵堂在收容无家可归的寡妇和孤女中发挥着特别重要的作用。全真教团为女性提供了宫观生活的选择，并鼓励她们承担更大范围的社会责任。因为在重建地方社群方面作出贡献，许多全真女冠赢得了人们的尊重，有的（例如女真族女冠奥敦妙善）甚至因为住持著名的全真宫观，不仅在蒙古贵族阶层拥有了人脉，还获得了社会声望。

在南方，在同样面对蒙古入侵时，儒家理念鼓励被遗弃或遭丧偶的妇女守寡甚至自杀，以保持对男性族人的贞节。南宋的士人群体和国家都将烈妇作为男性效忠国家的模范。正如柏文莉所言，元朝的南方士人继续"加大力度创作赞美贞妇的文章"以"弘扬儒家美德，并参与捍卫汉人的文明"。[1]南方士人也巧妙地利用了元代限制女性财产权和再婚的法律以加强汉人文化中的父权传统，促进为理学家所推崇的宗族组织的发展。[2]对比北方和南方女性在战乱中自处的策略，我们可以看到南北方社会在应对蒙古征服的巨大挑战时作出了不同的性别角色安排。在北方社会，女性被允许甚至鼓励离开家族，在寺观中求生。而在南方社会，不管生死，女性都被要求继续留在家族中。

除了接纳无数无家可归之人，全真教和佛教都以新的方式整合寺观和家族这两种重要的社会机制。他们巧妙地利用汉地流行的孝道，强调僧道应同时对师父和家族负责。以这种方式，僧道获得了从

---

1 Bossler, *Courtesans, Concubines, and the Cult of Female Fidelity*, 414–415.
2 Birge, *Women, Property, and Confucian Reaction*, 253–282.

小就耳濡目染并接受孝道理念的俗众的认可。全真教社群还借鉴儒家的丧葬传统开创了一种新的全真丧礼,全真弟子们不仅举行规模浩大的会葬仪式安葬全真大宗师和各派宗师,而且定期在后者的墓地集会举行悼念仪式,这些丧葬实践增强了全真教团整体以及各宗派内部之间的凝聚力。有的全真教社群甚至以教团的力量来承接个别道士的家族义务,特别是照看俗世家族墓地(在丧夫女冠的例子中,通常包括其娘家和亡夫的祖茔)。

尽管救赎祖先亡魂是早期佛教孝道观的惯常论述,但给予在世亲人以世俗荣誉却并不常见。第3章五台山僧人张智裕的故事,展示了在蒙古统治政权下僧官如何利用他们的职权帮助直系亲属获得经济利益和社会声望。许多汉人,尤其是那些没有官僚家族背景的人,采取了在北宋或金代不太会被认真考虑的策略——剃度出家,通过在僧官体制中获得成功来帮助家族在俗世实现社会阶层的提升。

僧侣被赋予的新家族责任甚至从父母的家庭扩展到自己的家庭。佛教传入中国后,历朝历代都有堕落和尚娶妻生子的案例,但与这些作为孤立事件出现的情况相比,元代的僧道婚姻有重要的不同。蒙古统治者将僧道政治化,不仅赋予僧道法律上的特权,而且还建立与文官行政系统平行、具有实权的僧道衙门,让僧道在其中担任官职。在这样的政治环境中,要求僧人出家并与世俗社会保持适当距离的传统佛教戒律几乎不再适用。[1]元代社会中,僧道的入世如此之深,以至于许多同时代的人表达了不满。他们认为僧侣在生活方式上和在追求世俗利益上与俗世之人已毫无区别。

与其说屡禁不止的僧道婚姻反映出元代社会深刻的道德危

1　Robson, "Neither Too Far, nor Too Near."

机——娶妻生子的僧道确实违反了儒家伦理、佛教戒律和元代法律，毋宁说这种现象体现了当时普通汉人社会中对一种结构性困难的敏锐意识，即在蒙古统治下，以汉人传统中的正当方式获取地位和财富已难如登天。因此，在家族事务上，世俗与宗教之间的界限不断模糊或弱化，是与蒙古统治时期重要的社会现实密不可分的。这种社会现实是：僧道享有与众不同的特权、地位以及财富。与此同时，蒙古统治政权诸色户计制度对职业世袭的规定以及在选任官员中对汉人的歧视，使得绝大多数汉人家族几乎没有向上一阶层流动的可能。

274
275

　　除家族外，佛道组织还重塑了其他的社会机制，特别是在重建地方社会中发挥重要作用的各种乡村组织。几个世纪以来，有特定地方关切的地缘性乡村组织，在塑造乡村民众的地方身份上扮演着举足轻重的角色。大多数乡村组织都有神灵护佑的诉求，即使是管理和分配渠水资源的水利组织，也依托于水户对特定水神的共有信仰，通过围绕水神信仰展开的仪式和文化活动，将水利组织的成员凝聚在一起。13 世纪以后，组织性宗教和乡村组织之间不断变化的权力关系改变了山西的社会结构。在蒙古统治时代，佛寺道观占据主导地位。僧尼群体通常在乡村组织（包括最为独立和排外的水利组织）中担任领导职务。

　　在日常生活中，僧道与其乡村邻里之间的关系或许并不总像同时期碑文中描绘得那样和谐。元朝地方百姓欣然接受僧道支配地位的历史图景，首先是作为碑文文字描述的文化产品，其次是由僧道享有政治特权导致的部分真实的现实结果。当地人，特别是乡村组织的成员，有充分理由抵制宗教组织对地方事务的渗透，甚至厌恶在当地权势熏天的僧道。因此，面对那些记载当地人如何自发要求僧尼介入各种事务的元代碑文，我们不应仅从表面来理解这些文字。不管地方俗众扮演恳求者的角色是被胁迫的,还是因为他们确实需要僧道的人脉和资源,社会现实都是一样的:僧道群体在与当地民众的竞争中占据了上风。

元世祖至元十六年(1279)征服南宋后,宗教组织,特别是佛教,也在南方地区发展壮大,并与地方上已有的社会机制竞争,但它们并没有像在华北地区那样获得巨大成功。在南方,士人家族通过将自己标榜为家庭道德模范、建立父系宗族以及自发地创立诸如书院和乡约等理学思想指导下的社会组织,以此来寻求士人群体在地方社会中的领导地位。尽管受到有势力的佛寺道观的威胁,士人主导的社会机制在元代江南地区仍然保持着重要地位。例如在蒙古人征服南宋后,许多佛寺试图侵占南方书院的土地乃至书院建筑本身。书院进行了反击,它们不仅得到了当地士人家族的支持,还获得了朝廷的支持,元代统治者承认书院并将它们纳入儒户教育机制的官学网络中。[1]与北方佛道组织的压倒性优势形成鲜明对比的是,士人主导的社会机制在南方(特别是江南)仍然十分强大。

总之,蒙古统治时期,强大的全真教和佛教组织在北方建立新社会秩序中发挥了重要作用。值得注意的是,这两种宗教的教团不仅在山西,而且在山东、河北、河南和陕西的地方社会中都占据着重要地位。在这种独特的社会秩序中,僧道扮演了地方精英的角色。他们得到蒙古皇家的庇护,与蒙古统治者及地方官员积极互动,组织战后社会重建,担任僧道衙门官职。作为地主和店铺等各种工商业资产的拥有者,他们控制了相当多的免税财富。作为乡村组织的领导者,他们也获得了管理农业生产重要资源的权威。

---

1 Walton, "Academies in the Changing Religious Landscape," 1254 – 1259.

后蒙古时代

蒙古统治下形成的独特社会秩序,首先在元明鼎革之际的战争和破坏中开始瓦解,然后在明朝随着太祖朱元璋制定新的律法,推行整顿和限制宗教的国家政策,彻底丧失了法律和政治基础。随着有利于宗教组织的政治、社会和经济条件逐步消失,佛寺道观在地方社会中逐渐被边缘化。

经过明朝前两百年的时间,这种独特的社会秩序在山西才最终完全消失,这一历史过程揭示出以往关于北方地方主导权的研究中没有注意到的两种变化。首先,明朝皇帝授予藩王世袭封地,王府成为地方社会中的特权机构,其权势极大地影响了宗教组织与其地方对手之间的竞争。其次,以民间信仰为基础的村社组织开始对抗他们长期的合作伙伴——佛寺道观,将佛寺道观改为社庙。

藩王府的存在对明朝的地域差异产生了深远影响。作为独立于地方政府的合法权力中心,设在边境省份的藩王府是蒙古人的宗王出镇制度留给明朝政治体制的重要遗产。不仅在山西,王府在山东、河南和陕西等北方省份都是强大的存在。唯一的例外是紧邻都城北京的河北。相比之下,研究成果最多的三个南方地区(长江下游三角洲或江南、东南沿海的福建省、珠江三角洲或广东)则都没有藩王府。[1] 这些地区的发展模式和发展轨迹极大地影响了我们对明清社会的一个传

---

[1] 值得注意的是,南方的三个内陆省份(江西、湖广和四川)在整个明朝都有藩王府存在。对湖广的王府和江汉平原的社会经济史的学术研究都表明,藩王府及其代理人在当地社会中也发挥了强大的作用,他们侵占土地和其他经济资源,劫持地方税收,并强迫当地农民成为王府庄田的佃农。见佐藤《明代王府の研究》,第303—355页;鲁西奇《长江中游的人地关系与地域社会》,第234—239、242—245和390—394页。显然,我们需要对这些地区进行更多的实证研究,才能确认它们在明代社会的变革轨迹是否与江南、福建和珠江三角洲地区相似或有显著不同。

统认知：明清存在一个由理学士大夫组成的强大文官政府,宗族在地方社会中是主导性的社会机制。

以长江下游的徽州为例。根据周绍明具有里程碑意义的研究,明初和明中叶,宗族有效利用朝廷政策在徽州乡村占据了支配地位。[1]明初政府支持理学关于加强亲族机制的呼吁,宗族成员借此契机进一步将宗族组织化。在政府将"社"纳入里甲的尝试失败后,徽州宗族开始介入。他们将"社"从基于地方信仰的组织改为受宗族支配的组织,并强行控制了村庙,因此地方信仰组织及其活动越来越依靠宗族。[2]在中央和地方各级政府的打击下,佛寺逐渐衰落,徽州宗族组织趁机侵占了僧侣的土地,并将佛寺改造为宗族祠堂。尽管"社"与佛寺始终抵制宗族的扩张,但都失败了。从 16 世纪中叶开始,集团式的宗族迅速成为徽州乡村的主导性机制。他们新成立的宗祠帮助部分族人成为了明代最富有的地域商帮。

山西则呈现出另一番景象。地方机制之间的长期竞争在 16 世纪中叶前后表现出独特特征。在明初和明中叶,财富和权力集中在一类特殊的宗族(即藩王府)手中,王府为僧道及其寺观提供了至关重要的支持。藩王们通过将佛寺道观列为王府香火院来与僧道建立庇护与被庇护的关系,在这种关系中,僧道充当王府的代理人,帮助王府占据和管理封地内的庙宇、土地和其他资源。作为回报,僧道及其寺观得到藩王的庇护,帮助他们免受地方官府和竞争机制(包括官方主导的基层组织里甲和基于地方信仰的乡村组织)的攻击。这表明,明初许多地方机制之间的竞争事实上也是国家机制之间的斗争,

---

1　McDermott, *The Making of a New Rural Order*, 169 – 234.
2　这种趋势也发生在福建省福州。见 Szonyi, *Practicing Kinship*, 199.

这些机制分别代表了文官政府和地域性的藩王府的利益。

直到 16 世纪中叶,随着藩王府实力的衰减和地方行政系统权威的增强,宗教组织才最终输掉了这场社会体制之间的竞争。然而,竞争的结果与南方有所不同:不是集团式的宗族组织,而是基于地方信仰的村社组织赢得了最终胜利。[1]至少自北宋起,山西就存在这类乡村组织,它们是宗族和组织性宗教的主要竞争对手。它们的形成深深地植根于当地以长期缺水为特征的社会经济生活中。水是对农业生产至关重要的资源,山西的地方传统用一个绝对性的宗教框架来解释水资源的由来:灌溉渠的渠水和天降的雨水都是一位或多位当地神祇恩赐的礼物。

对这些地方神祇的崇拜构成了山西乡村社会跨越朝代的地方意识形态,同时民间信仰组织为不同的个人和势力群体提供了争夺地方权威的永久性场域。尽管在蒙古统治时代,乡村组织与佛寺道观之间或多或少保持合作关系,并以僧道占据支配地位为主轴,但它们之间的权力关系在后蒙古时代发生了根本性变化。明初由国家推行的自上而下的社会重组掩盖了地方社会变迁中的深层暗流,即当地的佛寺道观被纳入村社组织并被改造为社庙。在蒙古统治时期,佛寺道观曾建立起十分密集的寺观网络,几乎渗透华北的每个村庄。对于想要建新庙的村民而言,一个相对经济且常见的方式是利用已有的宗教建筑。元明鼎革之际,各地村民悄

---

1 许多研究晚期帝制中国的历史学家都试图解释为何宗族组织在华北较为薄弱。一些学者强调大多数华北宗族在经济上都是贫穷的。例如李文治和江太新认为,清朝时期珠江三角洲、福建和江南地区的宗族拥有全部土地的 10%—50%,而华北宗族则拥有不到 1%—2%(《中国宗法宗族制》,第 190—198 页)。另一些学者则指出北方的宗族实践具有其独特的风格。见 Cohen, *Kinship*, *Contract*, *Community*, *and State*;韩朝建《华北的容与宗族》。

悄地将许多寺观建筑改造为民间信仰的社庙。

16 世纪中叶以后,这种社会变革的暗流开始浮出水面,与其他变革趋势的合流促成了基于地方信仰的地缘性村社组织在山西的兴盛。许多地方碑文庆祝村民成功地将佛寺道观纳入地方信仰实践中。在一些例子中,村民在佛寺道观中修造酬神赛戏的乐亭,作为社庙的标志性建筑。在其他例子中,村社组织控制了佛寺道观,垄断了它们的庙产,并对寺观事务的管理有决定权。随着乡村经济商业化的蔓延,以地方信仰为基础的村社组织变得越来越强盛,它们经常在乡村社会的各种资源竞争中,特别是在对木材和矿山等有厚利可图的资源竞争中取得胜利。同时,基于科举考试的士绅阶层再次登上历史舞台(因为相似的地方士人群体曾出现在北宋和金代,所以说是重新出现)。地方士绅和富商策略性地选择了支持和改造这些村社组织,以此来获取地方权威,他们的参与带来了领导力、资金和有益的社会资源,使得山西村社组织的壮大更是如虎添翼。

像理解元代的碑刻铭文一样,我们同样也不应该仅从表面来理解明代文献中所记录的当地俗众如何竭力抵制僧道的材料。明代大多数碑刻铭文出于那些与僧道竞争的人之手,特别是士绅。这些人最终获得了权力,他们的声音因而越来越多地出现在碑刻铭文中。尽管如此,明代碑刻铭文中这种声音的压倒性优势与 16 世纪中叶以后山西出现的新的社会变迁模式相契合:由俗人控制、通常由士绅领导、以地方信仰为基础的地缘性村社组织,成为帝制晚期主导性的社会机制。也许只有到这个时候,我们才可以开始谈论北方和南方社会秩序在很多方向上的趋同,包括了俗众和僧道的关系、地方精英的生活方式以及其与地方社会的关系。

$\dfrac{280}{281}$

社会变迁中的区域多样性

本书探讨了蒙古征服金朝和南宋后近四个世纪的历史进程中，北方和南方在社会转型方面的差异以及出现这些差异的原因。但是，南北方的比较又引出了新的问题：缺乏深入研究的其他地区是否能被归类于这两种模式之一，还是发展出了自己独有的模式？从方法论而言，中古史可用的地方文献材料比明清要少得多，在这种情况下我们应该如何研究中古中国的区域多样性？

周绍明所说的"乡村四重奏"提供了一个有用的概念框架，这个框架可以用于分析北宋以来中国乡村社会经济转型的各种路径。[1]正如他所论，最晚到11世纪，四个不同类型的乡村组织机制在中国各地乡村出现并竞争财富和影响力，它们是：作为村落祭祀组织的社、佛寺道观等组织性宗教的机构、供奉民间信仰神灵的地方祠庙，以及大型宗族组织。在不同地区居于主导地位的机制类型不尽相同，其结果是整个中国有多种社会秩序共存，而其组成部分却是相似的（如果不是完全相同的话）。明中叶以后，以市场为导向的社会和经济变化促进了帝制晚期在全国范围内的一体化进程。但是，这种整合不是由单一形式的社会秩序的扩张或复制构成的，而是由这四类机制在等级和彼此关系方面的广泛差异带来的多元社会秩序组成的。

本书在解释明中叶之前山西乡村秩序的历史建构上与周绍明的框架是一致的，但将分析的范围从某个特定州县的乡村，扩展到路、

1　McDermott, "The Village Quartet."

省一级大区域的地方社会。这种方法一方面是为了解决州县范围内史料不足的问题,更重要的是,能将区域内和区域间的人群和组织网络纳入分析框架,进而同时关照水平和垂直方向上的社会秩序变化。水平方向上的变化,指特定时期内超越地方局限的社会机制的发展,例如特定朝代的士人社会和宗教组织。垂直方向上的变化,指特定地方社会中不同机制在长时段内的竞争和互动。将这两个维度的变化以及它们的相交面放在一起讨论,能帮助我们更全面地了解多样化的社会变革为何以及如何在不同的大区域中发生。正如本书所示,在这两个层面上,华北的汉人精英及其社会机制在很大程度上依靠国家的支持来获得合法性,显示出国家在长期社会转型中的重要角色。

我认为,关于区域多样性的问题,我们需要研究两种同时发生的历史过程的交互作用,一是自上而下的国家与社会关系的深刻重组,二是自下而上的地方机制等级的关键重构。正是这两种历史发展过程的交互作用,深刻影响了中古社会的变迁。所谓自上而下,指国家政治体系在制度设计层面或在应对社会压力时作出的政策层面对国家—社会关系的根本性调整,此类国家性的行为划定了社会成员合法享有、使用国家所赋予特权的边界。所谓自下而上,是构成某个特定区域社会秩序的社会机制及彼此之间等级关系的界定,此类社会性的行为决定了地方社会中争夺权力、信仰和财富的竞争者与竞合平台。地方精英往往同时介入这两个历史发展过程,并且在整合二者以塑造地方的规范和规范的实践中扮演着主导性的角色,而正是那些在地方规范和实践层面的变化,最终改变了地方社会的结构。

在自上而下调整国家与社会关系的层面,蒙古人的征服标志着中国帝制史上第二个千年中的一个关键时刻。不管是之前的宋金还是之后的明清政权,都体现了中国帝制传统中的中央集权化统治,而蒙古统治时期则是中央权力的高度分散化。在大蒙古国前四汗(成吉思汗、窝阔台汗、贵由汗、蒙哥汗)统治期间,蒙古人愿意将许多地方治理权下放给归顺蒙古并具有相当影响力的汉人地方势力的领导者,只要他们定期缴纳贡品,以及为蒙古人的兵役和各色差役提供劳力。因此蒙古人向汉人世侯家族、佛道教团等具有自治性的地方势力群体让渡了部分重要的行政职权。忽必烈汗建立了一个更为中央集权的官僚政府,并从地方势力群体那里收回了一些自治权,但他并未从根本上改变蒙古人的分权式统治。元代皇帝和其他蒙古贵族不断授权给他们统治下的各色人等,并让后者彼此竞争,其结果是形成了许多不同形式的地方社会。

值得注意的是,蒙古中国是蒙古帝国跨欧亚统治和行政模式的一个侧面。例如,在伊朗地区的蒙古政权,政治秩序的分权化甚至比元朝更为显著。蒙哥汗六年(1256),旭烈兀创建波斯伊儿汗国之前,伊朗地区的蒙古政权还遵循着传统的草原统治模式,将管理权交给各种地方贵族,他们臣服于伊儿汗并每年向蒙古朝廷进贡。像元朝一样,伊儿汗国建立了一个相对有效的中央政府,主要是通过实施统一的财政政策将丰厚的地方税收纳入国库。然而,政治秩序总体上仍然是分权制的,始终存在具有政治自主权的属国或地方霸主。[1]

同样重要的是,明初重新定义和构建了国家与社会的关系,加

1　见 Kolbas, *The Mongols in Iran*, 375 – 380; Aigle, "Iran under Mongol Domination."

强了国家机器的行政权力,并回到了中央集权的统治传统上来。此外,明初开始着手于包弼德所说的一项"国家主义的事业（statist enterprise)",即以国家主导的方式进行社会改造,旨在创建"很大程度上自给自足的乡村社区,其道德、文化和社会形式由国家规划的机制来组织和塑造,而这些国家机制又在一个强大的统治者的指导之下运作"。[1]

但是,在这个关于国家主义（state activism）的叙述中有一个被忽视的部分：即国家机制的多样性。除了由政府的行政部门监督的国家机制——例如已得到充分研究的里甲组织、乡校和城隍庙——之外,明朝还继承了蒙古人的遗产,建立了像藩王府这样的国家机制。此类国家机制的合法性和权力源自它们与皇帝的私人关系。明朝允许了这些机制的存在,而这些机制以牺牲地方政府的行政权力和当地人民的福祉为代价,持续地追求私人利益。正如本书所示,一些地方势力与一种国家机制结盟,以对抗另一些地方势力和另一种国家机制。我们需要改变对明初国家主导改造社会的固有认识。正如包弼德所指出的那样,从 16 世纪开始,明初那种国家主义已不复存在,地方主义的潮流（localist turn）取而代之。这种转变见证了各种自下而上的社会机制的迅速发展,以及随后在不同地区出现的一种新社会秩序——或者更确切地说,是多种新社会秩序——这取决于不同机制之间竞争的结果。[2]

1　Bol, "The 'Localist Turn,'" 2.
2　包弼德的研究集中于以士人为中心的社会组织。与此相反,岸本美绪指出所有类型的纵向组织(基于人们对官员或士绅个人权威的依赖关系)和横向组织(基于同盟之间的平等关系)都广泛出现在精英和平民百姓群体中。(《明清交替と江南社會》,第 4—10 页)

本书从自下而上的视角,为理解中国跨朝代的长时段社会变迁指明了一个重要的方向。简言之,能够在竞争中胜出的机制,通常是那些可以在一个较大规模上创造和再分配财富的社会机制。许多这样的机制有一个共同点:它们因享有国家授予的免税权而成为避税地。在宋金时期的华北,士人阶层可以通过科举考试进入基于国家机制的财富再分配体系。在这种制度下,官学学田有国家授予的免税特权,其学田产生的财富以津贴的形式在官学师生之间进行再分配。此外,通过科举入仕的士人从朝廷那里领取俸禄,并且有免科差的优免特权,士人家族因此得以通过扩大田产等方式来积累大量的财富。这些家族偶尔会为当地的公共事业作出贡献,但他们的财富通常在很小的社会范围内进行再分配,主要是家族、亲族以及同阶层的士人群体之间,比如向当地学校捐献田地以资助学校师生。

蒙古统治终结了宋金时期通过官学、科举等国家机制进行的财富再分配体系。得到国家认可的宗教迅速兴起,成为北方地区流通和分配财富的新型社会机制。佛寺道观都控制着大量的土地和各种手工业和商业资源,所有这些都产生了可观的免税收入。僧道的一部分财富直接来自包括蒙古皇族、贵族和地方官员在内的统治精英,以封赐、捐献的方式出现;一部分来自两个宗教各自的经济活动和对彼此资产的侵占;还有一部分是当地人的献纳,这种献纳经常是为了躲避沉重的赋税压力。结果,佛道教团控制了巨额财富,并通过各自的宫观网络等渠道重新分配给属于或依附于寺观的男女老少,包括许多前金士人。

蒙古统治下华北僧道主导的社会改造与南方士人主导的在南宋、元朝和晚明的地方主义或地方化(local literati activism)十分相似,但存在一个重要的不同。北方僧道的社会改造很大程度上取决于政府的正式授权和财政支持,但南方士人主导的地方主义在思想上和经济上多是自主的。思想上,南方士人的地方主义得到越来越有影响力的理学的认可和指导。经济上,他们在地方主义理念下推行的社会改造较少依靠国家的投入,而较多仰仗私人的商业和农业财富。

由于缺乏可持续的独立财富,明代北方士人大多数仍然通过依赖基于国家机制的财富再分配系统,通过官学、科举、入仕、家族的渠道获得和分配财富,这与南方士人不同。同时,藩王府(在某些地方还有卫所等军事机制)取代了寺观,成为许多华北省份累积财富的强大机制以及其他社会团体的避税场所。然而,与士人和僧道不同,藩王府通常并不关心公共福利。与其说藩王府是为地方社会提供公共服务的财富再分配系统,倒不如说其主要是出于私利而从地方社会中攫取大量财富和资源的机制,其目的只是为了支持宗室成员奢侈腐朽的生活方式。

直到 16 世纪以后,商业化进程的加快才使许多北方人——尤其是商人和士人家族——积累了大量私人商业和农业财富(就像几个世纪以来南方人所做的那样)。在这种情况下,我们看到了以地方信仰为基础的乡村组织的兴起,特别是那些由地方士绅和日渐强大的商人团体支持或直接领导的机制,成为山西乡村社会中新的财富分配体系。本书简要介绍了明清的这种新兴秩序,但关于这个新兴秩序的故事则需要另一本专著来阐述。

在这里,我们不禁要问:除了国家、士人和僧道主导的社会改造之外,中古中国社会是否存在其他主要的社会支配模式(例如,由军事力量或商人所主导的分配模式）。当然，社会支配并不一定意味着一种模式排斥其他所有的模式。我们需要问的是，不同形式的社会改造如何相互作用，从而塑造了不同地区相似或多样化的社会秩序形态。只有在更广泛的地方和区域研究之后才能回答这些问题。鉴于区域多样性问题的多面性，未来应当进行更多综合性的分析，不只是关注一两个地方，而是关注更广泛的区域叙事，包括但不限于南方和北方、中心区域和边缘地带、汉族和少数民族地区等多种视角的比较研究。

附录 1 本书中使用的未发表碑刻铭文

Ⅰ. 出自山西芮城县永乐宫

1. 重修大纯阳万寿宫碑(1262)。

2. 披云宋真人祠堂碑铭(1263)。

3. 元皇褒封五祖七真之辞碑(1317)。

4. 纯阳万寿宫提点下院田地常住户记(1324)。

Ⅱ. 其他

1. 故荣禄大夫大司徒大承天护圣寺住持前五台大万圣祐国寺住持宝云普门宗主广慧妙辩树宗弘教大师印公碑铭(1339),山本明志抄录,无私地分享给笔者。

2. 《大永安寺记》(1349),现在山西定襄县横山村永安寺。

3. 郭瑄《重修永安寺记》(1429),现在山西定襄县横山村永安寺。

4. 乔震《重修永安寺记》(1491),现在山西定襄县横山村永安寺。

5. 王利用《玄通弘教披云真人道行之碑》(1320),抄录自中国国家图书馆馆藏拓片。

6. 李楠《重修洪福寺记》(1608),现在山西定襄县北社东村洪福寺。

7. 重修北社洪福寺碑(1622),现在山西定襄县北社东村洪福寺。

8. 忻州九原乡温村崇明寺帖文碑(1611),现在山西忻州温村崇明寺。

附录 2 《亮公孝行之碑》与《宣授五台等处释教都总摄妙严大师善行之碑》录文

（爲了更好地反映史料原貌，附録 2 中的
碑文不予簡化，保留原繁體字和異體字）

A. 亮公孝行之碑

竊聞佛堂寶地，名喧震旦神洲，有經爲證。妙吉祥文殊菩薩居住
處，恭惟父諱亮，號曰通理大師。母曰郭氏。俯懷翼翼，仰叩蒼蒼。
蕭恭其心，慎修其行。内不回惑，外無異妄。動天地，應神明，師之道
德也。師之欲寐，朗然伽藍報曰："汝有道德孝行，賜汝神龜。"師之允
諾歡然，則禮深若賀謝。悚然而覺，誠可奇哉。師依教訓，親詣龍山
之麓，果然地涌神龜，爲萬載之榮昌，更爲法子之後記。父謂子曰：
"父母苦勞，難可報耳。今世若不修持，異日將何報答？"由是特捨己
財，專命良工刊石鐫碑□酬厚德。神明加祐，孝行廣備。遂生三子
一女。

長曰仲遇，妻李氏。女適檀德讓。孝行揚名，廣涉典文。有仁有
義，智惠温良。有顔子之惠，無盜跖之壽。有顔子之夭，無盜跖之惡。

次曰智裕，號曰辯懿大師，天然賦性，尅己安人。賑恤鰥寡，孤獨

矜憐,深通三教,義□五乘。有賞有罰兮,似皋陶理訟。有孝有行兮,猶若曾參。心同寶鏡,窺影窺形。舉措建功,有印有綬。由是修葺殿宇廣廈□廡於□繪塑,有若金山華藏移來清凉世界。人人驚□,個個懼心。甲申之歲,建層層萃堵波,號曰高顯。下連金水,上聳青雲,塵沾離□□影生天後。至元貞特授八不砂□□金寶令旨二道。釋門奇士,將帥忠良。論文則久韜性相,論武則蓋世英才。大德□年特捨己財,請永安寺內重建祖宗牌額一面,渾金聖像一堂。欲報出世恩,當酬養育德。復於大德四年特授汾州僧正,官□五品之余,門蘭有慶,富貴榮歌,謠盡喜喜,邐迤懼心,名傳四海,聲震八方。同年刊石鐫碑,現祥奇瑞。論功則萬有餘人,論賄則五十餘定。欲行運載,全然不動。師乃向前焚香禱曰:"願聖如持,龍天護祐。"駭然空中作響,有若天雷,雲生霧長,從空而起。神功運轉,斯者還歸。號曰神碑。師之恩厚,感得靈龜。五色光生,燦爛萬種。奇祥二龜,同生一穴。師乃應夢之祥。具眼未聞,可不希哉?可不罕哉?欲留永播後代之榮昌,石隕名毀纔然□矣。

次三曰智澤,號曰廣慧大師,弘名遠播,智群猶鐘山之玉,泗濱之石。行道□不爲之盈,采浮磬不爲之索。有仁有義,敬親和睦,能置家業,禮樂豐焉。有智潛形,石門晨守,可爲至也。

孫道印　道玘　道傑　道法

重孫德才　德禮

鄉貢進士劉浩然　李局敬　王恭觀

五臺山大華嚴寺真容院講經律論、賜紅沙門惠安大師福吉祥撰

五臺山都僧判、講經律論、賜紅沙門□□大師潮吉祥書

宣授五臺等路釋教都總攝、天下臨壇大德傳大乘戒、講經律論、賜紅

沙門法照大師教吉祥校正

宣授五臺等路釋教都總攝、天下臨壇大德傳大乘戒、講經律論、賜紅沙門妙嚴大師志吉祥篆

大德四年閏八月望日五臺山大華嚴寺真容院行汾州僧正辯懿大師裕吉祥立石

B. 宣授五臺等處釋教都總攝妙嚴大師善行之碑

冀寧路忻州定襄縣鄉貢進士、管領儒學教諭邢允修書

五臺山大華嚴寺菩薩真容院傳大乘戒、講經律論、賜紅沙門圓照大師福吉祥撰

宣授五臺等處釋教都總攝、大萬聖祐國寺住持、傳大乘戒、講經律論、賜紅沙門宣教光國大師月岩嚴吉祥篆

　　覺海澄源，因識風而鼓浪。心珠朗耀，由愛水以沉輝。欲期返本，須要回光。昔歲在庚戌至大三年季夏至□有辯義大師智裕，欲酬無窮之恩，用荷昊天之德。惟大雄氏之教，瀰漫六合，包括萬有。威神莫測，福慧無方。以慈悲爲主，方便爲門。以法航兼濟一切，以大圓鏡徧炤四方。脫穎迷津，則爲大導來。總藥諸苦，則爲大醫王。其光明藏足以破無始之□□其□□□足以滌有生之愛欲。其寶林花足以集衆香之妙供，其清蓮花畔足以□人天之樂圜。

　　由是荷深恩者，亮公大德和尚劬勞□厚德類昊天。受具足戒。金文廣覽，博學妙聞，研精道悥，出俗超群。節行至潔□之幸也。□自行思將欲脫塵勞之因，當捨繫縛之緣。高崇至極，雞足緣付。恭惟禮到五臺等處釋教都總攝法照大師爲受業師。師□相契，真俗俱福。

無數融心，重明佛理。再整法舡，出煩惱海，得無爲樂。蓋因師長教誨之鴻恩也。師恩既闡，至節洪彰。

是以歲在己酉至大二年五月二十日巳時，就大萬聖祐國寺馬舍刺殿前拜都平章，於本寺都總攝大師講主嚴吉祥根底特奉皇太子特旨："五臺山菩薩真容院見任僧録張智裕，五臺山做嘗川僧録者。你與□會者。麼道。"總攝折逼時將照會文字與了僧録。俱得圓備，福緣既奏，恩意彌彰。又至六月二十二日有安晉平章奏奉皇太子特旨："宣至僧録張智裕於圓殿内見了，親教元授到聖旨宣命并臺山諸寺院師德保狀，將親教禪衣直裰僧録。你披着。麼道。"七月初七日，銀青榮祿大夫、平章政事、會福院使安晉，并迷撒密同知金界奴奉御批奏皇太后懿旨："遣使平章政事忙兀安馳驛赴上都聞奏皇帝，頒降宣諭。"得聖旨："這智裕根底但屬五臺山和尚海根底管着，交做僧録者。麼道。"法恩□□遐邇咸聞。名傳四海□振八方。名傳四海□人人□仰□振八方□處處□折□□清澈行□芬芳。外揚忠孝之名，内闡大乘之□□爲至節。精勤護法，僧俗欽崇。研窮理性，妙契本源。天資穎悟，毅然不群□□操而策□紀綱不爲懈倦，而釋門第一。

今則相承恩惠，緣有賜□衣□師五臺等處釋教都總攝妙嚴大師志吉祥，官封二品，禪門□□寶地芝蘭，深通戒律。顏息出群，至誠感格。送供者遂逐朝恒有，施賄者□日不絕。慈悲護法，邁古超今，未之有也。□□募緣大殿重閣，繪塑佛像，創刻五百羅漢，渾金粧飾寶藏，以成丈室。廊廡百十餘間，師之力也。

裕宗皇帝毓德春宮遣使有璘真總管任候詣臺山降香，師以行道精嚴□臺山都僧録之職任焉。未幾世祖皇帝聖神文武，旨詔賜號妙嚴大師，復署前職。以師寬厚，廣演三季，見深玄教門軌，則清潔甚奇。三十一年，皇帝嗣登寶位，體握乾符。有旨以五臺山金畍寺妙嚴大師志吉祥□□僧録。元貞二年夏六月皇太后車駕親幸五臺。師仍率領教禪師德禮念不暇，闡揚經教，現鐘光相。由是特降懿旨，命僧傳法。爾時四衆歡喜。大德元年春三月，以真定、平、陝、太原、大同、五臺等處用師創立釋教總攝所，以師爲首。特賜銀印，兩臺與真容總攝法照大師教吉祥，皆輩也。

是時定襄安横里通理大師亮公子男智裕，僧中妙行，精勤建庵立塔，鐫刊祖宗孝行之碑。特捨己財，命良工重立大永安寺祖宗牌額一面。施到渾金佛像一堂。大德七年春三月，金畍總攝妙嚴大師賜法曰辯義大師講主裕吉祥。隨機沛教□迷途於目下。法演三乘，開慧目而誘引群盲。刹刹坐坐頭頭□□入三昧相。欲報師恩，於崇福庵匹佗山之石，發揚功行之萬一。云爾師諱志，妙嚴其號，殷氏其姓也。因緣既備，永附涅槃□然妙湛恒常不遁。如智福者，老耆無聞。何異燈光燦爛，豈透妙慧以恒明，月色嬋□，敢對太陽真火。盡日鐘魚間，嚮幾箇知音。通宵燈月交輝，何人具眼。今者予叩妙嚴大師宗迹，知而不盡也。

廼爲之銘曰：

玄教風行　緇徒雲會　一叩禪開　□□三昧　變動不拘　縱横自在　雷音方馳　到處通泰　巍巍之寂静妙明　心鏡之自在游戲　莊嚴功成之不壞　顯現師□之妙用　廣談一真之法畍　無内無外　其真愈大　透脱虚□是美作一大事之因緣　煉無窒礙　闡揚功力難掩　勒石刊銘　萬世永賴

前承事郎、定襄縣尹、兼管諸軍奧魯、勸農事趙德温

宣授五臺等路釋教都總攝、天下臨壇大德傳大乘戒、講經律論、賜紅沙門□師法照大師教吉祥

通理大師亮吉祥

祖父張文海祖母董楊氏

四男長前經□□□温次通理大師亮吉祥□前司吏張子浩次安居士張子□

孫仲威智□仲懿仲康前都□智澤□仲□仲珉□

重孫□□□智宜□□定□□

五臺山真容院前山門十寺僧統判、宣密大師、傳大乘戒、祖師松月道人俊吉祥

門資降龍大□正□□□十餘人

銀青榮祿大夫平章政事□政院會福□□領□□事楊安晉

平章政事□兀安

中奉大夫□□館大學士善珍司□□□密□□奉御□□□

昔大元至大三年歲次上章閹茂南呂月□□□□人大華嚴寺菩薩真容院僧、宣授五臺山都僧録辯義大師裕吉祥立石

長子前忻州僧正□提□□□次前定襄縣都□□□□□志

孫□□□□□

参 考 文 献

史料

Cao mu zi 草木子. Ye Ziqi 叶子奇 (fl. 1378). 北京：中华书局，1959.

Chongxiu Guoxian zhi 重修崞县志 [1607]. Liu Jiji 刘辑济 et al. Facsimile copy held in the Kyoto University Institute for Research in Humanities Library, Kyoto, Japan.

Cunfuzhai ji 存复斋集. Zhu Derun 朱德润 (1294–1365). 台北：学生书局，1973.

Daojia jinshi lüe 道家金石略. Chen Yuan 陈垣 comp. Edited and supplemented by Chen Zhichao 陈智超 and Zeng Qingying 曾庆瑛. 北京：文物出版社，1988.

Daoyuan xuegu lu 道园学古录. Yu Ji 虞集 (1272–1348). 上海：中华书局，1936.

Datong fuzhi 大同府志 [1515]. Zhang Qin 张钦 et al. In *Sikuquanshu cunmu congshu* 四库全书存目丛书，*Shi* 史，vol. 186. 济南：齐鲁书社，1996.

Dingxiang jinshi kao 定襄金石考 [1932]. Niu Chengxiu 牛诚修. Manuscript held in the Yale University Sterling Library, New Haven, CT, U.S.

Donglu Wangshi nongshu 东鲁王氏农书. Wang Zhen 王祯 (fl. 1333). Annotated by Miao Qiyu 缪启愉 and Miao Guilong 缪桂龙. 上海：上海古籍出版社，2008.

Fenyang xian jinshi leibian 汾阳县金石类编. Wang Yuchang 王堉昌，ed. Annotated by Wu Yuzhang 武毓章，Wang Xiliang 王希良，and Zhang Yuan 张源. 太原：山西古籍出版社，2000.

Fozu lidai tongzai 佛祖历代通载. Nianchang 念常 (b. 1282). 1347 ed. Reprinted in *Zhonghua zaizao shanben* 中华再造善本. 北京：国家图书馆出版社，2005.

Guangshengsi zhi 广胜寺志. Hu Shixiang 扈石祥，ed. 北京：中央民族学院出版社，1988.

Guiqian zhi 归潜志. Liu Qi 刘祁 (1203–1250). Edited by Cui Wenyin 崔文印. 北京：中华书局，1983.

Hedong shuili shike 河东水利石刻. Zhang Xuehui 张学会，ed. 太原：山西人民出版社，2004.

Hongtong Jiexiu shuili beike jilu 洪洞介休水利碑刻辑录. Huang Zhusan 黄竹三 and Feng Junjie 冯俊杰，eds. 北京：中华书局，2003.

Hongtong xian shuili zhi 洪洞县水利志. Zheng Dongfeng 郑东风，ed. 太原：山西人民出版社，1993.

Hongtong xian shuili zhi bu 洪洞县水利志补. Sun Huanlun 孙焕仑, ed. 太原：山西人民出版社, 1992.

Huoshan zhi 霍山志. Shi Likong 释力空, ed. 太原：山西人民出版社, 1986.

Jinchen jinshi zhi 晋城金石志. Jinchengshi difangzhi congshu bianweihui 晋城市地方志丛书编委会. 海南：海潮出版社, 1995.

Jinshi 金史. Tuotuo 脱脱 (1313–1355). 北京：中华书局, 1975.

Jinshi cuibian buzheng 金石萃编补正. Fang Lüjian 方履籛. In 石刻史料新编, series 1, vol. 5.

Jinwen zui 金文最. Zhang Jinwu 张金吾 (1787–1829) ed. 台北：成文出版社, 1967.

Jin Yuan Quanzhenjiao shike xinbian 金元全真教石刻新编. Wang Zongyu 王宗昱. 北京：北京大学出版社, 2005.

Jiu Tangshu 旧唐书. Liu Xu 刘昫 (887–946). 北京：中华书局, 1975.

Liao Jin Yuan shike wenxian quanbian 辽金元石刻文献全编. Beijing tushuguan shanben jinshizu 北京图书馆善本金石组 comp. 北京：北京图书馆出版社, 2003.

Linfen xianzhi 临汾县志 [1718]. Gong Maoyan 宫懋言 et al. Manuscript held in the Toyo Bunko, Tokyo, Japan.

Lingchuan xianzhi 陵川县志 [1779]. Cheng Dejiong 程德炯 et al. Manuscript held in the Toyo Bunko.

Lingchuan xianzhi 陵川县志 [1882]. Xu Mu 徐炑 et al. Manuscript held in the Toyo Bunko.

Linxian guji kao 临县古迹考. Wu Mingxin 吴命新. In 石刻史料新编, series 3, vol. 31.

Lu'an fuzhi 潞安府志 [1619]. Hong Liangfan 洪良范 et al. Facsimile copy held in the Kyoto University Institute for Research in Humanities Library.

Lu'an fuzhi 潞安府志 [1770]. Zhang Shuqu 张淑渠 et al. In 中国地方志集成：山西府县志辑, vol. 30.

Mingdai menggu hanji shiliao huibian 5 明代蒙古汉籍史料汇编（第五辑）. Wang Xiong 王雄 comp. 呼和浩特：内蒙古大学出版社, 2009.

Ming Qing Shanxi beike ziliao xuan 明清山西碑刻资料选. Zhang Zhengming 张正明 and David Faure comp. 太原：山西古籍出版社, 2005.

Ming Qing Shanxi beike ziliao xuan (xu yi) 明清山西碑刻资料选（续一）. Zhang Zhengming 张正明, David Faure, and Wang Yonghong 王勇红 comp. 太原：山西古籍出版社, 2007.

Ming shi 明史. Zhang Tingyu 张廷玉 (1672–1755). 北京：中华书局, 1974.

Ming shilu 明实录. Zhongyang yanjiuyuan lishi yuyan yanjiusuo 中央研究院历史语言研究所, 100 vols. 台北：史语所, 1962.

Mu'an ji 牧庵集. Yao Sui 姚燧 (1238–1313). In *Congshu jicheng chubian* 丛书集成初编, vol. 2101–2107. 上海：商务印书馆, 1936.

Nancun chuogeng lu 南村辍耕录. Tao Zongyi 陶宗仪 (1329–ca.1412). 北京：中华书局, 1959.

Pingyang fuzhi 平阳府志 [1615]. Fu Shuxun 傅淑训 et al. Facsimile copy held in the Kyoto University Institute for Research in Humanities Library.

Pingyang fuzhi 平阳府志 [1736]. Ting Gui 廷珪 et al. Manuscript held in the Yale

University Sterling Library.

Puxian beiming zhi 蒲县碑铭志. Wang Juzheng 王居正, ed. In 石刻史料新编, series 3, vol. 31.

Qingliangshan zhi 清凉山志. Zhencheng 镇澄 (1546–1617). Edited by Li Yumin 李裕民. 太原：山西人民出版社, 1989.

Qinshui beike soubian 沁水碑刻蒐编. Jia Zhijun 贾志军, ed. 太原：山西人民出版社, 2008.

Quan Liao Jin wen 全辽金文. 3 vols. Yan Fengwu 阎凤梧, ed. 太原：山西古籍出版社, 2002.

Quan Yuan wen 全元文. Li Xiusheng 李修生, ed. 南京：江苏古籍出版社, 1999–2001.

Ruicheng xianzhi 芮城县志 [1764]. Yan Rusi 言如泗 et al. Manuscript held in the Toyo Bunko.

Ruicheng xianzhi 芮城县志 [1997]. Ruicheng xianzhi bianzuan weiyuanhui 芮城县志编纂委员会 comp. 西安：三秦出版社.

Sanjin shike daquan 三晋石刻大全. Liu Zeming 刘泽明 et al. 太原：三晋出版社, 2009–2012.

———. *Linfen shi Hongtong xian juan* 临汾市洪洞县卷 2009.

———. *Yangquan shi Yuxian juan* 阳泉市盂县卷. 2010.

———. *Xinzhou shi Ningwu xian juan* 忻州市宁武县卷. 2010.

———. *Jinzhong shi Lingshi xian juan* 晋中市灵石县卷. 2010.

———. *Linfen shi yaodu qu juan* 临汾市尧都区卷. 2011.

———. *Taiyuan shi xinghualing qu juan* 太原市杏花岭区卷. 2011.

———. *Taiyuan shi Jiancaoping qu juan* 太原市尖草坪区卷. 2012.

———. *Jincheng shi Qinshui xian juan* 晋城市沁水县卷. 2012.

Sanjin shike zongmu: Yuncheng diqu juan 三晋石刻总目：运城地区卷. Wu Jun 吴均. 太原：山西古籍出版社, 1998.

Shanxi dizhen beiwen ji 山西地震碑文集. Wang Rudiao 王汝鹏, ed. 太原：北岳文艺出版社, 2003.

Shanyou shike congbian 山右石刻丛编. Hu Pinzhi 胡聘之. In 石刻史料新编, series 1, vol. 20–21.

Shike shiliao xinbian 石刻史料新编. 4 series. Xinwenfeng chuban gongsi bianjibu 新文丰出版公司编辑部 ed. 台北：新文丰出版公司, 1982–2006.

Songchuang mengyu 松窗梦语. Zhang Han 张瀚 (1510–1593). Edited by Sheng Dongling 盛冬铃. 北京：中华书局, 2007.

Song huiyao jigao 宋会要辑稿. Xu Song 徐松 (1781–1848). 北京：中华书局, 1957.

Taiyuan fuzhi 太原府志 [1793]. Tan Shangzhong 谭尚忠 et al. In 中国地方志集成：山西府县志辑, vol. 1 and 2.

Taiyuan xianzhi 太原县志 [1551]. Gao Ruxing 高汝行 et al. In *Tianyige cang Mingdai fangzhi xuankan* 天一阁藏明代方志选刊, vol 3. 台北：新文丰出版公司, 1985.

Tang huiyao 唐会要. Wang Pu 王溥 (922–982). 上海：中华书局, 1955.

Tongzhi tiaoge jiaozhu 通制条格校注. Fang Linggui 方龄贵. 北京：中华书局, 2001.

Xinxiu Quwo xianzhi 新修曲沃县志 [1758]. Zhang Fang 张坊 et al. Facsimile copy held in the Kyoto University Institute for Research in Humanities Library.

Yangqu xianzhi 阳曲县志 ［1843］. Li Peiqian 李陪谦 et al. In 中国地方志集成：山西府县志辑, vol. 2.

Yongle gong bihua 永乐宫壁画. Xiao Jun 萧军, ed. 北京：文物出版社, 2008.

Yongle gong zhi 永乐宫志. Zhang Yinong 张亦农 and JingKunjun 景昆俊. 太原：山西人民出版社, 2006.

Yuandai baihuabei jilu 元代白话碑集录. Cai Meibiao 蔡美彪. 北京：科学出版社, 1955.

Yuan dianzhang 元典章. 4 vols. Chen Gaohua 陈高华, Zhang Fan 张帆, Liu Xiao 刘晓, and Dang Baohai 党宝海, eds. 天津：天津古籍出版社, 2011.

Yuandai zouyi jilu 元代奏议集录. 2 vols. Qiu Shusen 邱树森 and He Zhaoji 何兆吉, eds. 杭州：浙江古籍出版社, 1998.

Yuan Haowen quanji 元好问全集. Yuan Haowen 元好问（1190－1257）. Edited by Yao Dianzhong 姚奠中 and Li Zhengmin 李正民. 太原：山西古籍出版社, 2004.

Yuanshi 元史. Song Lian 宋濂（1310－1381）. 北京：中华书局, 1976.

Yuanshi shifan 袁氏世范. Yuan Cai 袁采（fl. 1140－1195）. Song edition reprinted in *Zhonghua zaizao shanben* 中华再造善本. 北京：国家图书馆出版社, 2003.

Yuci xianzhi 榆次县志 ［1862］. Yu Shiquan 俞世铨 et al. In 中国地方志集成：山西府县志辑, vol. 16.

Zengding Hushan leigao 增订湖山类稿. Wang Yuanling 汪元量（1241－ca.1318）. Edited by Kong Fanli 孔凡礼. 北京：中华书局, 1984.

Zhaocheng xianzhi 赵城县志 ［1760］. Li Shengjie 李升阶 et al. In *Xijian Zhongguo difangzhi huikan* 稀见地方志汇刊. 北京：中国书店, 1992.

Zhaocheng xianzhi 赵城县志 ［1827］. Yang Yanliang 杨延亮 et al. In 中国地方志集成：山西府县志辑, vol. 52.

Zhongguo difangzhi jicheng: Shanxi fuxianzhi ji 中国地方志集成：山西府县志辑. Fenghuang chubanshe bianxuan 凤凰出版社编选. 南京：凤凰出版社, 2005.

Zhongzhou ji 中州集. Yuan Haowen 元好问. 北京：中华书局, 1959.

论著

Aigle, Denise. "Iran under Mongol Domination: The Effectiveness and Failings of a Dual Administrative System," *Bulletin d'études orientales*, Volume 57, Supplément（2006－2007）: 65－78.

Amano Motonosuke 天野元之助. "Chūgoku ni okeru suiri kankō" 中國における水利慣行. *Shirin* 史林 38, no. 6（1955）: 123－149.

An Jiesheng 安介生. "Mingdai shanxi fanfu de renkou zengzhang yu shuliang tongji" 明代山西藩府的人口增长与数量统计, *Shixue yuekan* 史学月刊 5（2004）: 97－104.

Araki Toshikazu 荒木一敏. *Sōdai kakyo seido kenkyū* 宋代科举制度研究. Kyoto：Dōhōsha, 1969.

Atwood, Christopher P. *Encyclopedia of Mongolia and The Mongol Empire*. New York：Facts On File, 2004.

———. "Validation by Holiness or Sovereignty: Religious Toleration as Political Theology in the Mongol World Empire of the Thirteenth Century." *The International History Review* 26, no. 2 (2004): 237‒256.

———. "Mongols, Arabs, Kurds, and Franks: Rashīd al-Dīn's Comparative Ethnography of Tribal Society." In *Rashīd al-Dīn: Agents and Mediator of Cultural Exchanges in Ilkhanid Iran*, edited by Anna Akasoy, Charles Burnett, and Ronit Yoeli-Tlalim, 223‒251. London-Turin: The Warburg Institute-Nino Aragno Editore, 2013.

———. "Buddhists as Natives: Changing Positions in the Religious Ecology of the Mongol Yuan Dynasty." In *The Middle Kingdom and the Dharma Wheel: Aspects of the Relationship Between the Buddhist Samgha and the State in Chinese History*, edited by Thomas Jülch, 278‒321. Leiden: Brill, 2016.

Bai Wengu 白文固. "Lidai sengdao renshu kaolun" 历代僧道人数考论. *Pumen xuebao* 普门学报 9 (2002): 1‒15.

Baldrian-Hussein, Farzeen. "Lü Tung-pin in Northern Song Literature." *Cahiers d'Extrême-Asie* 2 (1986): 133‒169.

Baldwin, Michelle. "Wall Paintings of the Assembly of the Buddha from Shanxi Province: Historiography, Iconography, Three Styles, and a New Chronology." *Artibus Asiae* 54, no. 3/4 (1994): 241‒267.

Birge, Bettine. *Women, Property, and Confucian Reaction in Sung and Yuan China, 960‒1368.* Cambridge, UK: Cambridge University Press, 2002.（《宋元时代的妇女、财产及儒家应对》, 刘晓、薛京王译, 北京: 中国社会科学出版社, 2020——译者注）

Bo Yongjian 卜永坚. "Yuandai de fodao chongtu: Yi Hebei Yu xian futu cun yuquan si bei wei zhongxin" 元代的佛道冲突: 以河北蔚县浮图村玉泉寺碑为中心. *Huanan yanjiu ziliao zhongxin tongxun* 华南研究资料中心通讯 35 (2004): 17‒31.

Bol, Peter. "Seeking Common Ground: Han Literati Under Jurchen Rule." *Harvard Journal of Asiatic Studies* 47, no. 2 (1987): 461‒538.

———. "Chao Ping-wen (1159‒1232): Foundations for Literati Learning." In *China Under Jurchen Rule: Essays on Chin Intellectual and Cultural History.* edited by Hoyt Cleveland Tillman and Stephen H. West, 115‒144. Albany: State University of New York Press, 1995.

———. "The 'Localist Turn' and 'Local Identity' in Later Imperial China," *Late Imperial China* 24, no. 2 (2003): 1‒50.

———. *Neo-Confucianism in History.* Cambridge, MA: Harvard University Press, 2008. （《历史上的理学》, 王昌伟译, 杭州: 浙江大学出版社, 2010——译者注）

Boltz, Judith. *A Survey of Taoist Literature, Tenth to Seventeenth Centuries.* Berkeley: Institute of East Asian Studies, 1987.

Bossler, Beverly. *Powerful Relations: Kinship, Status, and the State in Sung China.* Cambridge, MA: Harvard University Press, 1998.（《权力关系: 宋代中国的家族、地位与国家》, 刘云军译, 南京: 江苏人民出版社, 2015——译者注）

———. "'A Daughter is a Daughter All Her Life': Affinal Relations and Women's Networks in Song and Late Imperial China," *Late Imperial China* 21, no. 1 (2000): 77‒106.

———. *Courtesans, Concubines, and the Cult of Female Fidelity: Gender and Social Change in*

China, 1000－1400. Cambridge，MA：Harvard University Asia Center，2013.

Brook，Timothy. *Praying for Power: Buddhism and the Formation of Gentry Society in Late-Ming China*. Cambridge，MA：Harvard University Press，1993.

Cai Meibiao 蔡美彪. *Basibazi beike wenwu jishi* 八思巴字碑刻文物集释. 北京：中国社会科学出版社，2011.

———. *Liao Jin Yuan shi kaosuo* 辽金元史考索. 北京：中华书局，2012.

Chaffee，John W. *The Thorny Gates of Learning in Sung China: A Social History of Examinations*. Albany：State University of New York Press，1995.（《宋代科举》，台北：东大图书股份有限公司,1995——译者注）

———. *Branches of Heaven: A History of the Imperial Clan of Sung China*. Cambridge，MA：Harvard University Asia Center，1999.（《天潢贵胄：宋代宗室史》,赵冬梅译,南京：江苏人民出版社,2005——译者注）

Chan，Hok-Lam 陈学霖. "Liu Ping-chung 刘秉忠（1216－1274）：A Buddhist-Taoist Statesman at the Court of Khubilai Khan." *T'oung Pao* 53，no. 1/3（1967）：98－146.

———. "The Organization and Utilization of Labor Service Under the Jurchen Chin Dynasty." *Harvard Journal of Asiatic Studies* 52，no. 2（1992）：613－664.

———. "From Tribal Chieftain to Sinitic Emperor：Leadership Contests and Succession Crises in the Jurchn-Jin State，1115－1234." *Journal of Asian History* 33，no. 2（1999）：105－141.

Chang Jianhua 常建华. *Song yihou zongzu de xingcheng ji diyu bijiao* 宋以后宗族的形成及地域比较. 北京：人民出版社，2013.

Chao，Shin-Yi. "Daoist Examinations and Daoist Schools during the Northern Song Dynasty." *Journal of Chinese Religions* 31（2003）：1－38.

———. "Good Career Moves：Life Stories of Daoist Nuns of the Twelfth and Thirteenth Centuries," *Nan nü* 10（2008）：121－151.

Chen Gaohua 陈高华. "Yuandai de liumin wenti" 元代的流民问题. *Yuanshi luncong* 元史论丛 4（1992），132－147.

———. "Yuandai chubanshi gaishu" 元代出版史概述. *Lishi jiaoxue* 历史教学 11（2004）：13－18.

———. *Yuanshi yanjiu xinlun* 元史研究新论. 上海：上海社会科学院出版社，2005.

———, Zhang Fan 张帆，and Liu Xiao 刘晓. *Yuandai wenhuashi* 元代文化史. 广州：广东教育出版社，2009.

———. "Yuandai nüxing de jiaoyou he qianxi" 元代女性的交游和迁徙. *Zhejiang xuekan* 浙江学刊 1（2010）：80－84.

———. "Yuandai fojiao siyuan fuyi de yanbian" 元代佛教寺院赋役的演变，*Beijing lianhe daxue xuebao*（*renwen shehui kexueban*）北京联合大学学报(人文社会科学版）11，no. 3（2013）：5－15.

———. "Yuandai xinjian fosi lüelun" 元代新建佛寺略论，*Zhonghua wenshi luncong* 中华文史论丛 1（2015）：31－65.

Chen Guang'en 陈广恩. "*Chang'an zhitu* yu Yuandai Jingqu shuili jianshe"《长安志图》与元代泾渠水利建设. *Zhongguo lishi dili luncong* 中国历史地理论丛 1（2006）：88－94.

Chen Guofu 陈国符. *Daozang yuanliu kao* 道藏源流考. 北京：中华书局，1963.

Chen, Jinhua. "The Birth of a Polymath: The Genealogical Background of the Tang Monk-Scientist Yixing (673 – 727)." *Tang Studies* 18 – 19 (2001 – 2002): 1 – 39.

———. "Family Ties and Buddhist Nuns in Tang China: Two Studies." *Asia Major* 3rd ser., 15, no. 2 (2002): 51 – 85.

Ch'en, Kenneth K. S. "Buddhist-Taoist Mixtures in the Pa-shih-i-hua T'u." *Harvard Journal of Asiatic Studies* 9, no. 1 (1945): 1 – 12.

Chen Wenyi 陈雯怡. *You guanxue dao shuyuan: Cong zhidu yu linian de hudong kan Songdai jiaoyu de yanbian* 由官学到书院：从制度与理念的互动看宋代教育的演变. 台北：联经出版公司, 2004.

Chen Yuan 陈垣. *Nansong chu hebei xindaojiao kao* 南宋初河北新道教考. 北京：中华书局, [1941] 1962.

Chen Yunü 陈玉女. "Mingdai ershisi yamen de fojiao xinyang" 明代二十四衙门的佛教信仰. *Chenggong daxue lishi xuebao* 成功大学历史学报 25 (1999): 173 – 236.

Chen Zhichao 陈智超. "Jin Yuan Zhendadao jiaoshi bu" 金元真大道教史补. *Lishi yanjiu* 历史研究 6 (1986): 129 – 144.

Chia, Lucille. "The Uses of Print in Early Quanzhen Daoist Texts." In *Knowledge and Text Production in an Age of Print: China, 900 – 1400*, edied by Chia and Hilde de Weerdt, 167 – 213. Leiden: Brill, 2011.

Chikusa Masaaki 竺沙雅章. *Chūgoku bukkyō shakaishi kenkyū* 中国佛教社会史研究. Kyoto: Dōhōsha, 1982.

———. "Mindai jiden no fueki nit suite," 明代寺田の賦役について. In *Min Shin jidai no seiji to shakai* 明清時代の政治と社會, edited by Ono Kazuko 小野和子, 489 – 512. Kyoto: Kyoto daigaku Jimbun kagaku kenkyūjo, 1983.

———. *Sō Gen bukkyō bunka shi kenkyū* 宋元佛教文化史研究. Tōkyō: Kyūko shoin, 2001.

Clark, Hugh R. *Portrait of a Community: Society, Culture, and the Structures of Kinship in the Mulan River Valley*. Hong Kong: The Chinese University Press, 2007.

Clarke, Shayne. *Family Matters in Indian Buddhist Monasticisms*. Honolulu: University of Hawai'i Press, 2014.

Cleaves, F. W. "The Sino-Mongolian Inscription of 1240." *Harvard Journal of Asiatic Studies* 23 (1960 – 61): 62 – 73.

Clunas, Craig. *Screen of Kings: Royal Art and Power in Ming China*. Honolulu: University of Hawai'i Press, 2013.

Cohen, Myron L. *Kinship, Contract, Community, and State: Anthropological Perspectives on China*. Stanford: Stanford University Press, 2005.

Dardess, John W. *Conquerors and Confucians: Aspects of Political Change in Late Yuan China*. New York: Columbia University Press, 1973.

———. *Confucianism and Autocracy: Professional Elites in the Founding of the Ming Dynasty*. Stanford: Stanford University Press, 1983.

———. *A Ming Society: T'ai-ho County, Kiangsi, in the Fourteenth to Seventeenth Centuries*. Berkeley: University of California Press. 1996.

———. *Governing China, 150 – 1850*. Indianapolis: Hackett, 2010.

Dean, Kenneth, and Zheng Zhenman. *Ritual Alliances of the Putian Plain*. vol. 1. *Historical Introduction to the Return of the Gods*. Leiden: Brill, 2010.

Deng Xiaonan 邓小南. "Zhuiqiu yongshui zhixu de nuli: Cong qian jindai Hongtong de shuiziyuan guanli kan 'minjian' yu 'guanfang'" 追求用水秩序的努力: 从前近代洪洞的水资源管理看"民间"与"官方." *Jinan shixue* 暨南史学 3 (2005): 75 – 91.

―――, and Christian Lamouroux. "The 'Ancestors' Family Instructions': Authority and Sovereignty in Song China." *Journal of Song-Yuan Studies* 35 (2005): 79 – 97.

―――. *Zuzong zhifa: Beisong qianqi zhengzhi shulüe* 祖宗之法: 北宋前期政治述略. 北京: 生活·读书·新知三联书店, 2014 [2006].

De Rachewiltz, Igor. "Personnel and Personalities in North China in the Early Mongol Period." *Journal of the Economic and Social History of the Orient* 9, no. 1/2 (1966): 88 – 144.

―――. "Some Remarks on Töregene's Edict of 1240." *Papers on Far Eastern History* 23 (1981): 38 – 63.

―――, and T. Russsell. "Ch'iu Ch'u-chi, 1148 – 1227." *Papers on Far Eastern History* 29.3 (1984): 1 – 26.

―――, and Hok-lam Chan, Hsiao Chi'i-chi'ing and Peter W. Geier. *In the Service of the Khan: Eminent Personalities of the Early Mongol-Yüan Period*. Wiesbaden: Harrassowitz, 1993.

Despeux, Catherine, and Livia Kohn. *Women in Daoism*. Cambridge, MA: Three Pines Press, 2004.

Dien, Albert E. *Six Dynasties Civilization*. New Haven: Yale University Press, 2007. (《六朝文明》, 李梅田译, 北京: 社会科学文献出版社, 2013――译者注)

Dong Xiaoping 董晓萍, and Christian Lamouroux 蓝克利. *Bu guan er zhi: Shanxi sishewucun shuili wenxian yu minsu* 不灌而治: 山西四社五村水利文献与民俗. 北京: 中华书局, 2003.

Dong Xinlin 董新林. "Beisong Jin Yuan muzang bishi suojian ershisi xiao gushi yu gaoli *Xiaoxing lu*" 北宋金元墓葬壁饰所见"二十四孝"故事与高丽《孝行录》. *Huaxia kaogu* 华夏考古 2 (2009): 141 – 152.

Du Zhengzhen 杜正贞. *Cunshe chuantong yu mingqing shishen: Shanxi Zezhou xiangtu shehui de zhidu bianqian* 村社传统与明清士绅: 山西泽州乡土社会的制度变迁. 上海: 上海辞书出版社, 2007.

Ebrey, Patricia Buckley, trans. *Family and Property in Sung China: Yüan Ts'ai's Precepts for Social Life*. Princeton: Princeton University Press, 1984.

Elliot, Mark. *The Manchu Way: The Eight Banners and Ethnic Identity in Late Imperial China*. Stanford: Stanford University Press, 2001.

Elman, Benjamin A. *Civil Examinations and Meritocracy in Late Imperial China*. Cambridge, MA: Harvard University Press, 2013.

Endicott-West, Elizabeth. *Mongolian Rule in China: Local Administration in the Yuan Dynasty*. Cambridge, MA: Council on East Asian Studies, Harvard University and the Harvard-Yenching Institute, 1989.

Eskildsen, Stephen. *The Teachings and Practices of the Early Quanzhen Taoist Masters*. Albany:

State University of New York Press, 2004.

Farmer, Edward L. *Zhu Yuanzhang and Early Ming Legislation: The Reordering of Chinese Society Following the Era of Mongol Rule*. Leiden: Brill, 1995.

Faure, Bernard. *Chan Insights and Oversights: An Epistemological Critique of the Chan Tradition*. Princeton: Princeton University Press, 1993.

Faure, David. *Emperor and Ancestor: State and Lineage in South China*. Stanford: Stanford University Press, 2007.(《皇帝和祖宗：华南的国家与宗族》，卜永坚译，南京：江苏人民出版社，2009——译者注)

Feng Chengjun 冯承钧. *Yuandai baihua bei kao* 元代白话碑考. 台北：台湾商务印书馆，1962.

Feng Junjie 冯俊杰. *Xiju yu kaogu* 戏剧与考古. 北京：文化艺术出版社，2002.

———. *Shanxi xiqu beike jikao* 山西戏曲碑刻辑考. 北京：中华书局，2002.

———. *Shanxi shenmiao juchang kao* 山西神庙剧场考. 北京：中华书局，2006.

Franke, Herbert. *From Tribal Chieftain to Universal Emperor and God: The Legitimation of the Yuan Dynasty*. Munich: Bayerische Akademie der Wissenschaften München, 1978.

———, and Denis Twitchett, eds. *The Cambridge History of China*, vol. 6, *Alien Regimes and Border States, 907–1368*. Cambridge, UK, and New York: Cambridge University Press, 1994. (《剑桥中国辽西夏金元史》，史卫民等译，北京：中国社会科学出版社，1998——译者注)

Fu Haichao 符海潮. *Yuandai hanren shihou qunti yanjiu* 元代汉人世侯群体研究. 保定：河北大学出版社，2008.

Fujishima Kenju 藤岛建树. "Zenshinkyō no tenkai: Mongoru seikanka no katō no baai"全真教の展開：モンゴル政権下の河東の場合. In *Dōkyō to shūkyō bunka* 道教と宗教文化, edited by Akizuki Kan'ei 秋月観暎. 425–438. Tokyo: Hirakawa, 1987.

Funada Yoshiyuki 船田善之. "Semuren yu Yuandai zhidu shehui: chongxin tantao menggu, semu, hanren, nanren huafen de weizhi"色目人与元代制度、社会：重新探讨蒙古、色目、汉人、南人划分的位置. *Yuanshi luncong* 元史论丛 9（2004）：162–174.

Gardner, Daniel K., trans., *The Four Books: The Basic Teachings of the Later Confucian Tradition*. Indianapolis: Hackett, 2007.

Gernet, Jacques. *Buddhism in Chinese Society: An Economic History from the Fifth to the Tenth Centuries*. Translated by Franciscus Verellen. New York: Columbia University Press, 1995.

Gimello, Robert M. "Chang Shang-ying on Wu-t'ai Shan." In *Pilgrims and Sacred Sites in China*, edited by Susan Naquin and Chün-fang Yü. 89–149. Berkeley: University of California Press, 1992.

Goossaert, Vincent. "The Invention of an Order: Collective Identity in Thirteenth Century Quanzhen." *Journal of Chinese Religions* 29（2001）：111–138.

Gregory, Peter N. *Tsung-mi and the Sinification of Buddhism*. Princeton: Princeton University Press, 1991.

Gu Yinsen 顾寅森, "Shilun Yuandai huangjia fosi yu zangchuan fojiao de guanxi: yi da huguo renwang si wei zhongxin"试论元代皇家佛寺与藏传佛教的关系：以大护国仁王寺为中心, *Zongjiaoxue yanjiu* 宗教学研究 1（2014）：103–109.

Hachiya Kunio 蜂屋邦夫. *Kindai Dōkyō no kenkyū: Ō Chōyō to Ba Tanyō* 金代道教の研

究：王重陽と馬丹陽. Tokyo：Tōkyō daiyigaku Tōyō bunka kenkūjo hōkoku, 1992. (《金代道教研究：王重阳与马丹阳》，钦伟刚译，北京：中国社会科学出版社，2007——译者注)

———. *Kin-Gen jidai no Dōkyō: Shichishin kenkyū* 金元時代の道教：七真研究. Tokyo：Tōkyō daiyigaku Tōyō bunka kenkūjo hōkoku, 1998. (《金元时代的道教：七真研究》，金铁成、张强译，济南：齐鲁书社，2014——译者注)

Halperin, Mark. *Out of the Cloister: Literati Perspectives on Buddhism in Sung China, 960–1279.* Cambridge, MA：Harvard University Press, 2006.

———. "Buddhists and Southern Literati in the Mongol Era." In vol. 2 of *Modern Chinese Religion* I, edited by Pierre Marsone and John Largerwey, 1433–1492. Leiden, Boston：Brill, 2015.

Han Chaojian 韩朝建. "Huabei de rong yu zongzu: yi Shanxi Daixian wei zhongxin" 华北的客与宗族：以山西代县为中心. *Minsu yanjiu* 民俗研究 5 (2012)：32–55.

———. *Siyuan yu guanfu: Ming Qing Wutaishan de xingzheng xitong yu difang shehui* 寺院与官府：明清五台山的行政系统与地方社会. 北京：人民出版社, 2016.

Han Zhiyuan 韩志远. "Yuan Haowen zai Jin Yuan zhiji de zhengzhi huodong" 元好问在金元之际的政治活动. *Yuanshi luncong* 元史论丛 5 (1993)：282–294.

Hansen, Valerie. *Changing Gods in Medieval China, 1127–1276.* Princeton：Princeton University Press, 1990.(《变迁之神：南宋时期的民间信仰》，包伟民译，上海：中西书局, 2016——译者注)

Harrison, Henrietta. "Daode, quanli yu jinshui shuili xitong" 道德、权力与晋水水利系统, *Lishi renleixue xuekan* 历史人类学学刊 1 (2003)：97–113.

Hartwell, Robert. "Demographic, Political, and Social Transformations of China, 750–1550." *Harvard Journal of Asiatic Studies* 42, no. 2 (1982)：365–442.

Heller, Natasha. "From Imperial Glory to Buddhist Piety：The Record of a Ming Ritual in Three Contexts." *History of Religions* 51, no. 1 (2011)：59–83.

He Xiaorong 何孝荣. "Shilun mingtaizu de fojiao zhengce" 试论明太祖的佛教政策. *Shijie zongjiao yanjiu* 世界宗教研究 4 (2007)：19–30.

Hong Jinfu 洪金富. "Yuan 'Xijinzhi yuanmiao xingxiang' pian shuzheng" 元《析津志原庙行香》篇疏证. *Zhongyang yanjiuyuan lishi yuyan yanjiusuo jikan* "中研院"历史语言研究所集刊 79 (2009)：1–40.

Hou Huiming 侯慧明. "Yuan kan *Xuandu baozang* keju yu Xuandu guan kao" 元刊《玄都宝藏》刻局与玄都观考. *Xinan daxue xuebao* 西南大学学报 35, no. 1 (2009)：92–96.

Hu Yingze 胡英泽. "Jinfan yu jinshui：Mingdai Shanxi zongfan yu difang shuili" 晋藩与晋水：明代山西宗藩与地方水利. *Zhongguo lishi dili luncong* 中国历史地理论丛 4 (2014)：122–135.

Huang Kuanchong 黄宽重. *Songdai de jiazu yu shehui* 宋代的家族与社会. 北京：国家图书馆出版社, 2009.

Huang Qinglian 黄清连. *Yuandai huji zhidu yanjiu* 元代户计制度研究. 台北：台湾大学出版中心, 1977.

Huang, Ray. *1587: A Year of No Significance.* New Haven：Yale University Press, 1981. (《万历十五年》，北京：中华书局, 2007——译者注)

Huang, Shih-Shan Susan. "Summoning the Gods：Painting of Three Officials of Heaven, Earth and Water and Their Association with Daoist Ritual Performance in the Southern Song Period (1127－1279)." *Artibus Asiae* 61, no. 1 (2001)：5－52.

Hymes, Robert. *Statesmen and Gentlemen: The Elite of Fu-chou, Chiang-hsi, in Northern and Southern Sung*. New York：Cambridge University Press, 1986.

——. *Way and Byway: Taoism, Local Religion, and Models of Divinity in Sung and Modern China*. Berkeley, Los Angeles, and London：University of California Press, 2002. (《道与庶道：宋代以来的道教、民间信仰和神灵模式》,皮庆生译,南京：江苏人民出版社,2007——译者注)

——. "Sung Society and Social Change," In *The Cambridge History of China*, vol. 5, *Sung China, 960－1279, Part 2*. edited by John W. Chafee and Denis Twitchett, 526－664. Cambridge, UK, and New York：Cambridge University Press, 2015.

Idema, Wilt. L. "The Orphan of Zhao：Self-sacrifice, Tragic Choice and Revenge and the Confucianization of Mongol Drama at the Ming Court." *Cina* 21. 30th European Conference of Chinese Studies Proceedings (1988)：159－190.

——, and Stephen H. West, eds. and trans., *Monks, Bandits, Lovers, and Immortals*. Indianapolis：Hackett, 2010.

Iguro Shinobu 井黒忍. *Bunsui to shihai: kin mongoru jidai kahoku no suiri to nōgyō* 分水と支配：金モンゴル時代華北の水利と農業. Tokyo：Waseda University Press, 2013.

Iiyama Tomoyasu 飯山知保. *Kingen jidai no kahoku shakai to kakyo seido: mō hitotsu no shijinsō* 金元時代の華北社会と科挙制度：もう一つの士人層. Tokyo：Waseda University Press, 2011. (《另一种士人：金元时代的华北社会与科举制度》,邹笛译,杭州：浙江大学出版社,2021——译者注)

——. "'Sonkōryō hikokugun' no kenkyū：12 kara 14 seiki kahoku ni okeru seneihi no shutsugen to keihu denshō no hensen '孙公亮墓' 碑刻群の研究：12－14 世紀華北における "先塋碑" の出現と系譜傳承の變遷. *Ajiaahurika gengo bunka kenkyū* アジア・アフリカ言語文化研究 85 (2013)：62－170.

——. "A Career between Two Cultures：Guo Yu, a Chinese Literatus in the Yuan Bureaucracy." *Journal of Song-Yuan Studies* 44 (2014)：471－501.

——. "Genealogical Steles in North China during the Jin and Yuan Dynasties," *International Journal of Asian Studies* 13, no. 2 (2016)：151－196.

Irinchen 亦邻真. "Du 1276 nian Longmen yuwang miao basiba zi lingzhi bei：jian ping nigula baopei de yizhu" 读 1276 年龙门禹王庙八思巴字令旨碑：兼评尼古拉 鲍培的译注. *Neimenggu daxue xuebao (shehui kexue)* 内蒙古大学学报(社会科学版)1 (1963)：113－123.

Jing, Anning (景安宁). *The Water God's Temple of the Guangsheng Monastery: Cosmic Function of Art, Ritual, and Theater*. Leiden：Brill, 2002.

——. *Yuandai bihua: Shenxian fuhui tu* 元代壁画：神仙赴会图. 北京：北京大学出版社, 2002.

——. "The Longshan Daoist Cave." *Artibus Asiae* 68, no. 1 (2008)：7－56.

——. *Daojiao quanzhenpai gongguan zaoxiang yu zushi* 道教全真派宫观、造像与祖师. 北京：中华书局, 2012.

Johnson, David. *Spectacle and Sacrifice: The Ritual Foundations of Village Life in North China.* Cambridge, MA: Harvard University Press, 2009.

Johonson, Linda Cooke. *Women of the Conquest Dynasties: Gender and Identity in Liao and Jin China.* Honolulu: University of Hawai'i Press, 2011.

Kang Le 康乐. "Zhuanlunwang guannian yu Zhongguo zhonggu de fojiao zhengzhi" 转轮王观念与中国中古的佛教政治. *Zhongyang yanjiuyuan lishi yuyan yanjiusuo jikan* "中研院" 史语所集刊 67, no. 1 (1996): 109–142.

Katz, Paul R. *Images of the Immortal: The Cult of Lü Dongbin and the Palace of Eternal Joy.* Honolulu: University of Hawai'i Press, 1999. (《多面相的神仙:永乐宫的吕洞宾信仰》,吴光正、刘玮译,济南:齐鲁书社,2010——译者注)

———. "Writing History, Creating Identity: A Case Study of Xuanfeng qinghui tu." *Journal of Chinese Religions* 29 (2001): 161–178.

Keika Atsushi 桂华淳祥. "Kindai no jikan meigaku hatsubai ni tsuite: Sansei no seikoku shiryō o tegakari ni" 金代の寺観名額発賣について:山西の石刻資料を手がかりに. *Ōtani daigaku Shinshū Sōgō Kenkyujō Kiyō* 大谷大學真宗總合研究所紀要 1 (1984): 25–41.

Kieschnick, John. *The Impact of Buddhism on Chinese Material Culture.* Princeton: Princeton University Press, 2003.

Kishimoto Mio. 岸本美绪. *Min Shin kōtai to kōnan shakai: juunana seiki Chūgoku no chitsujo mondai* 明清交替と江南社會:17 世紀中國の秩序問題. Tokyo: Tōkyō daigaku shuppankai, 1999.

Koh, Khee Heong. *A Northern Alternative: Xue Xuan (1389–1464) and the Hedong School.* Cambridge, MA: Harvard University Asia Center, 2011.

Kohn, Livia. *Laughing at the Tao: Debates among Buddhists and Daoists in Medieval China.* Princeton: Princeton University Press, 1995.

Kolbas, Judith. *The Mongols in Iran: Chingiz Khan to Uljaytu, 1220–1309.* London and New York: Routledge, 2006.

Komjathy, Louis. *Cultivating Perfection: Mysticism and Self-Transformation in Early Quanzhen Daoism.* Leiden: Brill, 2007.

———. "Sun Buer: Early Quanzhen Matriarch and the Beginning of Female Alchemy," *Nan Nü* 16, no. 2 (2014): 171–238.

Lai Tianbing 赖天兵. "Guanyu Yuandai sheyu Jiangzhe/Jianghuai de shijiao duzongtong suo" 关于元代设于江浙/江淮的释教都总统所. *Shijie zongjiao yanjiu* 世界宗教研究 1 (2010): 55–68.

Lamouroux, Christian. Review of *The Song-Yuan-Ming Transition in Chinese History*, edited by Paul Jakov Smith and Richard von Glahn. *Journal of Song-Yuan Studies* 35 (2004): 177–189.

Langlois, John D., Jr., ed. *China Under Mongol Rule.* Princeton: Princeton University Press, 1981.

Lei Bingyan 雷炳炎. "Mingdai zongfan jingji fanzui shulun" 明代宗藩经济犯罪述论, *Jinan shixue* 暨南史学 6 (2009): 257–267.

———. "Wangfu jiaren, zongshi yinqin yu mingdai zongfan fanzui" 王府家人、宗室姻亲与

明代宗藩犯罪, *Hunan shehui kexue* 湖南社会科学 1（2011）：204－208.

Leys, Simon, trans. *The Analects of Confucius*. New York：Norton, 1997.

Li Ga 李嘎. "Bianfang youjing：Menggu luejin yu Mingdai Shanxi de zhucheng gaochao" 边方有警：蒙古掠晋与明代山西的筑城高潮. *Mingdai yanjiu* 明代研究 21（2013）：31－74.

Li Sanmou 李三谋 and Fang Peixian 方配贤, "Ming wanli yiqian Shanxi nongye huobishui de tuixing wenti" 明万历以前山西农业货币税的推行问题. *Zhongguo shehui jingjishi yanjiu* 中国社会经济史研究 1（1999）：22－29.

Li Suping 李素平. "Nüguan Yuan Yan kao" 女冠元严考. *Zhongguo Daojiao* 中国道教 4（2006）：48－50, 54.

Li Wenzhi 李文治 and Jiang Taixin 江太新. *Zhongguo zongfa zongzuzhi he zutian yizhuang* 中国宗法宗族制和族田义庄. 北京：社会科学文献出版社，2000.

Li Xiusheng 李修生. "Yuandai de ruhu：Yuandai wenhuashi biji zhiyi." 元代的儒户：元代文化史笔记之一. In *Yuandai wenxian yu wenhua yanjiu* 元代文献与文化研究, edited by Han Geping 韩格平 and Wei Chongwu 魏崇武, 1－17. 北京：中华书局，2012.

Li Zhi'an 李治安. *Yuandai fenfeng zhidu yanjiu* 元代分封制度研究. 北京：中华书局，2007.

——, ed. *Yuandai huabei diqu yanjiu: jianlun hanren de huayi guannian* 元代华北地区研究：兼论汉人的华夷观念. 天津：南开大学出版社，2008.

——. "Liangge Nanbei chao yu zhonggu yilai de lishi fazhan xiansuo" 两个南北朝与中古以来的发展线索. *Wen shi zhe* 文史哲（2009）：5－19.

Liang Fangzhong 梁方仲. *Liang Fangzhong jingjishi lunwen ji* 梁方仲经济史论文集. 北京：中华书局，1989.

——. *Liang Fangzhong jingjishi lunwen ji jiyi* 梁方仲经济史论文集集遗. 广州：广东人民出版社，1990.

Liu Pujiang 刘浦江. *Liao Jin shilun* 辽金史论. 沈阳：辽宁大学出版社，1999.

——. *Ershi shiji Liao Jin shi lunzhu mulu* 二十世纪辽金史论著目录. 上海：上海辞书出版社，2003.

Liu Yingsheng 刘迎胜. "Yuantong ernian（1334）chaoting shouhuan tianchan shijian yanjiu：guojia yu guizu, siyuan zhengduo tudi douzheng de beihou" 元统二年朝廷收还田产事件研究：国家与贵族、寺院争夺土地斗争的背后. *Yuanshi ji minzu yu bianjiang yanjiu jikan* 元史及民族与边疆研究集刊 24（2012）：1－45.

Lu Xiqi 鲁西奇. *Changjiang zhongyou de rendi guanxi yu diyu shehui* 长江中游的人地关系与地域社会. 厦门：厦门大学出版社，2016.

Makino Shūji 牧野修二. "Transformation of the *Shi-jên* in the Late Chin and Early Yüan." *Acta Asiatica* 45（1983）：1－26.

Marsone, Pierre. "Accounts of the Foundation of the Quanzhen Movement：A Hagiographic Treatment of History." *Journal of Chinese Religions* 29（2001）：95－110.

——, and John Largerwey. eds. *Modern Chinese Religion I：Song-Liao-Jin-Yuan（960－1368 AD）*. 2 vols. Leiden, Boston：Brill, 2015.

——. "Daoism under the Jurchen Jin Dynasty." In vol. 2 of *Modern Chinese Religion I*. edited by Pierre Marsone and John Largerwey, 1111－1159. Leiden：Brill, 2015.

McDermott, Joseph P. *The Making of a New Rural Order in South China I: Village, Land, and*

Lineage in Huizhou, 900–1600. New York: Cambridge University Press, 2013.

———. "The Village Quartet." in vol. 2 of *Modern Chinese Religion I*. edited by Pierre Marsone and John Largerwey, 1433–1492. Leiden: Brill, 2015.

McGee, Neil E. "Questioning Convergence: Daoism in South China during the Yuan Dynasty." Ph.D. diss., Columbia University, 2014.

Mikami Tsugio 三上次男. *Kinshi kenkyu III: Kindai seiji shakai no kenkyu* 金史研究三：金代政治社會の研究. Tokyo: Chūō-kōron bijutsu shuppan, 1973.

Morgan, David. *The Mongols*. 2nd ed. Malden: Blackwell, 2007.

Morita Akira 森田明. "Shindai kahoku ni okeru suiri soshiki to sono seikaku: Sansei-shō tsūri-kyo no baai" 清代華北における水利組織とその性格：山西省通利渠の場合. *Rekishigaku kenkyū* 歷史學研究 450 (1977): 27–37.

Morita Kenji 森田憲司. "Gencho ni okeru daishi ni tsuite" 元朝における代祀について. *Tōho shūkyo* 東方宗教 98 (2001): 17–32.

Muraoka Hitoshi 村岡倫. "Mongoru jidai shoki no kasei sansei chiho uyoku urusu no bunchi seiritsu o megutte" モンゴル時代初期の河西・山西地方右翼ウルスの分地成立をめぐって. *Ryukoku shitan* 龍谷史壇 117 (2001): 1–22.

Nagase Mamoru 長瀬守. *Sō-Gen suirishi kenkyū* 宋元水利史研究. Tōkyō: Kokusho kankōkai, 1983.

Nakamura Jun 中村淳. "Mongoru jidai no Dōbutsu ronsō' no jitsuzō – Kubilai no Chūgoku shihai he no michi" モンゴル時代の道佛論争の實像：クビライの中國支配への道. *Tōyō gakuhō* 東洋學報 75, no. 3/4 (1994): 33–63.

Naquin, Susan. *Peking: Temples and City Life, 1400–1900*. Berkeley: University of California Press, 2000.（《北京：公共空间和城市生活》, 孔祥文译, 北京：中国人民大学出版社, 2019——译者注）

Nishio Kenryū 西尾賢隆. *Chūgoku kinsei ni okeru kokka to Zenshū* 中国近世における国家と禅宗. Kyoto: Shibunkaku, 2006.

Nogami Shunjō 野上俊静. *Genshi Shaku Rō den no kenkyū* 元史釋老傳の研究. Kyoto: Hatsubai Hōyū Shoten, 1978.

Oda Yaichirō 太田彌一郎. "Gen Daitoku shichinen Sansei dai shinsai shimatsu: Genchō suibo e no tenkanten" 元大德七年 (1303) 山西大震災始末：元朝衰亡への転換点. *Tōhoku daigaku tōyōshi ronshū* 東北大學東洋史論集 10 (2005): 267–284.

Ong, Chang Woei. *Men of Letters within the Passes: Guanzhong Literati in Chinese History, 907–1911*. Cambridge, MA: Harvard University Asia Center, 2008.

Otagi Matsuo 愛宕松男. *Tōyō shigaku ronshū* 東洋史學論集. Tokyo: Sanichi shobō, 1988.

Ōyabu Masaya 大薮正哉. *Gendai no hosei to shūkyo* 元代の法制と宗教. Tokyo: Shūei Shuppan, 1983.

Qiu Yihao 邱轶浩. "Wudao: sanjiao beijing xia de Jindai ruxue" 吾道：三教背景下的金代儒学. *Xin shixue* 新史学 20, no. 4 (2009): 59–113.

Qiu Zhonglin 邱仲麟. "Ming Qing Shanxi de shandi kaifa yu senlin kanfa: yi Jinzhong, Jinnan wei zhongxin de kaocha" 明清山西的山地开发与森林砍伐：以晋中、晋南为中心的考察. In *Shanxi shuili shehui shi* 山西水利社会史, edited by Shanxi daxue zhongguo shehuishi yanjiu zhongxin, 7–39. 北京：北京大学出版社, 2012.

Reuven, Amitai-Press, and David O. Morgan eds. *The Mongol Empire and Its Legacy*. Leiden: Brill, 1999.

Robinet, Isabelle. *Taoism: Growth of a Religion*. Translated by Phyllis Brooks. Stanford: Stanford University Press, 1992. Reprinted in 1997.

Robinson, David M. *Culture, Courtiers, and Competition: The Ming Court (1368－1644)*. Cambridge, MA: Harvard University Press, 2008.

——. "Princely Courts of the Ming Dynasty." *Ming Studies*, 65 (2012): 1－12.

——. "Princes in the Polity: The Anhua Prince's Uprising of 1510." *Ming Studies*, 65 (2012): 13－56.

Robson, James. "'Neither too Far, nor too Near:' The Historical and Cultural Contexts of Buddhist Monasteries in Medieval China and Japan." In *Buddhist Monasticism in East Asia: Places of Practice*, edited by James A. Benn, Lori Meeks, and James Robson, 1－17. London: Routledge, 2010.

Rossabi, Morris. "Khubilai Khan and the Women in His Family." In *Studia Sino-Mongolica: Festschrift für Herbert Franke*, edited by W. Bauer, 153－158. Wiesbaden: Franz Steiner Verlag, 1979.

——, ed. *China among Equals: the Middle Kingdom and Its Neighbors, 10th－14th Centuries*. Berkeley: University of California Press, 1983.

——. *Khubilai Khan: His Life and Times*. Berkeley, Los Angeles: University of California Press, 1988.

Sakurai Satomi 櫻井智美. "Gendai shyukenyin no setsuritsu" 元代集賢院の設立, *Shirin* 史林 83, no. 3 (2000): 115－143.

——, and Yao Yongxia 姚永霞. "Gen shigen kyunen kotaishi en'ō shikō hi o megutte" 元至元9年「皇太子燕王嗣香碑」をめぐって, *Sundai shigaku* 駿台史學 145 (2012): 23－49.

Satō Fumitoshi 佐藤文俊, *Mindai ōfu no kenkyū* 明代王府の研究. Tokyo: Kenbun shuppan, 1999.

Schipper, Kristofer, and Franciscus Verellen, eds. *Taoist Canon: A Historical Companion to the Daozang*. Chicago: University of Chacago Press, 2004.

Schneewind, Sarah. "Visions and Revisions: Village Policies of the Ming Founder in Seven Phases." *T'oung Pao* 87, no. 4/5 (2001): 317－359.

——. "Research Note: The Village-Level Community Libation Ceremony in Early Ming Law." *Ming Studies*, 1 (2005): 43－57.

——. *Community Schools and the State in Ming China*. Stanford: Stanford University Press, 2006.

——, ed. *Long Live the Emperor! Uses of the Ming Founder Across Six Centuries of East Asian History*. Minneapolis: Society for Ming Studies, 2008.

Schneider, Julia. "The Jin Revisited: New Assessment of Jurchen Emperors," *Journal of Song-Yuan Studies* 41 (2011): 343－404.

Schopen, Gregory. "Filial Piety and the Monk in the Practice of Indian Buddhism: A Question of 'Sinicization' Viewed from the Other Side." *T'oung Pao* 70 (1984): 110－126.

———. *Bones, Stones and Buddhist Monks: Collected Papers on the Archaeology, Epigraphy, and Texts of Monastic Buddhism in India.* Honolulu: University of Hawaiʻi Press, 1997.

Scott, James C. *Weapons of the Weak: Everyday Forms of Peasant Resistance.* New Haven: Yale University Press, 1985.

Serruys, Henry. "Remains of Mongol Customs in China during the Early Ming Period." *Monumenta Serica* 16, no. 1/2 (1957): 137–190.

Shi Guoqi 施国祁. *Yuan Yishan nianpu* 元遗山年谱. 台北: 世界书局, 1954.

Shinno, Reiko. "Medical Schools and the Temples of the Three Progenitors in Yuan China: A Case of Cross-Cultural Interaction." *Harvard Journal of Asiatic Studies* 67, no. 1 (2007): 89–133.

Shinohara, Koichi. "Stories about Asoka Images." In *Speaking of Monks: Religious Biographies in India and China.* edited by Koichi and Granoff Phyllis, 210–218. Oakville, Ontario: Mosaic Press, 1992.

Smith, Paul Jakov. "Fear of Gynarchy in an Age of Chaos: Kong Qi's Reflections on Life in South China Under Mongol Rule." *Journal of the Economic and Social History of the Orient* 41, no. 1 (1998): 1–95.

———, and Richard von Glahn, eds. *The Song-Yuan-Ming Transition in Chinese History.* Cambridge, MA: Harvard University Asia Center, 2003.

Spence, Jonathan. *Return to Dragon Mountain: Memories of a Late Ming Man.* New York: Viking, 2007.

Stevenson, Daniel B. "Visions of Mañjuśrī on Mount Wutai." In *Religions of China in Practice*, edited by Donald S. Lopez Jr., 203–222. Princeton: Princeton University Press, 1996.

Su Li 苏力. *Yuandai difang jingying yu jiceng shehui: Yi Jiangnan diqu wei zhongxin* 元代地方精英与基层社会: 以江南地区为中心. 天津: 天津古籍出版社, 2009.

Szonyi, Michael. *Practicing Kinship: Lineage and Descent in Late Imperial China.* Stanford: Stanford University Press, 2002.(《实践中的宗族》, 王果译, 北京: 北京师范大学出版社, 2021——译者注)

Tackett, Nicolas. *The Destruction of the Medieval Chinese Aristocracy.* Cambridge, MA: Harvard University Asia Center, 2014.(《中古中国门阀大族的消亡》, 胡耀飞、谢宇荣译, 北京: 社会科学文献出版社, 2017——译者注)

Takahashi Bunji 高橋文治. "Gen Yisan to tōsō" 元遺山と党争. *Otemon gakuin dayigaku bungakubu kiyō* 追手門學院大學文學部紀要 22 (1987): 247–264.

Tan Xiaoling 谭晓玲. *Chongtu yu qixu: Yuandai nüxing shehui juese yu lunli guannian de sikao* 冲突与期许: 元代女性社会角色与伦理观念的思考. 天津: 南开大学出版社, 2009.

Tao Jinsheng (Jing-shen Tao) 陶晋生. "Jindai de zhengzhi jiegou" 金代的政治结构. *Lishi yuyan yanjiusuo jikan* 历史语言研究所集刊 41, no. 4 (1969): 567–593.

———. "Political Recruitment in the Chin Dynasty." *Journal of the American Oriental Society* 94, no. 1 (1974): 24–34.

———. "Public Schools in the Chin Dynasty," In *China under Jurchen Rule: Essays on Chin Intellectual and Cultural History*, edited by Hoyt Cleveland Tillman and Stephen H. West, 50–67. Albany: State University of New York Press, 1995.

Taylor, Romeyn. "Yuan Origins of the Wei-so System," In *Chinese Government in Ming Times: Seven Studies*, edited by Charkes Hucker. 23‒40. New York: Columbia University Press, 1969.

——. "Official Altars, Temples and Shrines Mandated for All Counties in Ming and Qing." *T'oung Pao* 83 (1997): 93‒125.

Teiser, Stephen. *The Ghost Festival in Medieval China*. Princeton: Princeton University Press, 1988. (《中国中世纪的鬼节》，侯旭东译，上海：上海人民出版社，2016——译者注)

Ter Haar, B. J. *The White Lotus Teachings in Chinese Religious History*. Leiden: Brill, 1992. (《中国历史上的白莲教》，刘平、王蕊译，北京：商务印书馆，2017——译者注)

——. "Newly Recovered Anecdotes from Hong Mai's (1123‒1202) *Yijian zhi*." *Journal of Sung-Yuan Studies* 23 (1993): 19‒41.

Terada Takanobu 寺田隆信, *Mindai kyoshin no kenkyu* 明代鄉紳の研究. Kyoto: Kyoto University Press, 2009.

Tillman, Hoyt Cleveland, and Stephen H. West, eds. *China under Jurchen Rule: Essays on Chin Intellectual and Cultural History*. Albany: State University of New York Press, 1995.

Toyoshima Shizuhide 豊島静英. "Chūgoku hokusei-bu ni okeru suiri kyōdōtai ni tsuite" 中國北西部における水利共同体について. *Rekishigaku kenkyū* 歴史學研究 201 (1956): 24‒35.

Twitchett, Denis, and Frederick W. Mote, eds. *The Cambridge History of China*, vol. 7, *The Ming Dynasty, 1368‒1644, Part* Ⅰ. Cambridge, UK, and New York: Cambridge University Press, 1988.(《剑桥中国明代史》上卷，张书生等译，北京：中国社会科学出版社，1992——译者注)

—— *The Cambridge History of China*, vol. 8, *The Ming Dynasty, 1368‒1644, Part* Ⅱ. Cambridge, UK, and New York: Cambridge University Press, 1998. (《剑桥中国明代史》下卷，史卫民等译，北京：中国社会科学出版社，2006——译者注)

Walsh, Michael J. "The Economics of Salvation: Toward a Theory of Exchange in Chinese Buddhism." *Journal of the American Academy of Religion* 75, no. 2 (2007): 353‒82.

——. "The Buddhist Monastic Economy." In vol. 2 of *Modern Chinese Religion I*. edited by Pierre Marsone and John Largerwey, 1270‒1303. Leiden, Boston: Brill, 2015.

Walton, Linda. "Song-Yuan zhuanbian de hanren jingying jiazu: Ruhu shenfen, jiaxue chuantong yu shuyuan" 宋元转变的汉人精英家族：儒户身份、家学传统与书院. *Zhongguo shehui lishi pinglun* 中国社会历史评论 9 (2008): 78‒88.

——. "Academies in the Changing Religious Landscape." In vol. 2 of *Modern Chinese Religion* Ⅰ. edited by Pierre Marsone and John Largerwey, 1235‒1269. Leiden, Boston: Brill, 2015.

Wang, Jinping 王锦萍. "Zongjiao zuzhi yu shuili xitong: mengyuan shiqi shanxi shuili shehui zhong de sengdao tuanti tanxi" 宗教组织与水利系统：蒙元时期山西水利社会中的僧道团体探析. *Lishi renleixue xuekan* 历史人类学学刊 1 (2011): 25‒60.

——. "Rujia zi, daozhe shi: Jin Yuan zhiji quanzhen jiaotuan zhong de rudao shiren" 儒家子，道者师：金元之际全真教团中的入道士人. *Xin shixue* 新史学 24, no. 4 (2013): 55‒92.

——. "A Social History of the *Treasured Canon of the Mysterious Capital* in North China under

Mongol Rule." *East Asian Publishing and Society* 4 (2014): 1–35.

——. "Clergy, Kinship, and Clout in Yuan Dynasty Shanxi." *International Journal of Asian Studies* 13, no. 2 (2016): 197–228.

Wang Peihua 王培华. *Yuandai beifang zaihuang yu jiuji* 元代北方灾荒与救济. 北京: 北京师范大学出版社, 2010.

Wang, Richard. *The Ming Prince and Daoism: Institutional Patronage of an Elite*. Oxford and New York: Oxford University Press, 2012.

Wang Yuquan 王毓铨. *Laiwu ji* 莱芜集. 北京: 中华书局, 1983.

Wang Zongyu 王宗昱. "Quanzhenjiao de rujiao chengfen" 全真教的儒教成分. *Wenshi zhishi* 文史知识 12 (2006): 4–13.

Wen, Xin. "The Road to Literary Culture: Revisiting the Jurchen Language Examination System." *T'oung Pao* 101, no. 3 (2015): 130–167.

Wittfogel, Karl August. *Oriental Despotism: A Comparative Study of Total Power*. New Haven: Yale University Press. 1957.

Wonhee, Cho. *Beyond Tolerance: The Mongols' Religious Policies in Yuan-dynasty China and Ilkhanate Iran, 1200–1368*. PhD diss., Yale University, 2014.

Wright, Arthur F., and Denis Twitchett, eds. *Confucian Personalities*. Stanford: Stanford University Press, 1962.

Wu Pei-Yi. "Yang Miaozhen: A Woman Warrior in Thirteenth-Century China." *Nan nü* 4, no. 2 (2002): 137–169.

Wu Songdi 吴松弟. *Zhongguo renkou shi: Liao Song Jin Yuan shiqi* 中国人口史: 辽宋金元时期. 上海: 复旦大学出版社, 2005.

Xiao Qiqing 萧启庆. *Yuandai shi xintan* 元代史新探. 台北: 新文丰出版公司, 1983.

——. *Yuanchao shi xinlun* 元朝史新论. 台北: 允晨文化事业股份有限公司, 1999.

——. *Nei beiguo er wai zhongguo: mengyuanshi yanjiu* 内北国而外中国: 蒙元史研究. 北京: 中华书局, 2007.

——. *Yuandai zuqun wenhua yu keju* 元代族群文化与科举. 台北: 联经出版公司, 2008.

Xie Chongguang 谢重光 and Bai Wengu 白文固. *Zhongguo sengguan zhidushi* 中国僧官制度史. 西宁: 青海人民出版社, 1990.

Xu Pingfang 徐苹芳. "Guanyu Song Defang he Pan Dechong mu de jige wenti" 关于宋德方和潘德冲墓的几个问题. *Kaogu* 考古 8 (1960): 42–54.

Xu Zhenghong 许正弘. "Lun Yuanchao Kuokuozhen taihou de chongfo" 论元朝阔阔真太后的崇佛. *Zhonghua foxue yanjiu* 中华佛学研究 16 (2015): 73–103.

Xu Zi 徐梓. *Yuandai shuyuan yanjiu* 元代书院研究. 北京: 社会科学文献出版社, 2000.

Xue Ruizhao 薛瑞兆. *Jindai keju* 金代科举. 北京: 中国社会科学出版社, 2004.

Yang Ne 杨讷. "Yuandai nongcun shezhi yanjiu" 元代农村社制研究. *Lishi yanjiu* 历史研究 4 (1965): 117–22.

Yang Qingchen 杨庆辰, "Yiwei zhijian: Cui Li gongdebei shijian zhongde Yuan Haowen" 依违之间: 崔立功德碑事件中的元好问. *Wenshi zhishi* 文史知识 2 (2007): 89–93.

Yao Congwu 姚从吾. "Yuan Haowen duiyu baoquan zhongyuan chuantong wenhua de gongxian" 元好问对于保全中原传统文化的贡献. *Dalu zazhi shixue congshu* 大陆杂志史学丛书 2nd ser., 3(1967): 41–52.

Yao, Tao-chung. "Ch'iu Ch'u-chi and Chinggis Khan." *Harvard Journal of Asiatic Studies* 40, no. 1 (1986): 201–219.

——. "Buddhism and Taoism under the Chin." In *China under Jurchen Rule: Essays on Chin Intellectual and Cultural History*, edited by Hoyt Cleveland Tillman and Stephen H. West. 145–180. Albany: State University of New York Press, 1995.

Ye Changchi 叶昌炽. *Yu shi* 语石. 台北: 台湾商务印书馆, 1980. Originally published in 1909.

Yoshikawa Tadao 吉川忠夫. "Waki wa seki ni itarazu: zenshinkyō to Zen o megutte" 脇は席に至らず一全真教と禅をめぐって. *Zenbunka kenkyūsho kiyō* 禅文化研究所紀要 15 (1988): 449–472.

You Biao 游彪, *Songdai siyuan jingji shigao* 宋代寺院经济史稿. 保定: 河北大学出版社, 2002.

Yu, Anthony C. *State and Religion in China: Historical and Textual Perspectives*. Chicago and La Salle: Open Court, 2005.

Yu Yingshi 余英时. *Zhuxi de lishi shijie: Song dai shidafu zhengzhi wenhua de yanjiu* 朱熹的历史世界: 宋代士大夫政治文化的研究. 2 vols. 台北: 允晨文化事业股份有限公司, 2003.

Zhang Boquan 张博泉 and Wu Yuhuan 武玉环. "Jindai de renkou yu huji" 金代的人口与户籍. *Xuexi yu tansuo* 学习与探索 2 (1989): 135–140.

Zhang Dexin 张德信. *Mingshi yanjiu lungao* 明史研究论稿. 北京: 社会科学文献出版社, 2011.

Zhang Fan 张帆. "Jindai difang guanxue lüelun" 金代地方官学略论. *Shehui kexue jikan* 社会科学辑刊 1 (1993): 83–88.

Zhang Guangbao 张广保. *Jin Yuan Quanzhenjiao shi xin yanjiu* 金元全真教史新研究. 香港: 青松出版社, 2008.

Zhang Guowang 张国旺. "Yuandai Wutaishan fojiao zaitan: yi Hebei sheng Lingshou xian Qilin yuan shengzhi bei wei zhongxin" 元代五台山佛教再探: 以河北省灵寿县祈林院圣旨碑为中心. *Shoudu shifan daxue xuebao: shehui kexue ban* 首都师范大学学报: 社会科学版 1 (2008): 27–31.

Zhang Junfeng 张俊峰. *Shuili shehui de leixing: Ming Qing yilai Hongtong shuili yu xiangcun shehui bianqian* 水利社会的类型: 明清以来洪洞水利与乡村社会变迁. 北京: 北京大学出版社, 2012.

Zhang Qiaogui 张桥贵, "Daojiao chuanbo yu shaoshu minzu guizu dui han wenhua de rentong" 道教传播与少数民族贵族对汉文化的认同, *Shijie zongjiao yanjiu* 世界宗教研究 2 (2002): 102–110.

Zhang Xiumin 张秀民. *Zhongguo yinshua shi* 中国印刷史. 杭州: 浙江古籍出版社, 2006.

Zhang Youting 张友庭. *Jinfan pinghan: Shanxi Ningwu guancheng de lishi renleixue kaocha* 晋藩屏翰: 山西宁武关城的历史人类学考察. 上海: 上海社会科学院出版社, 2012.

Zhao Gaiping 赵改萍. *Yuan Ming shiqi zangchuan fojiao zai neidi de fazhan ji yingxiang* 元明时期藏传佛教在内地的发展及影响. 北京: 中国社会科学出版社, 2009.

Zhao Shiyu 赵世瑜, "Shenggu miao: Jin Yuan Ming bianqian zhong de yijiao mingyun yu jindongnan shehui de duoyangxing" 圣姑庙: 金元明变迁中的"异教"命运与晋东南社

会的多样性. *Qinghua daxue xuebao: zhexue shehui kexue ban* 清华大学学报：哲学社会科学版 4（2009）：5 – 15.

——. "Weisuo junhu zhidu yu Mingdai zhongguo shehui: shehuishi de shijiao" 卫所军户制度与明代中国社会：社会史的视角. *Qinghua daxue xuebao: zhexue shehui kexue ban*, 清华大学学报：哲学社会科学版 3（2015）：114 – 127.

Zhao Xianhai 赵现海. *Mingdai jiubian changcheng junzhen shi: Zhongguobianjiang jiashuo shiye xia de changcheng zhidu shi yanjiu* 明代九边长城军镇史：中国边疆假说视野下的长城制度史研究. 北京：社会科学文献出版社, 2012.

Zhao Yifeng 赵轶峰. "Mingdai sengdao dudie zhidu de bianqian" 明代僧道度牒制度的变迁. *Gudai wenming* 古代文明 2, no. 2（2008），72 – 87.

Zheng Suchun 郑素春. "Yuandai Quanzhen zhangjiao yu chaoting de guanxi" 元代全真掌教与朝廷的关系. In *Meng Yuan de lishi yu wenhua: Meng Yuan shi xueshu yantaohui lunwenji* 蒙元的历史与文化：蒙元史学术研讨会论文集, edited by Xiao Qiqing, 703 – 35. 台北：学生书局, 2001.

Zhi Fucheng 智夫成, "Mingdai zongshi renkou de xunmeng zengzhang yu jiezhi cuoshi" 明代宗室人口的迅猛增长与节制措施. *Zhongzhou xuekan* 中州学刊 4（1990）：121 – 126.

Zu Shengli 祖生利 and Funada Yoshiyuki 船田善之. "Yuandai baihua beiwen de tili chutan" 元代白话碑文的体例初探. *Zhongguoshi yanjiu* 中国史研究 3（2006）：117 – 135.

Zürcher, Erik. *The Buddhist Conquest of China: The Spread and Adaptation of Buddhism in Early Medieval China*. 2 vols. Leiden：Brill, 1959. Reprinted in 1972.（《佛教征服中国：佛教在中国早期的传播与适应》，李四龙译，南京：江苏人民出版社，2005——译者注）

索　引

（页码为原书页码，即本书边码）

僧侣结婚, 155‐157, 156n102, 160‐161, 164‐165, 274; personal monastic property 僧侣的私人财产, 160n112; portrait halls in monasteries 佛寺中的影殿, 191n46; power and influence 权力和影响, 12, 136, 163; relations with local communities 与地方社群的关系, 124; relations with temples for local gods 与地方祠庙的关系, 244n84; Three and Five Vehicles 三乘与五乘, 290n2, 299n8; Tibetan lamaist leadership 藏传佛教领袖, 12, 120‐121; Zhang family connections 张智裕家族的人际关系, 142‐145. *See also* Cangshan Shrine 藏山祠; Ming dynasty, religious institutions 明朝、宗教机制; Mount Wutai 五台山; religious institutions 宗教机制; Zhang Zhiyu and family 张智裕及其家庭

cakravartin ruler concept 转轮王观念, 120, 120n7

Cangshan Shrine: animal sacrifice issue 藏山祠: 血祭, 247; Buddhist dominance 僧侣占主导, 244‐245, 250‐251, 260n127; cliff inscription 摩崖石刻, 242‐243; history 历史, 240‐241, 241n73; land issue 土地问题, 247‐248; local dominance and Daoist presence 地方主导和道士存在, 249‐250, 251, 260; princely agents 王府代理人, 243‐244; princely and other patronage 诸王和其他功德主, 242, 246‐247; rain-summoning power 行雨神力, 241‐242; rebuilding project 祠庙修建工程, 243; tensions between Buddhists and locals 僧侣与地方民众之间的张力, 245‐246, 247‐249

Chaghan Temür 察罕帖木儿, 211‐212

Changchi village 苌池村, 260‐261

Chao, Shin-Yi 赵昕毅, 95

Cheng Hao 程颢, 43

Chia, Lucille 贾晋珠, 94

Chikusa Masaaki 竺沙雅章, 222

Chinggis Khan 成吉思汗, 1, 8n14, 12, 66‐67, 66n8, 268

civil service examination system: candidates and passing rates 科举制: 举子和通过率, 35, 35nn14‐15; elite status maintenance and 精英地位维持, 36; exam sequence 考试顺序, 45; in Jin-controlled territory after 1214 1214 年之后金朝控制地区, 49; Jin support for 金朝支持, 34‐35; Ming reestablishment 明朝重建, 217, 217n4; Mongol administration 蒙古行政, 76‐77, 269; role in literati status 士人地位中的角色, 28‐29. *See also* Confucian literati 亦见儒士; degree-holder society 功名社会; education 教育

clan cloisters 香火院, 237‐238

Clarke, Shayne 克拉克·肖恩, 155

Cloister of the True Countenance 真容院, 126, 126n28, 136, 144, 144n71, 147, 148

communal villages (*she*) 社, 184

community worship associations (*she*): control of Buddhist and Daoist temples 社: 佛寺道观控制, 262, 265, 277, 280; development 发展, 24, 259‐260; leadership by gentry 士绅领导, 256, 258; in south China 在南方地区, 278

Confucian household status 儒户身份, 18, 18n46, 19, 19n48, 76‐77, 161, 276

Confucian literati: on Buddhist ascendency 儒士: 佛教的优势, 135‐136; Buddhist assistance to 僧侣协助, 119, 119n5; criticism of Yuan political system 批评元代政治制度, 162‑163; Jin dynasty 金朝, 26; Ming revival 明代复兴, 251‑252; Mongol approach to 蒙古人的态度, 9‑10, 9n19, 18‑19, 61‑62, 76‑77, 77n41, 77n43, 269; Neo-Confucianism and 新儒学及其, 16; political role 政治角色, 5‑6, 6n7; Shanxi revival 在明代山西的复兴, 253‑254; social advancement 在宋元的社会地位, 161‑162; southern development 在南方社会的发展, 15‑17, 16n35, 16n38, 33, 269, 275‑276, 285; wealth redistribution 财富再分配, 284. *See also* civil service examination system 亦见科举制; degree-holder society 功名社会; Quanzhen Daoism, literati 全真教、士人

Confucianism: challenges from Daoism and Buddhism 儒学: 佛道挑战, 14, 20‑21; Mongol support for 蒙古支持, 10n20; political and social ideal 政治和社会理念, 14; on women 关于妇女, 90, 90n86, 273. *See also* Neo-Confucianism 亦见新儒学

cosignatory complaints 联名诉讼, 184

Cuizhuang Buddhist women 崔庄女佛教徒, xvi‑xviii, plate 1

Daoism: on family and society 道教: 关于家庭和社会, 14; in south China 在南方地区, 272. *See also* Quanzhen Daoism 亦见全真教

Daozhi (historical figure) 盗跖, 290n1

Dayin Buddhist Monastery 大阴寺, 186‑187

De Rachewiltz, Igor 罗依果, 97n108

degree-holder society: introduction 功名社会, 31‑32; conditions for entering 进入门槛, 33; farming experience in Henan 士人在河南的务农经历, 53‑57; impact of Mongol conquest on 蒙古征服的影响, 61‑62; late Jin intellectual revival 金末知识复兴, 58, 58n94; migration to Henan 迁居河南, 49‑50, 50‑51; regional distribution of degree holders 进士的区域分布, 41n40; responses to Mongol invasion 回应蒙古入侵, 47, 47n58, 49‑50; role in late Jin society 金末社会中的角色, 60. *See also* civil service examination system 亦见科举制; Confucian literati 儒士; education 教育

Deng Xiaonan 邓小南, 6n7

Despeux, Catherine 戴思博, 91n89

Dingxiang county 定襄县, 1, 125, 134n50

Dragon Mountain, Daoist caves 龙山、道教石窟, 73, 74

Du Zhengzhen 杜正贞, 258

Duzhuang village, water dispute 杜庄村、用水纠纷, 181‑186

earthquake (Sept. 25, 1303) 地震, 166, 166n1, 195‑196, 195n58, 205. *See also* Huo Spring irrigation system 霍泉水利系统

Ebrey, Patricia 伊沛霞, 161n114

education: anecdotes about students 教育: 关于学子的轶事, 46‑47; Confucian schools 儒学学校, 10n20, 123; county schools 县学, 40‑41, 42‑43; Daoist schools 道教学校, 80‑81, 82, 83; Hao family monopoly in Zezhou 泽州的郝氏垄断地位, 42; medical school system 医学校体制, 200n69; Mongol National University 蒙古太学, 82; private schools 私学, 38, 207‑209, 214; social culture and networks in 社会文化

huja'ur status 根脚, 8 – 9, 137

Huo Spring irrigation system: introduction 霍泉水利系统：导论, 166 – 167, 187; benefits from 获利, 188; canal supervisors and village power relations 渠长和乡村权力关系, 200 – 201, 201n72; clergy exclusion in Ming era 明代僧道被排除在外, 233 – 234; clergy involvement in associations 霍渠中的僧道, 203, 206 – 207, 209; conflict between north and south associations 南北霍渠之间的冲突, 193 – 194; diagram 图表, *189*; Everlasting-Spring Abbey case study 长春观个案研究, 203 – 206; history 历史, 187 – 188, 188nn37 – 38; Mt. Jin Academy involvement 晋山书院的参与, 207 – 209; obligations and rules of associations 霍渠的规章制度, 198, 200; Pavilion of Water Distribution 分水亭, 200 – 201, plate 6; postearthquake rebuilding of canals 震后重建水渠, 166, 196, 197 – 198, 198n65; water scarcity and 缺水, 188n40. *See also* irrigation associations 亦见水会

Huo Spring irrigation system, Water God Temple: introduction 霍渠、水神庙：导论, 189 – 190, plate 7; clergy involvement 僧道介入, 190 – 193; government role in rebuilding 重建中的政府角色, 194 – 195; postearthquake rebuilding 震后重建, 166 – 167, 196 – 197, 198 – 199; temple festivals 庙会, 199 – 200

Hymes, Robert: on clerical marriage 韩明士, 156n102; on laicization of religion 宗教世俗化, 15, 17, 149, 263; on Learning of the Way movement 道学运动, 16n37; on north-south discrepancies 南北差异, 18, 19; on south literati localist strategy 南方士人地方主义策略, 16

Iiyama Tomoyasu 饭山知保, 10, 36n17, 41n40, 46

Ilkhanate 伊尔汗国, 283

Indian Buddhists 印度佛教, 150n83, 155

irrigation associations: introduction and conclusion 水利组织：导论和结语, 167 – 169, 173, 212 – 214; administration 行政, 168, 178; authority and power 权威和权力, 202 – 203; belief and moral systems 信仰和道德体系, 170; canal registers 渠册, 180, 181; clergy involvement 僧道介入, 168, 170 – 171, 173, 173n14, 185 – 187, 209 – 210, 213 – 214, 275; communication methods 信息沟通的方法, 179 – 181, 179n24; conflict and conflict resolution 冲突和冲突解决, 181, 184, 185; coordination between villages 村庄之间的协调, 183, 200 – 201; customary laws 习惯法, 169 – 170, 181; Dayin Buddhist Monastery preferential use case study 大阴寺个案研究, 186 – 187; ditch sticks 沟棍, 179; Duzhuang village dispute case study 杜庄纠纷个案研究, 181 – 186; functions 功能, 167; Hongtong county 洪洞县, 173 – 174; late Yuan period 元末, 212; literacy values 识字的意义, 207, 207n81; membership 成员, 169; Mongol participants 蒙古参与, 202; Mongol regulation 蒙古法规, 171 – 173, 173n13, 195; personnel 人事, 178 – 179; primary sources 原始史料, 174, 174n17; private schools in 私学, 207 – 209, 214; steles 碑刻, 179 – 180, 181, 185; water distribution and calculation 分水和计算, 174 – 175, *175*, 177 – 178, 177nn19 – 20, 178n21; watermill issues 水车问题, 175 – 176, 176n18. *See also* Huo Spring irrigation system 亦见霍泉水利系统

Islam 伊斯兰, 11n25

Jackson, Peter 彼得·杰克逊, 7

Jin dynasty: civil service examination system 金朝：科举制, 34-35, 49; highborn women in religious orders 宗教团体中出身高贵的妇女, 86, 86n73; late Jin crisis and collapse 金末的危机与混乱, 59, 60-61; recruitment for government positions 官员选任, 33-34; regulation of religious institutions 宗教管理, 67, 67n12; social and political order 社会政治秩序, 5-6, 13, 26, 32; state education system 官学系统, 32, 38-40, 39n29, 39n31; women roles 女性角色, 85. *See also* degree-holder society 亦见功名社会

Jin Jixiang 金吉祥, 138, 138n60

Jing, Anning 景安宁, 190n41

Johnson, David 姜士彬, 263

joint courts (*yuehui*) 约会, 12

Jurchen 女真. *See* Jin dynasty 亦见金朝

Khaishan (Yuan emperor) 海山（元武宗）, 132, 140, 141

Khubilai Khan: administrative practices 忽必烈：行政措施, 8, 105, 282; on Confucian households 关于儒户, 18n46; creation of Yuan dynasty 元朝建立, 5; Daoist persecution 道教迫害, 111, 112-113, 113-114; on monastic celibacy violations 对僧人违反寺院禁欲清规的处理, 155, 156; portraits of in monasteries 佛寺中的忽必烈影殿, 191n46; religious exemptions 宗教豁免, 109-110; support for Buddhism and Mt. Wutai 支持佛教和五台山, 12, 87, 120-121, 128, 128n31, 130

kinship: ties to Mt. Wutai 亲戚关系：与五台山的关系, 147-149, 164. *See also* filial piety 亦见孝道; marriage, monastic 婚姻、寺院

Kishimoto Mio 岸本美绪, 284n13

Koh, Khee Heong 许齐雄, 253

Kohn, Livia 科恩, 91n89

Kökejin (Yuan empress dowager) 阔阔真太后, 130-131

Kong Qi 孔齐, 162-63

Laicization 世俗化, 15, 17, 149, 263

Lamouroux, Christian 蓝克利, 16n38

lay associations 会, 98, 98n111. *See also* community worship associations 社; irrigation associations 水利组织; Ming dynasty, local gentry 明朝、地方士绅; Quanzhen Daoism 全真道, lay relations

Li Daoqian 李道谦, 77-78, 82n63

Li Ding 李鼎, 80

Li Junmin 李俊民, 48, 48n63, 89, 108

Li Ping 李平, 77n41

Li Wei 李蔚, 81

Li Xiusheng 李修生, 19n48

Li Ye 李冶, 80

Li Zhi'an 李治安, 18

结语, 218－219, 266－267, 276; administration reforms 行政改革, 219－220; amalgamation policy 省并政策, 215, 220; decline during 衰落, 215－216, 220n11; implementation of reforms 实施改革, 221－222, 222－223; Jin princely patronage in Taiyuan 太原晋藩, 235, 236－237, 237－239, 238n66; lay appropriation of Buddhist and Daoist temples 世俗社会对佛寺道观的侵占, 262－263, 264－266, 267, 279－280, 285; local seizure of monastic land 地方社会侵占寺庙田土地, 223, 223n21; newly established monasteries 新建寺庙, 223－224, 225; patronage 庇护, 224, 226, 240; revocation of tax and land privileges 撤销免税和土地特权, 220－221, 222; theatrical performances 演剧, 263－264, 263n139, plate 8; variation in policy impacts 政策影响的变化, 233－235. See also Cangshan Shrine 亦见藏山祠

Monastery of Awakened Wisdom (Cuizhuang village) 觉慧寺, xvi－xviii, plate 1

Monastery of Grand Victory 广胜寺, 167, 187, 190－193, 233

Monastery of Special Propitiousness 殊祥寺, 132n45, 133, 144n69

Monastery of Tranquil Residence 清居禅院, 238, 266

Monastery of Venerating Goodness 崇善寺, 237, 244

monastic plaques 寺观额, 67, 67n12, 122, 240

Möngke Khan 蒙哥汗, 87, 112, 171

Mongol National University 蒙古大学, 82

Mongols and Yuan dynasty: administrative systems 蒙古统治时期：行政体系, 7－9, 13, 67－68, 105, 163, 184, 269, 282－283; attacks on Shanxi in Ming dynasty 袭扰明朝时期的山西, 254－256, 254n120; as break from past 作为对过去的突破, 6, 13, 26－27, 271; civil service examination system 科举制, 76－77, 269; Confucian literati 儒士, 9－10, 9n19, 18－19, 18n46, 61－62, 76－77, 77n41, 77n43, 269; conquest of Kaifeng 攻陷开封, 60－61; conquest of north China 征服华北, 1－2, 3, 3n4, 5, 47, 47n58, 48－49, 48n63, 268; Hereditary Vassals 世侯, 2, 9, 19－20; influence on Ming dynasty 对明朝的影响, 217－218; Mt. Wutai patronage 崇奉五台山佛教, 127－128, 128n31, 131, 133; recruitment by hereditary transmission 官吏选任中的恩荫与世袭, 8－9, 8n14; regulation of irrigation associations and projects 有关水利灌溉的官方法规, 171－173, 173n13, 195; religious sacrifices on behalf of 代祀, 128－129, 129n35; religious views and administration 宗教理念和行政, 10n20, 11－12, 11n25, 271－272; social stratification 社会阶层分化, 6－7; turmoil in late Yuan period 元末动乱, 211－212; Yuan dynasty overview 元代概况, 5

Mount Jin Academy 晋山书院, 207－209

Mount Wutai: introduction 五台山：导论, 24, 26, 124－125; administrative office at 官衙, 131－132, 132n43, 133; huja'ur monks 根脚僧, 137－138, 140－141; imperial monasteries 皇家寺庙, 130－131, 132, 132n45; kinship ties to 亲戚关系, 147－149, 164; leadership succession 领导权传承, 133－134, 138－140, 138n60; leadership ties to Mongols 与蒙古人相关的领导权, 128－130; in Ming era 在明代, 234－235; Mongol patronage 蒙古统治者的扶植, 127－128, 128n31, 131, 133; popularity of 流行, 125－126; power and influence 权力和影响力, 134－137, 136n57, 164; substitute-sacrifices for Mongols 代表蒙古统治者代祀, 128－129, 129n35; Tibetan Buddhist impact 藏传佛教影响, 128, 129－130, 141; Yuan Haowen on 元好问,

区域多样性, 277; religious patronage by 对宗教的扶植, 224, 240, 266－267, 278－279, 285; in Shanxi 在山西, 228, *229*, 231－232, 231n45; in south China 在南方地区, 277, 277n6

Pu'an（Buddhist master）普安禅师, 118, 118n2, 119, 120, 126n28

Pure-Belief Monastery 净信寺, 264－265

Qin Zhi'an 秦志安, 72－76, 79, 80, 81, 111

Qing dynasty 清朝, 5－6, 6n8, 265, 279n9

Qiu Chuji：disciples of 丘处机：门人弟子, 78, 87, 87n76, 88; meeting with Chinggis Khan 与成吉思汗会面, 66－67, 112; Quanzhen leadership by 全真首领, 66－67, 66n8, 115, 272; as Wang Zhe's disciple 作为王喆的弟子, 64n1, 65

Qiu Yihao 邱轶浩, 58n94

Quanzhen Daoism：introduction and conclusion 全真道：导论和结语, 25－26, 64－65, 115－117, 272; administration 行政, 68; caves in Dragon Mountain 龙山石窟, *73*, *74*; comparison to contemporary Buddhist women 与当代佛门女信众相比, xvii; comparison to southern Daoists 与南宋道士相比, 272; conflict with Buddhists 僧道冲突, 111－113, 113n157, 119, 135; identity-building mechanisms 身份建立机制, 68－69; institutional expansion 组织扩张, 65－66, 68, 76, 76n39, 96, 98, 115－116; landholdings 田产, 96－97; lay appropriation of temples 世俗社会对寺观的侵占, 264－266, 267, 279－280; lineage-based institutions 以宗派为基础的组织机制, 69; meaning of term "全真"之意义, 2n2; membership 成员, 69; monastic naming convention 全真道士女冠的命名规则, 86; Mongol patronage and persecution 蒙古人的庇护和迫害, xvii, 12, 66－67, 111, 111n149, 113－114; popularity of 流行, 65n4; quasi-government functions 准政府职能, 96; record keeping 创作全真文献, 109; role in societal rebuilding 社会重建中的作用, 2, 4, 63, 68, 70, 123; stele use 石刻使用, 109－111, 114－115, 117; teachings and religious lineage 教义和宗派, 65, 65n5, 97, 97n108; Yuan Haowen and 元好问和全真教的关系, 63－64, 71－72, 71n25. *See also* Ming dynasty, religious institutions 亦见明朝宗教机构; Palace of Eternal Joy 永乐宫; religious institutions 宗教机构

Quanzhen Daoism, lay relations：introduction and conclusion 全真教与世俗社会的关系：导论和结语, 96－97, 116; affiliation benefits 从属关系的好处, 107－108; building assistance from laity 来自俗众的援建, 98－99, 100; Daoist assistance to 道士协助, 99－100; economic incentives 经济激励, 104－106; lay belief in Daoism 俗众对道教的信仰, 108－109; ritual-based communities 围绕礼仪活动组建的社群, 107; social incentives 社会激励, 106－107. *See also* Ming dynasty, local gentry 亦见明朝地方士绅

Quanzhen Daoism, literati：introduction and conclusion 全真教、士人：导论和结语, 70－71, 116; advancement opportunities 发展机会, 78, 81－82; Daoist canon project 道藏, 74－76, 74n34, 75n37, 78－79, 80, 101n117, 111; Qin Zhi'an's experience 秦志安的经历, 72－76; schools 学校, 80－81, 82, 83; shift toward scholarship and 学道方式转向读书讲经变, 83; social protection and networks 社会庇护和人际网络, 77－78, 79; tensions with Confucian family obligations 与儒家家庭义务的张力, 83－84, 85, 273－274

图 表 索 引

表

图版

中 文 版 后 记

　　本书中文版的出版，要感谢陆骐博士、刘云军教授两位译者和缪丹编辑的努力和付出。陆博士翻译了全书主体，刘教授对翻译初稿进行了进一步的校订和润色，并翻译了剩下的图表、附录、参考文献和索引等。在刘教授和缪编辑的热忱鼓励和支持下，我对中文版进行了全面的修订。

　　中文版修订的一个主要方向是调整文字和表达方式。由于英文版的目标读者是英文世界的学界同仁和对中国历史感兴趣的普通读者，在写作思路和行文风格上向他们的阅读习惯和知识背景倾斜。故直译英文原文对很多中文读者来说可能会很不习惯，有的表达可能过于艰涩，而有的则过于常识而显得多余。为了尽量贴近中文读者的阅读习惯和知识背景，在基本保持原意的前提下，我对译文的行文用语、段落安排都做了不同程度的调整。

　　和英文版相比，更主要的变化是内容上的增删。首先，尽可能纠正了英文版中一些史实和史料释读错误。其次，补充了部分英文版没有的史料原文和解释性内容。英文版为照顾普通读者，许多原始史料没有引用原文，而是简要意译，并且有意删去了非核心的人名、职官、地理等信息，中文版均加以补完。在补充英文版中省略的相关人名、地名和职官信息方面，刘云军教授贡献良多。第二，英文版中的有些表述和行文翻成中文后读来有别扭、不通顺的感觉。有时是因为译文改变了句子的主谓结构而导致衔接不顺，有时则是因为上下文铺陈不够而显得有些分析过于简略或粗糙。针对这些问题，我在必要的地方增加了一些针对中文读者的解释性内容。第三，本书英文版自2018年秋出版后，中英文学术界已有10多篇书评。有些意见非常中肯到位，故我在中文版的导论和各章节增加了一些澄清或总结的文字，以稍稍弥补英文版的不足，希望能将本书的总体思路更清晰、流畅地呈现给读者。

学界的书评也让我这两年一直在反思本书的不足之处，并思考如何写好一本学术专著，特别是如何平衡主线突出和讨论全面的张力。比如本书开篇以周献臣家族与全真女冠的合作引出本书的一个论点：蒙古征服后的相当一段时间内（至少在大蒙古国和元朝初期），地方社会的重建是世侯家族和全真教等宗教组织合作的结果。但正如有位书评者指出的，世侯家族的角色在后面章节中似乎消失了。确实，第二章对世侯家族与全真教关系的讨论，基本上都是散在不同个案中提及的，并没有一个专门的总结论述。第三章中提到了定襄县县令赵泝父子建佛寺以稳定乡里，但重点仍落在佛寺道观等宗教组织在战后地方社区建设中的地位。我在写作过程中也很纠结，如何既突出宗教组织这一主线，又涵盖其他群体的角色。

目前的处理方式，确实有两个不足之处：首先没能充分呈现世侯等政治精英家族和僧道等社会精英群体在基层社会秩序重建过程中的复杂关系。其次本书的研究集中在山西地区，而山西地区的世侯家族势力相对河北、山东等地要弱得多，而本书没能对宗教组织在华北不同地区社会重建过程中的结构性角色做有层次的比较研究。

　　类似地，第一章聚焦元好问和金代科举社会，呈现士人群体主导的社会秩序如何在蒙古征服过程中崩溃解体，虽然为后面讨论蒙古征服后新的政治、社会精英取而代之提供了一个清晰的对照，但这就无法有效地融入蒙古征服之前金代的宗教组织、乡村势力的基本状况，可能给读者留下一个错觉，即第二章呈现的全真教的崛起似乎完全是蒙古统治者支持的产物。这样的错觉容易掩盖一个史实，即全真教在金朝中后期的发展，为其能在蒙古统治初期承担起新的社会角色提供了重要的思想和组织基础。虽然我在第二章对全真教的介绍中有所提及，但因为是放在全真教的介绍下而非金代社会的框架下，需要读者自己做一些联结和思考，故可能并没有起到理想的表达效果。

　　研究宗教史和社会史的书评作者还特别关注，第三章五台山僧侣张智裕的个案是否能推及华北其他地区。这个疑问是，经典的个案研究是否有代表性？这也是历史学者经常面临的难题："代表性"的量化考量。（究竟需要多少史料才算在量上具有代表性？）在研究路径上，第三章受到了罗伯特·达恩顿（Robert Darnton，著名文化史著作《屠猫记》的作者）从个案入手分析十八世纪法国文化史方法的影响。该章从张智裕家族两块"异常"碑刻入手，探讨蒙古统治下那些看似不寻常的行为和理念背后具有时代意义的政治、社会和文化因素。通过解释这些"异端"行为和理念为何在当时人眼中是"合情合理"或"普遍"的，来揭示元代僧侣精英的政治化、品官化，以及和前代不同的世俗化特色。该个案的代表性也正是落在这一层面上的。虽然我在正文及注里多次引用其他案例和史料，力图说明张智裕等五台僧人的个案并非孤例，以期在一定程度上回应关于"代表性"问题的质疑，但这样的处理似乎并不奏效。最大的问题可能在于本书未能在方法论层面对个案研究如何沟通"小历史"和"大历史"作出清晰、深入的解释。

对于研究边疆史、蒙古帝国和清史的书评作者来说，本书的不足之处还包括：没有涉及介于汉地与草原之间的"北方地区"，缺乏对非汉文史料的应用和对蒙古人视角的关注，对蒙古帝国的政治史及元朝在中国史上的定位的讨论和回应都不够深入。这些都是事实，也是我在写作本书过程中一直惴惴不安的地方。所有这些都并非单纯的写作和视角层面的问题，也是作者功力不深、积累不够的问题。在后记里列出所有这些不足，既希望能帮助读者更好地理解本书的优缺点，也希望能引申出一些值得深入探讨的议题与学界同仁继续切磋，并提醒自己在新的研究中需不断努力和精进的方向。

最后，感谢方诚峰、古丽巍、康鹏、吕双、王菲菲、吴淑敏在中文版定稿的最后阶段鼎力相助，他们通读了部分章节并纠正了一些文字和内容上的错漏之处。也要特别感谢刘云军教授和缪丹编辑在我修订中文版的几个月里给予的无私帮助。为了保证中文版的质量，他们做了大量工作，并总是在微信上及时地与我沟通，耐心地回答我数不清的问题。学术人生有时难免孤寂，但始终有同道好友一起砥砺前行、互勉互助，于我是一大幸事、乐事。我满怀感激！

王锦萍

2021 年 6 月于新加坡国立大学

专　家　评　语

韩明士：
Robert Hymes
哥伦比亚大学

近三十年来，关于中古中国社会史和地方史的重要著作大量涌现，但几乎所有的著作都集中在南方地区。很长一段时间以来，由于华北地区传世文献的匮乏，要完成类似深度的中古北方社会史研究，似乎是一个不可能的任务。随着碑刻资料的出现（有些是新近发现的，有些是以往被人们忽视的），华北社会史研究蔚然成风，并正在改变我们对中古中国的认识。王锦萍是这一新兴学术潮流的领军人物，《蒙古征服之后》是这一领域的里程碑式著作。

艾骛德：
Christopher Atwood
宾夕法尼亚大学

在这本新社会史著作中，王锦萍挑战了老旧的"汉化论"叙事，该叙事总是将"儒士"看做主导政治和社会演进的阶层。蒙古人的征服淘汰了统治古代中国的传统模式，蒙古统治阶级选择了僧道而不是儒士作为其统治地方社会的主要合作伙伴。蒙古统治下的华北成为一个独特的社会，其独特的宗教组织一直延续到明中叶。

王赓武：
Wang Gungwu
新加坡国立大学

本书对于汉人在动荡历史时期转向大众道教的研究非常引人注目，尤其是王锦萍对碑刻资料的独到解读方式，向读者展示了这一社会现象是如何产生的。在面对蒙古人对佛教的青睐和明朝统治者对理学的推崇的挑战时，全真教表现出极强的韧性,这一点之前从未被如此详尽的描述和解释过。《蒙古征服之后》是一部令人钦佩的优秀学术著作,它提醒我们,还有太多的历史真相需要我们通过更贴近基层社会的研究去挖掘。

马颂仁:

Pierre Marsone

法国高等研究院

王锦萍的这部著作,以及其出色的将文言文文本译成英文的能力,是汉学研究的典范。它提高了我们对蒙古统治时期社会的认识和理解。从此,在这一广阔的研究领域中,任何社会学的研究都要参考该著作。

黄宽重

Huang Kuan-chung

中研院史语所

这是一本兼具宏观的视野和细致深刻的个案探索的中国近世社会史力著。

作者先以金末名士元好问亲历战争摧残与重建华北社会的过程,揭示了全真教及佛教组织取代说经论道、争取仕进的士人阶层的史实。后细致观察了在政治庇护下,全真教及佛教组织在重建基层社会中力行实践,通过扩展宫观、主导水利组织,取得发展优势的过程。最后作者观察到,到明代,由于政策发生变化,士人、村社起而取代佛道组织,在地方社会的建设中起了主导作用。不过在山西,基于边境防卫的需要,明王朝设置了藩王与卫所,受其庇护,佛道消退过程较其他地区缓慢。

作者长期深耕田野,整合大量未被利用的碑刻资料,对学界长期忽视的山西基层社会进行跨朝代及具体个案研究,深入探寻了历史长河中地方社会主流势力的转折变化轨迹;更通过比较研究,揭示出南北社会的差异。作者强调在关注全国共性的研究之外,更要挖掘地区的殊异性,以彰显多种社会秩序共存的重要意义。此一创见,为中国社会史研究开拓了新视野。